Stephan Schuster

Grundlagen und Fälle aus dem BGB

Eine leicht verständliche Einführung für
Erst- und Zweitsemester

2. Auflage 2009

ISBN 978-3-86724-007-9

2. Auflage 2009

Bezug möglich direkt vom Verlag
niederle media
48341 Altenberge
Fax (02505) 93 98 99
E-Mail: info@niederle-media.de
www.niederle-media.de

Druck:
TOPOL*graf*ₛₐ

▶ Inhalt

▶ Grundlagen und Fälle aus dem BGB

▶ Vorwort

Die vorliegende Fallsammlung basiert ganz überwiegend auf Materialien, die ich im Verlauf meiner Tätigkeit als Leiter von Begleitübungen zum Grundkurs BGB an der Universität Passau verwendet habe. Maßgeblicher Anlass für die Zusammenstellung der Fälle in einem Fallbuch, das auf den ersten Blick lediglich als weiteres unter vielen erscheinen mag, waren die zahlreichen positiven Kommentare meiner Studenten. Häufig wurde der hohe Lerneffekt bei der Durcharbeitung und Wiederholung erwähnt, der sich nicht zuletzt aus den zahlreichen weiterführenden Anmerkungen und Querverweisen ergebe. Die in diesem Buch enthaltenen, optisch abgesetzten Anmerkungen sind dazu gedacht, wichtige Grundlagen aus dem BGB zu vermitteln. Dem gleichen Zweck dienen die unter §§ 6, 7 angefügten Erläuterungen und Übersichten.

Wenn das Buch nun nach weniger als einem Jahr eine zweite Auflage erfährt, so zeugt dies davon, dass die Kombination von Falllösung und weiterführender Anmerkung auch andernorts auf Interesse stößt.

Keinesfalls wird indes der Anspruch erhoben, eine abschließende Behandlung der für das erste und zweite Semester relevanten Lerninhalte zu liefern. Es handelt sich lediglich um eine Auswahl von Fällen, die sich als besonders geeignet erwiesen haben, das juristische Denken zu schulen. Inhaltlich geht es im ersten Teil (§§ 2–4) vor allem um den Allgemeinen Teil des BGB, hier vor allem die Rechtsgeschäftslehre, d.h. Geschäftsfähigkeit (§§ 104ff. BGB), Vertragsschluss (§§ 145ff. BGB) und Stellvertretung (§ 164ff. BGB) sowie einzelne Vorschriften des Schuld- bzw. Sachenrechts. Im zweiten Teil (§ 5) treten die wichtigsten Anspruchsgrundlagen aus dem Allgemeinen Teil des Schuldrechts (§§ 241–432 BGB) hinzu.

Mein besonderer Dank gilt meinen Studenten für die zahlreichen wertvollen Anregungen. Herrn Wiss. Ass. a.D. Marius Bolten, LL.M. (New York University) danke ich ganz herzlich für die freundliche Erlaubnis zur Verwendung des Falles 1.2 sowie die Idee zu Fall 13. Meinem Kollegen Christian Fröde, LL.M. eur. danke ich für die Überlassung einiger der im Anhang enthaltenen Übersichten. Herr cand. iur. Malte Reimers und vor allem Frau stud. iur. Susanne Bettendorf haben sich in vorzüglicher Weise um die Erstellung des Manuskripts für die zweite Auflage verdient gemacht. Ihnen gebührt mein herzlichster Dank.

Passau, im Dezember 2008

Stephan Schuster

▶ Unsere 📖 Skripten 🗂 Karteikarten 🎧 Hörbücher (Audio-CDs)

Zivilrecht

- 📖 Standardfälle für Anfänger 📖 Standardfälle Fortg. (7,9 €)
- 📖 Grundlagen und Fälle BGB für 1. und 2. Sem. (9,90 €)
- 📖 🎧 Standardfälle BGB AT (7,90 €)
- 📖 🎧 Standardfälle Schuldrecht (7,90 €)
- 📖 Standardfälle Ges. Schuldverh., §§ 677, 812,823 (7,90 €)
- 📖 🎧 Standardfälle Sachenrecht (7,90 €)
- 📖 Standardfälle Familien- und Erbrecht (7,90 €)
- 📖 Originalklausuren Übung für Fortgeschrittene (7,90 €)
- 📖 🎧 Basiswissen BGB (AT) (Frage-Antwort) (7 €)
- 📖 🎧 Basiswissen SchuldR (AT) 📖 🎧 SchuldR (BT) (7 €)
- 📖 🎧 Basiswissen Sachenrecht, 📖 🎧 FamR, 📖 🎧 ErbR
- 📖 Einführung in das Bürgerliche Recht (7,90 €)
- 📖 Studienbuch BGB (AT) (9,90 €)
- 📖 Studienbuch Schuldrecht (AT) (9,90 €)
- 📖 Schuldrecht (BT) 1 - §§ 437, 536, 634, 670 ff. (7,90 €)
- 📖 Schuldrecht (BT) 2 - §§ 812, 823, 765 ff. (7,90 €)
- 📖 SachenR 1 – Bewegl. S., 📖 SachenR 2 – Unb. S. (7,9 €)
- 📖 Familienrecht und 📖 Erbrecht (Einführungen) (7,90 €)
- 📖 Streitfragen Schuldrecht (7 €)
- 📖 🎧 Definitionen für die Zivilrechtsklausur (9,90 €)

Strafrecht

- 📖 🎧 Standardfälle für Anfänger Band 1 (9,90 €)
- 📖 Standardfälle für Anfänger Band 2 (7,90 €)
- 📖 Standardfälle für Fortgeschrittene (9,90 €)
- 📖 🎧 Basiswissen Strafrecht (AT) (Frage-Antwort)
- 📖 🎧 Basiswissen Strafrecht BT 1 und 📖 🎧 BT 2 (7 €)
- 📖 Strafrecht (AT) (7,90 €)
- 📖 Strafrecht (BT) 1 – Vermögensdelikte (7,90 €)
- 📖 Strafrecht (BT) 2 – Nichtvermögensdelikte (7,90 €)
- 📖 Jugendstrafrecht/Strafvollzug/Kriminologie (7,00 €)
- 📖 🎧 Definitionen für die Strafrechtsklausur (7,90 €)

Öffentliches Recht

- 📖 Standardfälle Staatsrecht I – StaatsorgaR (9,90 €)
- 📖 Standardfälle Staatsrecht II – Grundrechte (9,90 €)
- 📖 🎧 Standardfälle f. Anfänger (StaatsorgaR u. GRe) (7,9 €)
- 📖 Standardfälle Verwaltungsrecht (AT) (9,90 €)
- 📖 Standardfälle Verwaltungsrecht für Fortg. (7,90 €)
- 📖 Standardfälle Baurecht (9,90 €)
- 📖 Standardfälle Europarecht (9,90 €)
- 📖 Standardfälle Kommunalrecht (7,90 €)
- 📖 🎧 Basiswissen StaatsR I –StaatsorgaR (Fr-Antw.) (7 €)
- 📖 🎧 Basiswissen StaatsR II –GrundR (Frage-Antw.) (7 €)
- 📖 Basiswissen VerwaltungsR AT– (Frage-Antwort) (7 €)
- 📖 Studienbuch Staatsorganisationsrecht (9,90 €)
- 📖 Studienbuch Grundrechte (9,90 €)
- 📖 Studienbuch Verwaltungsrecht AT (9,90 €)
- 📖 Studienbuch Europarecht (12 €) u. 🎧 Basiswissen EuR
- 📖 Staatshaftungsrecht (7,90 €)
- 📖 VerwaltungsR AT 1 – VwVfG u. 📖 AT 2–VwGO (7,90 €)
- 📖 VerwaltungsR BT 1 – POR (7,90 €)
- 📖 VerwaltungsR BT 2 – BauR 📖 BT 3 – UmweltR (7,90 €)
- 📖 🎧 Definitionen Öffentliches Recht (9,90 €)

Steuerrecht

- 📖 Abgabenordnung (AO) (8,90 €)
- 📖 Einkommensteuerrecht (EStG) (9,90 €)
- 📖 Umsatzsteuerrecht (UStG) (7,90 €)
- 📖 Erbschaftsteuerrecht (9,90 €)
- 📖 Steuerstrafrecht/Verfahren/Steuerhaftung (7,90 €)

Sozialrecht

- 📖 Kinder- und Jugendhilferecht (ab Oktober 2009)
- 📖 Sozpäd. Diagn.: SPFH & ambul. Hilfen d. KJH
- 📖 Sozialrecht (7,90 €)

Nebengebiete

- 📖 Standardfälle Handels- & GesellschaftsR (7,90 €)
- 📖 Standardfälle Arbeitsrecht (7,90 €)
- 📖 🎧 Basiswissen HandelsR (Frage-Antwort) (7 €)
- 📖 🎧 Basiswissen Gesellschaftsrecht (Fra.-Antwort)
- 📖 🎧 Basiswissen ZPO (Frage-Antwort) (7,90 €)
- 📖 🎧 Basiswissen StPO (Frage-Antwort) (7 €)
- 📖 Handelsrecht (7,90 €)
- 📖 Gesellschaftsrecht (7,90 €)
- 📖 Arbeitsrecht (7,90 €)
- 📖 Kollektives Arbeitsrecht (9,90 €)
- 📖 ZPO I – Erkenntnisverfahren (7,90 €)
- 📖 ZPO II – Zwangsvollstreckung (7,90 €)
- 📖 Strafprozessordnung – StPO (7,90 €)
- 📖 Internationales Privatrecht - IPR (9,90 €)
- 📖 Standardfälle mit Frage-Antw.-Teil IPR (12 €)
- 📖 Insolvenzrecht (8,90 €)
- 📖 Gewerbl. Rechtsschutz/Urheberrecht (7,90 €)
- 📖 Wettbewerbsrecht (7,90 €)
- 📖 Ratgeber 500 Spezial-Tipps für Juristen (12 €)
- 📖 Mediation (7,90 €)

Karteikarten (je 8,90 €)

- 🗂 Zivilrecht: BGB AT/Grundlagen/ 🎧 Schemata
- 🗂 Strafrecht: AT/BT-1/BT-2/Streitfragen
- 🗂 Öffentliches Recht: StaatsorgaR/GrundR/VerwR

Assessorexamen

- 📖 Die Relationstechnik (7 €)
- 📖 Der Aktenvortrag im Strafrecht (7,90 €)
- 📖 Der Aktenvortrag im Wahlfach Strafrecht
- 📖 Der Aktenvortrag im Zivilrecht (7,90 €)
- 📖 Der Aktenvortrag im Öffentlichen Recht (7,90 €)
- 📖 Urteilsklausuren Zivilrecht (7,90 €)
- 📖 Anwaltsklausuren Zivilrecht (7,00 €)
- 📖 Staatsanwaltl. Sitzungsdienst & Plädoyer (7,90 €)
- 📖 Die strafrechtliche Assessorklausur (7,90 €)
- 📖 Die öff.-rechtl. Assessorklausur Bd.1 (7,90 €)
- 📖 Die öff.-rechtl. Assessorklausur Bd.2 (7,90 €)
- 📖 Zwangsvollstreckungsklausuren (7,90 €)
- 📖 Vertragsgestaltung in der Anwaltsstation (7 €)

BWL & VWL

- 📖 Einführung i. die Betriebswirtschaftslehre (7,90 €)
- 📖 Einführung in die Volkswirtschaftslehre (7,90 €)
- 📖 Ratg. „500 Spezial-Tipps für BWLer"
- 📖 Rechnungswesen (7,90 €)
- 📖 Marketing (7,90 €)
- 📖 Organisationsgestaltung & -entwickl. (7,90 €)
- 📖 Internationales Management (7 €)
- 📖 Unternehmensführung (7 €)
- 📖 Wie gelingt meine wiss. Abschlussarbeit? (7 €)
- 📖 Ratgeber Assessment Center (7,90 €)

Schemata

- 📖 Die wichtigsten Schemata-ZivR,StrafR,ÖR (12 €)
- 📖 Die wichtigsten Schemata–Nebengebiete (9,90 €)

Irrtümer und Änderungen vorbehalten!

🎧 bedeutet: auch als **Hörbuch** (Audio-CD) lieferbar (7,90 €)

Im **niederle-shop.de** bestellte Artikel treffen idR *nach 1-2 Werktagen* ein!

§ 1. Die juristische Falllösung

1. Klausurtaktik, Zeitmanagement

Die gründliche Erfassung des Sachverhalts ist das „A und O" einer gelungenen Falllösung.[1] Zu Beginn der Bearbeitungszeit ist daher zunächst der Sachverhalt aufmerksam (mindestens zweimal!) zu lesen. Für die Lösung besonders wichtige Angaben im Sachverhalt sollten nach einem festen Markierungssystem gekennzeichnet werden. Von größter Wichtigkeit ist die genaue Erfassung der Fallfrage bzw. des Bearbeitervermerks.[2] Handelt es sich um eine konkrete Fallfrage (z.b. „Kann V von K Zahlung des Kaufpreises verlangen?", „Hat K wirksam das Eigentum erworben?"), so ist diese – und nur diese! – zu beantworten. Im Falle eines allgemeinen Bearbeitervermerks (z.b. „Wie ist die Rechtslage?") sind alle in Betracht kommenden wechselseitigen Ansprüche der Parteien zu prüfen.

Vor der Niederschrift der Lösung ist ggf. eine kleine Skizze zu den beteiligten Personen und den in Rede stehenden Ansprüchen (vgl. als Beispiel Übersicht 7 im Anhang!) oder ein Zeitstrahl (sofern Daten eine Rolle spielen) anzufertigen. Sodann sollte in jedem Fall – unter Verwendung von Abkürzungen, die allerdings in der Niederschrift der Lösung nichts zu suchen haben! – eine Lösungs-skizze erstellt werden, auch wenn diese noch so kurz ist. Beides dient dazu, sich die Sachverhaltskonstellation besser begreiflich zu machen und während der Niederschrift der Lösung nicht den „roten Faden" zu verlieren. Für Fall 1.1 könnte eine kurze Lösungsskizze wie folgt aussehen:

G → N auf Zahlung v. 1.000 € aus § 488 I 2 ?
Wirks. GeldDarlV (+), 2 korr. WE iSd §§ 145 ff.
„Leihe" (-) → Verbrauchsgestattung!
Fälligkeit (+)
aber: Erf. i.H.v. 600 €, § 362 I (+)
(P) Verj., §§ 214 I, 195, 199 I: Frist v. 3 J., ab Ende 2004 (+)

---

[1] Vgl. dazu MEDICUS, Grundwissen zum Bürgerlichen Recht, 7. A. 2006, 6ff.

[2] Tipp: Vor der Lektüre zunächst einen Blick auf die Fallfrage bzw. den Bearbeiter-vermerk werfen!

Als Faustregel gilt, dass in der Regel nicht mehr als ¼ der Bearbeitungszeit für die Lektüre des Sachverhalts und die Erstellung der Lösungsskizze verwendet werden sollte.

2. Das Auffinden der richtigen Anspruchsgrundlage

Zunächst sind alle für das Begehr der Parteien in Betracht kommenden Rechtsnormen zu ermitteln. Bei der Formulierung des nach dem Auffinden zu bildenden Obersatzes kann die Frage „WER (Anspruchssteller) will WAS (Anspruchsziel) von WEM (Anspruchsgegner) WORAUS (Anspruchsgrundlage)?" von Nutzen sein.

3. Subsumtionstechnik

Die Ausarbeitung beginnt mit einem Programmsatz à la: „G könnte gegen N einen Anspruch auf Zahlung von 1.000 € aus § 488 I 2 haben." (vgl. Fall 1.1). Sodann sind die Voraussetzungen der einzelnen Anspruchsnormen mit ihren Untervoraussetzungen im sog. Gutachtenstil darzustellen. Die juristische Arbeitstechnik besteht nun darin, die wesentlichen Elemente des konkreten Sachverhalts (Fall 1.1: „Leihe") unter die Voraussetzungen des abstrakten gesetzlichen Tatbestands (Fall 1.1: „Gelddarlehensvertrag") zu subsumieren, d.h. es ist – nach der Definition des jeweiligen Tatbestandsmerkmals – zu prüfen, ob die Voraussetzungen der Rechtsnorm nach dem mitgeteilten Sachverhalt erfüllt sind (Subsumtionstechnik). Am Ende der Subsumtion ist, soweit die Voraussetzungen des gesetzlichen Tatbestands erfüllt sind, als Ergebnis eine Rechtsfolge festzuhalten.

4. Gutachtenstil und Urteilsstil

Der juristische **Gutachtenstil**[3] ist für Studienanfängerinnen und Studienanfänger zunächst noch ungewohnt. Kurz gesagt handelt es sich um die Darstellung einer (vermeintlich) „ergebnisoffenen" Prüfung. Obwohl man als Bearbeiter das Ergebnis bereits zu Beginn der Niederschrift kennt, stellt man es dem Korrektor gegenüber so dar, als erarbeite man gleichermaßen vor seinen Augen die Lösung. Am Anfang des Gutachtens steht eine Hypothese (=Benennung von Schuldner, Gläubiger, Schuldinhalt

---

[3] Dringend empfohlen wird die frühzeitige Lektüre von SCHIMMEL, Juristische Klausuren und Hausarbeiten richtig formulieren, 7. A. 2008, VALERIUS, Einführung in den Gutachtenstil, 2. A. 2007 und WALTER, Über den juristischen Stil, JURA 2006, 344ff.

und einer möglichen Anspruchsgrundlage), deren Richtigkeit durch Syllogismen (=Obersatz – Untersatz – Schlussfolgerung) überprüft wird. Erst am Ende wird das Ergebnis festgehalten. Das Gutachten ist demnach das „Abbild der Gedankengänge" des Bearbeiters.

Demgegenüber steht beim sog. **Urteilsstil**, der vor allem bei der Formulierung von Gerichtsurteilen verwendet wird, das Ergebnis am Anfang, sodann folgt die Begründung, die z.b. mit „denn", „da" oder „weil" (gedanklich) verbunden wird. Den Unterschied zwischen Gutachtenstil und Urteilsstil verdeutlicht die folgende Gegenüberstellung:

Gutachtenstil	Urteilsstil
V **könnte** gegen K einen Anspruch auf Zahlung von 1.000 € gem. § 433 II haben.	V hat gegen K einen Anspruch auf Zahlung von 1.000 € gem. § 433 II.
Voraussetzung dafür ist ein wirksamer Kaufvertrag.	(Denn:) Ein wirksamer Kaufvertrag liegt vor.
Dazu **müssten** zwei korrespondierende Willenserklärungen i.s.d. §§ 145ff., Antrag und Annahme, vorliegen.	(Denn:) Die Parteien haben sich auf den Abschluss eines Kaufvertrages geeinigt.
Die Parteien haben sich auf den Abschluss eines Kaufvertrages geeinigt.	(Denn:) Zwei korrespondierende Willenserklärungen i.s.d. §§ 145ff., Antrag und Annahme, liegen vor.
V **hat** gegen K einen Anspruch auf Zahlung von 1.000 € gem. § 433 II.	

Beim Gutachtenstil ist also zunächst im Konjunktiv zu formulieren; erst die Subsumtion und das Ergebnis stehen im Indikativ.

Beachte: Die ganz überwiegende Regel im juristischen Gutachten ist der Gutachtenstil! Der Urteilsstil darf nur in Ausnahmefällen verwendet werden, nämlich dort, wo es um offensichtlich Unproblematisches geht – so dass die künstliche „Verkomplizierung" gezwungen wirken würde.

5. Das Aufbauprinzip

Innerhalb der Prüfung eines Anspruchs bietet sich als Aufbauprinzip folgende Untergliederung an (vgl. insofern Fall 1.1):

I. **Anspruch entstanden:** Sind alle Tatbestandsmerkmale der Anspruchsgrundlage erfüllt? Stehen der Entstehung des Anspruchs etwaige *rechtshindernde* Einwendungen (z.b. Nichtigkeit einer Willenserklärung nach §§ 105, 116 S. 2, 117, 118, 125, 134 oder 138 I bzw. II) entgegen?

II. **Anspruch erloschen:** Sind etwaige *rechtsvernichtende* Einwendungen, wie z.b. eine wirksame Anfechtung (→ § 142 I), die wirksame Ausübung eines Rücktrittsrechts (→ § 346 I), Erfüllung (→ § 362 I) oder eine wirksame Aufrechung (→ § 389) zu berücksichtigen?

III. **Anspruch durchsetzbar:** Erhebt der Anspruchsgegner möglicherweise *rechtshemmende* Einreden, wie z.b. die Einrede der Verjährung (§ 214 I) oder die Einrede des nicht erfüllten Vertrages (§ 320)?

Dieser Aufbau entspricht im Wesentlichen der Darlegungs- und Beweislastverteilung im Zivilprozess: Es gilt der Grundsatz, wonach die Partei, die sich auf eine für sie günstige Norm beruft, deren Voraussetzungen im Zivilprozess darzulegen hat (Beibringungsgrundsatz) und – falls der Gegner den Vortrag bestreitet – unter Beweis zu stellen hat. Der Anspruchssteller hat demnach die tatsächlichen Voraussetzungen des Anspruchs zu beweisen, der Anspruchsgegner die tatsächlichen Voraussetzungen für Einwendungen und Einreden.

Die Anspruchsprüfung in drei Schritten wird sich regelmäßig bei der Prüfung vertraglicher Ansprüche anbieten, bei der je nach Fallkonstellation rechtsvernichtende Einwendungen bzw. rechtshemmende Einreden zu prüfen sind. Ob dabei in der Gliederung die Schlagworte „Anspruch entstanden?", „Anspruch erloschen?" und „Anspruch durchsetzbar?" erwähnt werden oder nicht, ist Geschmackssache (am Besten ist wohl, man orientiert sich insofern an dem Dozenten, der die Klausur anbietet…).[4]

6. Die Anspruchsgrundlagenkonkurrenz

Kommen mehrere Anspruchsgrundlagen für ein und dasselbe Begehren in Betracht (vgl. insofern Fall 1.2), so ist bei der

---

[4] Instruktiv für die Fallbearbeitung LINHART, Das System der Anspruchsgrundlagen, Einwendungen und Einreden in der Zivilrechtsklausur, JA 2006, 266–270.

Prüfungsreihenfolge im Gutachten das folgende, die Reihenfolge der Prüfung indizierende Konkurrenzverhältnis zu beachten[5]:

- **Vertragliche Ansprüche** (z.B. § 433 I 1 bzw. II; § 535 I 1 bzw. II, § 631 I Hs. 1 bzw. Hs. 2)

- **Ansprüche aus der Verletzung von Schutzpflichten** (z.B. wegen Verschulden bei Vertragsverhandlungen, §§ 280 I, 311 II, 241 II)

- **Ansprüche aus GoA**, §§ 677ff.

- **Dingliche Ansprüche** (d.h. Ansprüche, die sich aus der Beziehung einer Person zu einer Sache ergeben, z.B. § 985, § 1007 I o. II 1, § 861 I)

- **Bereicherungs- und deliktsrechtliche Ansprüche** (d.h. Ansprüche, die sich aus gesetzlichen Schuldverhältnissen ergeben, §§ 812ff., §§ 823ff.)

7. Die Gliederung des Gutachtens

Die Gliederung des Gutachtens erfolgt in der Regel alpha-numerisch (vgl. auch insofern Fall 1.2): A. [Anspruchsgrundlage 1], I. [Tatbestandsmerkmal 1], 1. [Voraussetzung 1], a) [...], aa) [...], (1) [...] etc.; 2. [Voraussetzung 2] etc.; II. [Tatbestandsmerkmal 2] etc; B. [Anspruchsgrundlage 2] etc.

Was die Gliederungsebenen betrifft, so gibt es keine festen Regeln. Ob man mit „A" oder mit „I." (oder auch mit § 1...) beginnt, ist gleichgültig. Das Ganze muss nur in sich stimmig sein..., d.h. ein „A" darf nur dort verwendet werden, wo auch ein „B" folgt (und wenn es nur das Ergebnis ist!). Dasselbe gilt natürlich für „I.", „1.", „a)" etc.

8. Literaturhinweise

BRAUER/DEEG/HERWIG/WÖHLERT, Fälle und Lösungen zum „kleinen Schein" im BGB, 2008; BRAUN, Der Zivilrechtsfall, Klausurenlehre für Anfänger und Fortgeschrittene, 4. A. 2008; DIEDERICHSEN/ WAGNER, Die BGB-Klausur, 9. A. 1997; ELTZSCHIG/WENZEL, Die Anfängerklausur im BGB, 3. A. 2007; JA-Sonderheft für Erstse-mester (besonders empfehlenswert als Einstiegslektüre!); KÖRBER, Zivilrechtliche Fallbearbeitung in Klausur und Praxis, JuS 2008,

---

[5] Vgl. insofern MEDICUS, Grundwissen zum Bürgerlichen Recht, 7. A. 2006, 14ff.

289ff.; LINDACHER/HAU, Fälle zum Allgemeinen Teil des BGB, 4. A. 2005; LINHART, Das System der Anspruchsgrundlagen, Einwendungen und Einreden in der Zivilrechtsklausur, JA 2006, 266ff.; MUSIELAK, Grundkurs BGB, 10. A. 2007; MEDICUS, Grundwissen zum Bürgerlichen Recht, 7. A. 2006; NIEDERLE, 500 Spezial-Tipps für Juristen, 8. A. 2009; SCHIMMEL, Juristische Klausuren und Hausarbeiten richtig formulieren, 7. A. 2008; SCHWAB/LÖHNIG, Einführung in das Zivilrecht, 17. A. 2007; VALERIUS, Einführung in den Gutachtenstil, 2. A. 2007; WALTER, Über den juristischen Stil, JURA 2006, 344ff.

***

Fall 1.1

▶ **Thema:** Das Aufbauprinzip der Anspruchsprüfung

N bittet den G, ihm bis zum 15.9.2004 einen Betrag von 1.000 € zu leihen, da er sich ein neues Mountainbike kaufen wolle. G willigt ein. Bis zum 15.9.2004 zahlt N dem G jedoch nur 600 € zurück. Am 10.11.2008 (G ist ein wenig vergesslich…) verlangt G von N die Zahlung von 1.000 €. N weist ihn darauf hin, dass er bereits 600 € gezahlt habe. Außerdem sei das ganze nun zu lange her. Kann G Zahlung von 1.000 € verlangen?

Lösung

> **Vorbemerkung:** Kommt nur eine Anspruchsgrundlage in Betracht, so entfällt die Gliederungsziffer vor der Überschrift. Nur wer „ A" (oder „I."…) sagt, muss auch „B" (oder „II."…) sagen (vgl.o.)!

Anspruch G gegen N auf Zahlung von 1.000 € aus § 488 I 2

G könnte gegen N einen Anspruch auf Zahlung von 1.000 € aus § 488 I 2 haben.

I. Anspruch entstanden?

Der Anspruch müsste zunächst entstanden sein. Voraussetzung dafür ist ein wirksamer Gelddarlehensvertrag i.S.d. § 488 I 1 zwischen G und N, die Auszahlung des Darlehensbetrages und die Fälligkeit des Rückzahlungsanspruchs.

1. Ein Vertrag kommt durch eine entsprechende Willenseinigung der Parteien zustande. Erforderlich sind zwei korrespondierende Willenserklärungen i.S.d. §§ 145ff., Antrag (Angebot) und Annahme, die auf den Abschluss eines Gelddarlehensvertrages i.S.d. § 488 I 1 gerichtet sind.

Der Antrag könnte in der gegenüber G geäußerten Bitte des N, ihm 1.000 € bis zum 15.9.2004 zu leihen, liegen. Ein Antrag i.S.d. § 145 ist eine empfangsbedürftige Willenserklärung, durch die ein Vertragsschluss einem anderen so angeboten wird, dass das Zustandekommen des Vertrages nur noch von dessen Zustimmung abhängt. Die Willenserklärung des N müsste demnach den Willen, ein Rechtsgeschäft abzuschließen, erkennen lassen und außerdem bereits alle wesentlichen Bestandteile des angestrebten Vertrages enthalten.

Fraglich ist jedoch, ob es sich bei der Bitte des N angesichts der Verwendung des Wortes „Leihe" um einen Antrag auf Abschluss eines Gelddarlehensvertrages i.S.d. § 488 I 1 handelt. Da N jedoch beabsichtigte, das Geld zu verwenden, und G dies auch erkannte, kommt nur ein solcher, nicht aber ein Leihvertrag i.S.d. § 598, in Betracht. Die irrtümliche Falschbezeichnung schadet nicht *(falsa demonstratio non nocet)*, es gilt der übereinstimmende Wille.

G hat den auf Abschluss eines Gelddarlehensvertrags gerichteten Antrag auch sofort angenommen, § 147 I 1.

Somit ist zwischen G und N ein wirksamer Gelddarlehensvertrag i.S.d. § 488 I 1 über 1.000 € zustande gekommen.

2. G hat dem N das Darlehen auch **zur Verfügung gestellt**.

3. Das Darlehen ist nach der zwischen N und G getroffenen Vereinbarung seit dem 15.9.2004 zur Rückzahlung **fällig**.

4. Zwischenergebnis zu I.: Mithin ist ein Anspruch aus § 488 I 2 auf Rückzahlung der 1.000 € entstanden.

II. Anspruch erloschen?

Der Anspruch könnte jedoch teilweise erloschen sein. N hat an G bereits 600 € gezahlt. Der Anspruch ist daher durch Leistung gem. § 362 I in dieser Höhe erloschen und besteht nur noch in Höhe von 400 €.

[handschriftlich: eigentliche Anspruch von 1000;]

III. Anspruch durchsetzbar?

Fraglich ist allerdings, ob dieser Restanspruch noch durchsetzbar ist. Dies ist gem. § 214 I dann nicht der Fall, wenn der Anspruch verjährt ist. Die Verjährungsfrist beträgt gem. § 195 drei Jahre. Sie begann gem. § 199 I mit dem Ende des Jahres, in dem das Darlehen zur Rückzahlung fällig wurde, d.h. am 31.12.2004, 24 Uhr. Die Frist endete somit gem. § 188 II am 31.12.2007, 24 Uhr. Der Anspruch ist daher verjährt. Gem. § 214 I kann N also – wie geschehen – die Leistung verweigern.

IV. Ergebnis

G kann von N nicht die Zahlung von 1.000 € verlangen.

***

Fall 1.2

▶ **Thema:** Die Anspruchsgrundlagenkonkurrenz

Wissenschaftlicher Assistent B ist fasziniert von einem bunten Paperback-Buch, das er auf dem verwaisten Tisch des Studenten S in der Passauer Universitätsbibliothek entdeckt hat. Schließlich übermannt ihn die Neugier: In einem unbeobachteten Augenblick ergreift er das Buch, steckt es ein und nimmt es mit nach Hause, um es für immer zu behalten.

Welche Ansprüche hat S gegen B?

Lösung

Vorüberlegung: Vertragliche Ansprüche kommen nicht in Betracht, da zwischen S und B keine vertraglichen Beziehungen bestehen. Zu prüfen sind daher Ansprüche, die sich aus der Beziehung des S zum Buch ergeben (§§ 985, 1007 und 861), sowie Ansprüche aus (sonstigen) gesetzlichen Schuldverhältnissen (§§ 812 und 823).

Bitte beachten: Der häufig verwendete Satz „Vertragliche Ansprüche sind nicht ersichtlich" ist überflüssig. Wenn vertragliche Ansprüche aufgrund des Sachverhalts nicht in Betracht kommen, beginnen Sie einfach mit den nach der Anspruchskonkurrenz vorrangig zu prüfenden Anspruchsgrundlagen und fahren dann in der vorgegebenen Reihenfolge fort.

A. § 985 [=Anspruchsgrundlage 1]

> **Anmerkung:** § 985 ist ein aus dem Eigentum abgeleiteter dinglicher Anspruch für bewegliche und unbewegliche Sachen; es handelt sich nicht um einen Schadensersatzanspruch nach § 249 S. 1, so dass § 251 keine Anwendung findet, BGH NJW 1964, 2414.

S könnte gegen B einen Anspruch auf Herausgabe des Buches gem. § 985 haben. Dazu müsste S Eigentümer des Buches und B Besitzer ohne Recht zum Besitz i.s.d. § 986 gegenüber S sein.

I. Eigentümer-Besitzer-Verhältnis [=Tatbestandsmerkmal 1]

1. S = Eigentümer des Buches [=Voraussetzung 1]

Hinsichtlich des Eigentums wird nach § 1006 II vermutet, dass S ursprünglich Eigentümer des Buches, einer beweglichen Sache i.S.d. § 90, war. Ein Eigentumsverlust des S ist nicht ersichtlich. Nach § 1006 I 1 wird zwar vermutet, dass jetzt B Eigentümer ist; dies gilt nach § 1006 I 2 aber nicht gegenüber S, wenn ihm das Buch abhanden gekommen ist. Das ist der Fall, denn er verlor unfreiwillig den unmittelbaren Besitz. Also ist vom Eigentum des S auszugehen.

2. B = Besitzer des Buches [=Voraussetzung 2]

B ist Besitzer nach § 854 I, da er die tatsächliche Sachherrschaft durch das Ergreifen und Mitnehmen des Buches erlangt hat.

II. Kein Recht zum Besitz? [=Tatbestandsmerkmal 2]

Der Herausgabeanspruch ist nach § 986 I 1 ausgeschlossen, wenn B gegenüber S zum Besitz berechtigt ist. Es kommt jedoch kein Besitzrecht in Frage.

III. Ergebnis

S kann das Buch von B nach § 985 herausverlangen.

B. § 1007 I [=Anspruchsgrundlage 2 etc.]

> **Anmerkung:** Die Bedeutung der Vorschrift ist gering. Sie ermöglicht dem früheren Besitzer, der sich nicht auf §§ 985, 861, 823 oder Vertrag stützen kann, die Wiedererlangung des Besitzes vom schlechter Berechtigten. § 1007 gilt nur für bewegliche Sachen, nicht auch für Räume (h.M.; anders aber BGHZ 7, 208). Ansprüche aus §§ 812, 823, 861, 985 können konkurrieren, Palandt/BASSENGE, 67. A. 2008, § 1007 Rn. 1.

16

S hat als früherer Besitzer (s.o. A.) außerdem einen Herausgabe-anspruch nach § 1007 I, wenn B als gegenwärtiger, unrechtmäßi-ger Besitzer bei Besitzerwerb nicht in gutem Glauben war und kein Ausschlussgrund nach § 1007 III vorliegt.[6] Gegenstand des guten Glaubens ist die fehlende Besitzberechtigung des S. Guter Glaube fehlt entsprechend § 932 II bei Kenntnis oder grober Fahrlässigkeit (vgl. § 276 II). B wusste, dass ihm das Buch nicht zusteht. Auch liegt kein Ausschlussgrund nach § 1007 III vor, so dass auch dieser Herausgabeanspruch besteht.

C. § 1007 II 1

Anmerkung: Nach h.M. enthalten § 1007 I und II zwei selbstständige Ansprüche, die nebeneinander bestehen können (Bösgläubigkeit des gegenwärtigen Besitzers bei Besitzerwerb ist im Falle des § 1007 II unerheblich!), vgl. Palandt/BASSENGE, 67. A. 2008, § 1007 Rn. 2.

Da das Buch dem S abhanden kam (s.o.) und keiner der Aus-schlussgründe vorliegt, besteht auch ein Herausgabeanspruch aus § 1007 II 1.

Klausurtaktik: Ob der Eindeutigkeit der Rechtslage genügt in diesem Fall eine solche o.ä. knappe Formulierung, ausnahmsweise auch im Urteilsstil.

D. § 861 I

Anmerkung: § 861 I ist ein alleine aus dem entzogenen Besitz abgelei-teter und von einem Besitzrecht unabhängiger (possessorischer) Besitz-schutzanspruch für bewegliche und unbewegliche Sachen, vgl. Palandt/ BASSENGE, 67. A. 2008, § 861 Rn. 1; es handelt sich nicht um einen Schadensersatzanspruch, BGH WM 1976, 1056.

S könnte außerdem einen Anspruch auf Wiedereinräumung des Besitzes aus § 861 I haben. Voraussetzung dafür sind Besitz-entzug durch verbotene Eigenmacht und fehlerhafter Besitz. Das An-sich-Nehmen des Buches geschah ohne Willen des S; eine gesetzliche Gestattung lag nicht vor. Es handelt sich daher um verbotene Eigenmacht i.S.d. § 858 I. B besitzt nach § 858 II 1 fehlerhaft. Der Anspruch ist nicht nach § 861 II ausgeschlossen, denn S besaß nicht seinerseits fehlerhaft i.S.v. § 858 II.

---

[6] U.a. darf kein Recht zum Besitz i.S.d. § 986 des Anspruchsgegners vorliegen, vgl. § 1007 III 2.

E. § 812 I 1 Alt. 2

Anmerkung: Das in §§ 812ff. geregelte Bereicherungsrecht dient dem Ausgleich materiell nicht gerechtfertigter Vermögensverschiebungen; man spricht, da das Bereicherungsrecht auf das römische Recht zurückgeht, von Kondiktionen *(condictiones)*. Für die bereits im klassischen römischen Recht bekannten Leistungskondiktionen gibt es lateinische Bezeichnungen, die immer mal wieder auftauchen können, auch wenn die Väter des BGB dies so nicht wollten: § 812 I 1 Alt. 1 (fehlender Rechtsgrund von Anfang an – *condictio indebiti*), § 812 I 2 Alt. 1 (späterer Wegfall des Rechtsgrundes – *condictio ob causam finitam*), § 812 I 2 Alt. 2 (Nichteintritt des mit der Leistung bezweckten Erfolges – *condictio causa data causa non secuta* oder *condictio ob rem*), § 817 S. 1 (Empfänger verstößt mit der Leistungsannahme gegen ein gesetzliches Verbot oder die guten Sitten – *condictio ob turpem vel iniustam causam*); ebenfalls um eine Leistungskondiktion handelt es sich bei § 822 (Herausgabepflicht Dritter).

Wichtig: Zitieren Sie genau! „§ 812 I" ist nicht ausreichend, der Satz und die Alternative sind stets zu nennen! § 812 I enthält insgesamt vier Anspruchsgrundlagen. Zu den oben genannten, bereits dem Römischen Recht bekannten Leistungskondiktionen kommt die in § 812 I 1 Alt. 2 geregelte allgemeine Nichtleistungskondiktion (Eingriffskondiktion), um die es hier geht.

Nach **einer Ansicht** kommt darüber hinaus ein Anspruch wegen ungerechtfertigter Bereicherung aus § 812 I 1 Alt. 2 (Eingriffskondiktion) in Betracht.[7] Danach besteht ein Herausgabeanspruch, wenn B in anderer Weise als durch Leistung etwas auf Kosten des S ohne rechtlichen Grund erlangt hat. B hat Besitz an dem Buch erlangt, und zwar nicht durch Leistung, d.h. durch bewusste und zweckgerichtete Mehrung fremden Vermögens, sondern durch Eingriff. Dies geschah auf Kosten des S, in dessen Vermögen eingegriffen wurde. Der Besitz steht dem B nicht zu; ein rechtlicher Grund liegt nicht vor. Der Herausgabeanspruch bestünde demnach.

Nach **anderer Ansicht**[8] scheidet die Eingriffskondiktion des Besitzes jedoch aus, da die §§ 861 und 1007 vorrangige Sonderregeln enthalten. Dem ist zuzustimmen, denn die besonderen Ein-

---

[7] So z.B. BAUR/STÜRNER, Sachenrecht, 17. A. 1999, § 9 V Rn. 39, Soergel/MÜHL/ HADDING, 12. A. 2007, § 812 Rn. 140. Danach findet die Eingriffskondiktion auch neben §§ 1007, 861 Anwendung, soweit es um den Schutz eines Rechts zum Besitz geht.

[8] Vgl. nur Palandt/BASSENGE, 67. A. 2008, § 861 Rn. 2; WILHELM, Sachenrecht, 3. A., 2007, Rn. 538.

schränkungen dieser Vorschriften sollten nicht umgangen werden. Der Anspruch besteht also nicht.

F. § 823 I

Anmerkung: Zweck der Vorschriften über die unerlaubten Handlungen ist im Grundsatz der Schutz des Einzelnen gegen widerrechtliche Eingriffe in seinen Rechtskreis. §§ 823ff. dienen, wie das Schadensersatzrecht insgesamt, in erster Linie dem Ausgleich rechtswidrig erlittener Nachteile, daneben aber auch der Genugtuung (z.B. bei schweren Verletzungen des Persönlichkeitsrechts; dazu Palandt/SPRAU, 67. A. 2008, § 823 Rn. 124) und der Prävention im Sinne der Steuerung sozialen Verhaltens, ebd., Einf. vor § 823 Rn. 1 m.w.N.

Des Weiteren könnte S gegen B einen Schadensersatzanspruch gem. § 823 I wegen unerlaubter Handlung haben. Ein solcher Anspruch besteht, wenn B *durch* [=adäquat kausal; dazu später!] eine Handlung (Tun oder Unterlassen) ein Recht des S i.S.v. § 823 I widerrechtlich und schuldhaft verletzt hat.

I. Verletzung eines in § 823 I genannten Rechtsguts

Erforderlich ist zunächst die Verletzung eines in § 823 I genannten Rechtsguts durch eine dem B zurechenbare Handlung.

Durch [vgl. oben!] die Wegnahme des Buches hat B das Eigentum des S, dem als Eigentümer des Buches das Recht zusteht, mit diesem nach Belieben zu verfahren und andere von der Einwirkung auszuschließen (§ 903 S. 1), verletzt.

Nach herrschender Meinung ist außerdem auch der (berechtigte) Besitz des S ein durch § 823 I geschütztes „sonstiges Recht", da auch der berechtigte Besitz dem Eigentum ähnliche Nutzungs- und Ausschließungsbefugnisse verleiht.

II. Widerrechtlichkeit der Verletzung

Anmerkung: Nach der herrschenden **Lehre vom Erfolgsunrecht** (vgl. nur BGH NJW 1996, 3205) wird auf Grund der Verletzung des geschützten Rechtsguts die Widerrechtlichkeit der Verletzung vermutet. Zu prüfen ist demnach, ob die Verletzung möglicherweise gerechtfertigt ist. Die Widerrechtlichkeit ist nur dann zu verneinen, wenn ein Rechtfertigungsgrund vorliegt. In Betracht kommen zum einen (1.) gesetzliche Rechtfertigungsgründe (z.B. Notwehr, § 227, Notstand, §§ 228, 904 oder die Wahrnehmung berechtigter Interessen, § 193 StGB), außerdem (2.) das

19

redliche, gutgläubige Betreiben eines gesetzlich geregelten Verfahrens der Rechtspflege oder Verwaltung oder (3.) die wirksame, d.h. freiwillig erklärte und nicht gegen die Gesetze oder die guten Sitten verstoßende (vgl. §§ 134, 138) Einwilligung des Verletzten.

Die Verletzung eines durch § 823 I geschützten Rechtsguts ist widerrechtlich, wenn kein Rechtfertigungsgrund vorliegt; ein solcher ist hier nicht ersichtlich.

Klausurtaktik: Ob der Eindeutigkeit der Rechtslage genügt in diesem Fall eine solche o.ä. knappe Formulierung.

III. Verschulden

B müsste außerdem schuldhaft gehandelt haben. Verschulden, d.h. objektiv rechtswidriges und subjektiv vorwerfbares Verhalten eines Zurechnungsfähigen, liegt vor bei vorsätzlichem oder fahrlässigem Handeln (§ 276 I, II). In Betracht kommt hier vorsätzliches Handeln. Vorsatz bedeutet das Wissen und Wollen des rechtswidrigen Erfolges. B hat den rechtswidrigen Erfolg, nämlich die Verletzung des geschützten Rechtsgutes, vorhergesehen und in seinen Willen aufgenommen. Er handelte somit vorsätzlich und damit schuldhaft.

Klausurtaktik: Hier würde aber auch, da keine Zweifel daran bestehen, dass B sich den Besitz vorsätzlich verschafft hat, völlig genügen: „B handelte außerdem vorsätzlich, also schuldhaft."

IV. Ergebnis

B ist dem S zum Ersatz des Schadens verpflichtet. Nach § 249 I hat er S das Buch im Wege der Naturalrestitution zurückzugeben.

G. § 823 II 1 i.V.m. § 242 StGB (sowie i.V.m. § 858 I)

Daneben kommt ein Schadensersatzanspruch aus § 823 II 1 i.V.m. § 242 StGB (sowie i.V.m. § 858 I[9]) in Betracht.

I. Schutzgesetz i.S.d. § 823 II 1

Dazu müsste § 242 StGB ein Schutzgesetz i.S.d. § 823 II 1 sein. Gesetz i.S.v. § 823 II 1 ist *jede Rechtsnorm* i.S.d. Art. 2 EGBGB (d.h. nicht nur ein Gesetz im formellen Sinne, sondern auch

---

[9] Die Schutzgesetzeigenschaft des § 858 ist nicht unumstritten, vgl. MEDICUS, Bürgerliches Recht, 21. A. 2007, Rn. 621.

20

Verordnungen oder ordnungspolizeiliche Vorschriften). Den Schutz anderer bezweckt die Norm, wenn sie *nach ihrem Zweck und Inhalt* (nicht nach ihrer Wirkung!) auch dazu dienen soll, den Einzelnen oder einzelne Personenkreise gegen die Verletzung eines bestimmten Individualrechtsguts zu schützen. Dass die Rechtsnorm daneben oder in erster Linie die Interessen der Allgemeinheit im Auge hat, schadet nicht.[10] § 242 StGB bezweckt auch den Schutz des Eigentümers einer Sache. Es handelt sich demnach um ein Schutzgesetz i.S.d. § 823 II 1.

Anmerkung: Davon ist bei den meisten Deliktstatbeständen des StGB auszugehen!

II. Persönlicher und sachlicher Anwendungsbereich des Schutzgesetzes

Außerdem müsste der persönliche und sachliche Anwendungsbereich des Schutzgesetzes eröffnet sein. S gehört zu dem von § 242 StGB geschützten Personenkreis, insofern ist der persönliche Anwendungsbereich eröffnet. § 242 StGB bezweckt auch den Schutz des Eigentümers S, weshalb auch der sachliche Anwendungsbereich des Schutzgesetzes eröffnet ist.

Beachte: Daneben ist auch § 858 Schutzgesetz für den berechtigten Besitzer (hier S), vgl. BGHZ 73, 355; Palandt/BASSENGE, 67. A. 2008, § 858 Rn. 1.

III. Verstoß gegen das Schutzgesetz

Die Voraussetzungen des § 242 StGB sind auch erfüllt: B hat durch die vorsätzliche Wegnahme (mit Zueignungsabsicht) des ihm nicht gehörenden Buches einen Diebstahl nach § 242 StGB begangen.

IV. Ergebnis

Damit hat B den Schaden des S im o.g. Umfang auch nach § 823 II 1 i.V.m. § 242 StGB (sowie i.V.m. § 858 I) zu ersetzen.

Anmerkung: Angesichts der Einfachheit und Klarheit des Falles wäre für die Prüfung des § 823 II hier insgesamt durchaus ausreichend: „Daneben besteht ein Schadensersatzanspruch aus § 823 II 1, wenn B gegen ein Schutzgesetz verstoßen hat. B hat durch die vorsätzliche Wegnahme (mit Zueignungsabsicht) des nicht in seinem Eigentum stehenden Buches

---

[10] Vgl. BGH NJW 1992, 241; NJW 2004, 356.

einen Diebstahl nach § 242 StGB begangen; diese Vorschrift bezweckt auch den Schutz des Eigentümers S. Also besteht der Schadensersatzanspruch in Form der Naturalrestitution, d.h. auf Herausgabe des Buches."

H. § 826

Ein Diebstahl stellt zugleich eine vorsätzliche sittenwidrige Schädigung dar. Hier besteht daher auch ein Schadensersatzanspruch gem. § 826.

***

§ 2. Rechtsgeschäftslehre

Fall 2.1

▶ **Thema:** Die Voraussetzungen einer wirksamen Willenserklärung; fehlendes Erklärungsbewusstsein

▶ **Übersichten:** 1, 2

Der Passauer Student S nimmt als Gast an einer Weinversteigerung auf dem Weingut Axel Mertes in Wittlich teil. Während der Auktionator im eigenen Namen Gebote für zehn Kisten 1999er „Wittlicher Lay Trockenbeerenauslese" entgegennimmt, entdeckt S auf der anderen Seite des Raumes zu seiner Überraschung eine Kommilitonin und winkt ihr freudig erregt zu. S ist bestürzt, als Auktionator A ihm daraufhin den Wein zuschlägt. Er protestiert sofort lautstark; er habe überhaupt keinen Wein ersteigern wollen. A besteht indes auf Zahlung. Muss S – aufgerufen war zu Angeboten i.H.v. 2.000 € – den Kaufpreis bezahlen?

Lösung

A könnte gegen S einen Anspruch auf Zahlung des Kaufpreises gem. § 433 II haben.

A. Anspruch entstanden?

Der Zahlungsanspruch des A muss zunächst entstanden sein. Dies setzt voraus, dass A und S einen wirksamen Kaufvertrag i.S.d. § 433 geschlossen haben. Ein Vertrag kommt durch eine Willenseinigung zustande. Erforderlich sind zwei korrespondierende Willenserklärungen i.S.d. §§ 145ff., Antrag und Annahme.

> **Hinweis für die Fallbearbeitung:** Eines derartig oder ähnlich ausführlichen Obersatzes bedarf es nur dann, wenn das Zustandekommen des Vertrages problematisch ist. Ist im Sachverhalt davon die Rede, dass die Parteien sich auf den Verkauf von zehn Kisten Wein geeinigt haben, so genügt eine knappe Bemerkung wie z.B.: „Die Parteien haben sich wirksam auf den Abschluss eines Kaufvertrages nach § 433 geeinigt. Der Anspruch ist entstanden."

I. Antrag des S

Fraglich ist, ob ein wirksamer Antrag des S vorliegt. Ein Antrag i.S.d. § 145 ist eine empfangsbedürftige Willenserklärung, durch die ein Vertragsschluss einem anderen so angeboten wird, dass das Zustandekommen des Vertrages nur von dessen Einverständnis abhängt. Ein solcher Antrag könnte in dem Winken des S zu sehen sein.

1. Tatbestand einer Willenserklärung

Dazu müsste das Winken des S eine Willenserklärung darstellen. Eine Willenserklärung besteht in der Kundgabe eines Rechtsfolgewillens, d.h. des Willens, kraft der Erklärung eine bestimmte Rechtsfolge herbeizuführen. Sie besteht aus einer objektiven und einer subjektiven Komponente.[11]

a) Objektiver Erklärungstatbestand

Der objektive Erklärungstatbestand einer Willenserklärung ist gegeben, wenn sich das Verhalten des Erklärenden aus der Sicht eines objektiven Beobachters in der Rolle des Erklärungsempfängers als Äußerung eines auf die Herbeiführung einer bestimmten Rechtsfolge gerichteten Willens darstellt.[12]

Aus der Sicht eines objektiven Empfängers, auf den im Rahmen der erforderlichen Auslegung gem. §§ 133, 157 abzustellen ist, lässt das Winken des S in der Auktion auf die Abgabe eines Angebotes schließen, das – entsprechend dem vorangegangenen Aufruf – auf den Abschluss eines Vertrages über den Kauf von 10 Kisten 1999er „Wittlicher Lay Trockenbeerenauslese" zum Preis von 2.000 € gerichtet ist.

Folglich ist der objektive Tatbestand der Willenserklärung erfüllt.

b) Subjektiver Erklärungstatbestand

Der subjektive Tatbestand erfordert das Bewusstsein, überhaupt zu handeln (Handlungsbewusstsein), das Bewusstsein, eine rechtlich relevante Erklärung abzugeben (Erklärungsbewusstsein) sowie den Willen, ein bestimmtes Rechtsgeschäft vorzunehmen (Geschäftswille).

---

[11] Vgl. insofern SCHMIDT, BGB AT, 5. A. 2008, Rn. 226ff., LEIPOLD, BGB I, 5. A. 2008, § 10 Rn. 9ff.; zu Detailfragen MüKo/KRAMER, 5. A. 2006, vor § 116 Rn. 18ff.

[12] BGHZ 147, 129, 134.

aa) S hob willentlich die Hand zum Gruß. Er handelte demnach mit **Handlungsbewusstsein.**

bb) Fraglich ist jedoch, ob S auch das erforderliche **Erklärungs-bewusstsein** hatte. Dazu müsste ihm bewusst gewesen sein, dass er eine rechtlich relevante Erklärung abgab. S wollte lediglich K zum Zwecke der Begrüßung zuwinken. Er wusste also nicht um die rechtliche Relevanz seiner Handlung. Ihm fehlte folglich das Erklärungsbewusstsein.

Ob trotz fehlenden Erklärungsbewusstseins eine Willenserklärung vorliegen kann, ist umstritten:

(1) Nach der schon im Gemeinen Recht vertretenen **objektiven Theorie** ist das fehlende Erklärungsbewusstsein stets unschäd-lich, wenn der objektive Tatbestand der Willenserklärung gegeben ist.[13] Nur so werde dem im Gesetz statuierten Vertrauensschutz hinreichend Rechnung getragen: Jeder soll sich grundsätzlich auf die Wirksamkeit einer getroffenen Vereinbarung verlassen können, es sei denn, es sind höherrangige Schutzinteressen des anderen betroffen. Allerdings soll die Willenserklärung anfechtbar gem. § 119 I sein.

Vorliegend ist der objektive Erklärungstatbestand gegeben (vgl.o.). Demnach wäre mit der objektiven Theorie eine – anfechtbare – Willenserklärung des S zu bejahen.

(2) Dagegen ist das Erklärungsbewusstsein nach der **Willens-theorie** (auch als **subjektive Theorie** bezeichnet) für das Vorlie-gen einer Willenserklärung unverzichtbar.[14] Fehle das Erklärungs-bewusstsein, so müsse eine Willenserklärung nach § 118 analog nichtig sein, da niemand an einer nicht gewollten Erklärung fest-gehalten werden könne. Um aber den vermeintlichen Geschäfts-partner nicht unangemessen zu benachteiligen, soll der Erklären-de diesem jedoch gem. § 122 I analog zum Ersatz des Schadens verpflichtet sein, den der Empfänger im Vertrauen auf die Wirk-samkeit des Geschäftes erlitten hat (sog. Vertrauensschaden).

S wollte nur seiner Bekannten zuwinken. Der subjektive Wille, Rechtsfolgen an sein Handeln zu knüpfen war nicht vorhanden.

---

[13] WINDSCHEID, Pandektenrecht I, 8. A. 1900, §§ 72, 75; vgl. auch FLUME, BGB AT II, 3. A. 1979, § 4/8, S. 61ff.

[14] Vgl. nur KÖHLER, BGB AT, 32. A. 2008, § 14 Rn. 5; MUSIELAK, Grundkurs BGB, 10. A. 2007, Rn. 63; SCHMIDT, BGB AT, 5. A. 2008, Rn. 254.

Folgt man der subjektiven Theorie, so liegt also keine Willenserklärung vor.

(3) Nach der von der h.M.[15] und vom BGH[16] favorisierten vermittelnden Auffassung, der **„Theorie von der Erklärungsfahrlässigkeit"**, ist trotz fehlenden Erklärungsbewusstseins von einer Willenserklärung auszugehen, wenn der Erklärende bei Beachtung der im Verkehr gebotenen Sorgfalt hätte erkennen können und müssen, dass sein Verhalten nach Treu und Glauben und nach der Verkehrssitte als Willenserklärung aufgefasst werden könnte. Die nach dem Grundkonzept des BGB bestehende Freiheit in der Wahl der Erklärungshandlung schließe für den Erklärenden eine Verantwortung ein; ihm und nicht dem Empfänger müsse das „Erklärungsrisiko" angelastet werden. Dem Erklärenden verbleibe lediglich die Möglichkeit einer Anfechtung analog § 119 I Alt. 2.[17] Handele der Erklärende jedoch nicht fahrlässig, so liege keine Willenserklärung vor. Das gleiche gelte, wenn der Erklärungsempfänger das Fehlen des Erklärungsbewusstseins erkennt und daher nicht schutzwürdig sei.

Hier war dem S bewusst, dass er sich in einer Versteigerung befindet. Er hätte ohne weiteres erkennen können, dass bei einer Auktion das Winken als Gebot aufgefasst wird, mithin ist ihm der Vorwurf der Fahrlässigkeit zu machen. Daher wäre ihm nach der Theorie von der Erklärungsfahrlässigkeit sein Winken trotz fehlenden Erklärungsbewusstseins als Willenserklärung zuzurechnen.

(4) Stellungnahme: Die ersten beiden Theorien betonen zu einseitig den Verkehrsschutz bzw. den Schutz des subjektiv Gewollten. Dabei verkennt die Willenstheorie, dass eine mit den Fällen des § 118 vergleichbare Interessenlage, die eine Analogie rechtfertigen würde, gerade nicht vorliegt: Bei § 118 will der Erklärende, dass seine Erklärung nicht gilt; bei fehlendem Erklärungsbewusstsein hingegen hat er sich über die Rechtsgeltung überhaupt keine Gedanken gemacht.

[15] Vgl. nur MEDICUS, BGB AT, 9. A. 2006, Rn. 607; MüKo/KRAMER, 5. A. 2006, vor § 116, Rn. 13.

[16] BGHZ 91, 324ff. = NJW 1984, 2279; BGHZ 109, 171, 177 = NJW 1990, 454; BGH NJW 2002, 2325, 2327.

[17] Vgl. insoweit OLG Dresden WM 1999, 949; MEDICUS, BGB AT, 9. A. 2006, Rn. 607; Palandt/HEINRICHS/ELLENBERGER, 67. A. 2008, Einf. vor § 116 Rn. 17.

Die vermittelnde Ansicht dagegen gewährleistet einerseits die Sicherheit des Rechtsverkehrs. Andererseits hält sie den Erklärenden nur dann an seiner Erklärung fest, wenn er sich unsorgfältig verhalten hat, und trägt somit dem Verantwortlichkeitsprinzip Rechnung. Sie stellt als einzige Lösungsmöglichkeit einen billigen Interessenausgleich her. Daher ist sie vorzugswürdig.

(5) Zwischenergebnis: Das fehlende Erklärungsbewusstsein ist demnach unschädlich.

cc) Der hier – naturgemäß – ebenfalls fehlende Geschäftswille ist für das Vorliegen einer Willenserklärung irrelevant, wie sich im Umkehrschluss aus § 119 ergibt.

c) Zwischenergebnis: Der Tatbestand einer Willenserklärung liegt vor.

2. Wirksamwerden der Willenserklärung

Um wirksam zu werden, muss die Willenserklärung abgegeben werden und – sofern es sich, wie hier, um eine empfangsbedürftige Willenserklärung handelt – dem Erklärungsempfänger auch zugehen.

a) Abgabe

Eine nicht verkörperte, d.h. mündliche oder – wie hier – konkludente Willenserklärung gegenüber einem Anwesenden ist abgegeben, wenn sie so geäußert wird, dass der Erklärungsempfänger in der Lage ist, sie zu verstehen.[18] Dies ist hier in Bezug auf das Winken des S zu bejahen, mithin hat S die Erklärung abgegeben.

b) Zugang

Eine nicht verkörperte Willenserklärung unter Anwesenden ist zugegangen, wenn der Erklärungsempfänger sie zur Kenntnis nimmt.[19] A hat die in dem Heben der Hand enthaltene konkludente Willenserklärung des B optisch wahr- und damit zur Kenntnis genommen, so dass auch der Zugang zu bejahen ist.

---

[18] BROX/WALKER, BGB AT, 32. A 2008, § 7, Rn. 144.

[19] Ebd. Rn. 156; BGH WM 1989, 652, BayObLG NJW-RR 1996, 524.

Anmerkung: Im Übrigen hat A die Willenserklärung auch inhaltlich richtig erfasst – nach der eingeschränkten Vernehmungstheorie (h.M.) ist dies aber keine Voraussetzung des Zugangs; es genügt für den Zugang, dass der Empfänger die Willenserklärung akustisch (vollständig) vernommen hat, vgl. Fall 2.7! Vorsicht: „akustisch vernommen" passt hier nicht.

3. Zwischenergebnis

Ein wirksamer Antrag des S liegt vor.

II. Annahme durch A

Bei einer Versteigerung wird die Annahme durch den Zuschlag des Versteigerers ersetzt, § 156 S. 1. Dem Antrag des S folgte der Zuschlag seitens des A, so dass der Antrag auch angenommen worden ist.

III. Zwischenergebnis

A und S haben einen wirksamen Kaufvertrag geschlossen. Der Anspruch des A gegen S auf Zahlung des Kaufpreises i.H.v. 2.000 € gem. § 433 II ist entstanden.

B. Anspruch erloschen?

Der Anspruch auf Kaufpreiszahlung ist jedoch erloschen, wenn die Willenserklärung des S und damit der Kaufvertrag infolge wirksamer Anfechtung gem. § 142 I (rückwirkend) nichtig ist. Hierzu bedarf es eines Anfechtungsgrundes sowie einer Anfechtungserklärung innerhalb der Anfechtungsfrist gegenüber dem richtigen Anfechtungsgegner.

I. Anfechtungsgrund

Nach der Theorie von der Erklärungsfahrlässigkeit kann der fahrlässig Erklärende eine ihm trotz fehlenden Erklärungsbewusstseins zugerechnete Willenserklärung entsprechend § 119 I Alt. 2 anfechten (vgl.o.).

II. Anfechtungserklärung, § 143 I, II

S protestiert sofort lautstark, d.h. er weigert sich, den Kaufpreis zu bezahlen. Damit bringt er zugleich zum Ausdruck, dass er das Geschäft wegen des fehlenden Erklärungsbewusstseins nicht gelten lassen will. Das Wort „Anfechtung" muss nicht verwendet werden, das Bestreiten der Verpflichtung genügt.[20]

Die Erklärung erfolgte auch gegenüber dem A, der gem. § 143 I, II als Vertragspartner der richtige Anfechtungsgegner ist. Eine wirksame Anfechtungserklärung liegt demnach vor.

III. Anfechtungsfrist, § 121 I

S hat die Anfechtung unmittelbar nachdem er von dem Anfechtungsgrund Kenntnis erlangt hat erklärt. Er handelte also jedenfalls ohne schuldhaftes Zögern, d.h. unverzüglich i.S.d. § 121 I. Die Anfechtungsfrist ist damit gewahrt.

IV. Zwischenergebnis

Die Willenserklärung des S ist somit durch Anfechtung gem. § 142 I erloschen. Damit fehlt es an der für den Vertrag erforderlichen Einigung, so dass auch die wechselseitigen Ansprüche erloschen sind.

C. Ergebnis

A hat gegen S keinen Anspruch auf Zahlung des Kaufpreises i.H.v. 2.000 € gem. § 433 II.

Anmerkung: Zu beachten ist jedoch, dass A dem S etwaige Nachteile, die diesem dadurch entstehen, dass er auf die Gültigkeit der Willenserklärung vertraut, gem. § 122 (analog) zu ersetzen hat.

***

Fall 2.2

▶ **Thema:** „Abhandenkommen" einer Willenserklärung

▶ **Übersichten: 1, 2**

Student S unterschreibt eine Bestellkarte über 20 Flaschen Riesling des Weinguts Axel Mertes (M) in Wittlich. Nach dem Ausfüllen kommen ihm noch einmal Bedenken. Wegen des für seine Verhältnisse recht hohen Gesamtpreises möchte S, bevor er die Bestellung abschickt, noch einmal darüber schlafen. Die

---

[20] Ständige Rechtsprechung des BGH, vgl. nur BGHZ 95, 859; Palandt/HEINRICHS, 67. A. 2008, § 143 Rn. 3.

ausgefüllte Bestellkarte legt er in eine Schreibtischschublade. Am nächsten Morgen findet ein WG-Mitbewohner, der – für S unvorhersehbar – in dem Schreibtisch nach Briefmarken sucht, die Karte, frankiert sie und wirft sie in den Briefkasten. M erhält die Karte und liefert den Wein, S will ihn nicht haben.

Liegt ein wirksamer Kaufvertrag vor?

Lösung

Vorbemerkung: Dieser Fall, der das Problem der sog. „abhanden gekommenen Willenserklärung" behandelt, erweist sich immer wieder als „harte Nuss". Schwierigkeiten bereitet vielen Studienanfängern der Umstand, dass einerseits der objektive und vor allem der subjektive Erklärungstatbestand einer Willenserklärung gegeben sein sollen, obwohl es anderseits ganz offensichtlich an einer willentlichen Entäußerung in den Rechtsverkehr (= Abgabe) fehlt.

I. Wirksamer Kaufvertrag gem. § 433?

Voraussetzung für einen wirksamen Kaufvertrag sind zunächst zwei korrespondierende Willenserklärungen i.S.d. §§ 145ff., Antrag und Annahme.

1. Antrag

a) Ein Antrag i.S.d. § 145 ist eine empfangsbedürftige Willenserklärung, durch die ein Vertragsschluss einem anderen so angeboten wird, dass das Zustandekommen des Vertrages nur von dessen Zustimmung abhängt.

Ein Antrag könnte bereits in der Zusendung der Bestellkarte durch M liegen. Der Antrag zum Abschluss eines Kaufvertrages über 20 Flaschen Wein durch M würde jedoch voraussetzen, dass M den für einen objektiven Empfänger (§§ 133, 157) erkennbaren Willen hatte, sich durch die Übersendung der Bestellkarten gegenüber jedem Adressaten einer Karte dergestalt zu binden, dass dieser nur noch die ausgefüllte Karte zurücksenden muss, um einen Vertrag zustande zu bringen. Davon ist hier jedoch nicht auszugehen, denn ein objektiver Empfänger muss das Verbreiten der Bestellkarte so verstehen, dass M sich keinesfalls weiter binden möchte, als sein Weinvorrat reicht, sondern lediglich zur Abgabe entsprechender Kaufangebote auffordern will. Anderenfalls würde er sich Schadensersatzansprüchen wegen Nichterfüllung aussetzen.

Schon aus diesem Grunde war auch der subjektive Wille des M nur auf eine (unverbindliche) Aufforderung zur Abgabe einer Willenserklärung (sog. *invitatio ad offerendum*) gerichtet.

Merke: Eine *invitatio ad offerendum* ist die Aufforderung, eine Willenserklärung (=ein auf einen Vertragsschluss gerichteter Antrag i.S.d. § 145) abzugeben. Ob ein Antrag oder eine *invitatio ad offerendum* vorliegt, ist durch Auslegung nach dem objektiven Empfängerhorizont (§§ 133, 157) zu ermitteln.

Mithin fehlt der Erklärungswille sowohl im objektiven wie im subjektiven Tatbestand. Die Übersendung der Bestellkarte ist kein Antrag.

b) Allerdings könnte ein Antrag in der Rücksendung der ausgefüllten Bestellkarte zu sehen sein.

aa) Tatbestand einer Willenserklärung

(1) Objektiver Erklärungstatbestand

Der objektive Tatbestand einer Willenserklärung ist gegeben, wenn sich das Verhalten des Erklärenden aus der Sicht eines objektiven Beobachters in der Rolle des Erklärungsempfängers als Äußerung eines auf die Herbeiführung einer bestimmten Rechtsfolge gerichteten Willens darstellt.[21]

M hat eine von S ausgefüllte und unterschriebene Bestellkarte erhalten. Ein objektiver Beobachter muss eine ausgefüllte Bestellkarte so verstehen, dass der Absender mit Handlungswillen das vorgeschlagene Rechtsgeschäft rechtlich bindend abschließen wollte. Der objektive Tatbestand der Willenserklärung liegt somit vor.

(2) Subjektiver Erklärungstatbestand

Das nach außen Erklärte muss von einem entsprechenden inneren Willen getragen sein. S war im Zeitpunkt des Ausfüllens der Bestellkarte bewusst, dass er damit eine verkörperte Erklärung schafft, mit der er seinen Willen zum Ausdruck bringt, ein bestimmtes Geschäft mit M abschließen zu wollen.

Vorsicht: Es handelt sich hierbei noch nicht um eine wirksame Willenserklärung im rechtstechnischen Sinne. Für das Wirksamwerden

---

[21] BGHZ 147, 129, 134.

der – gleichermaßen „gezeugten" Willenserklärung – ist ihre Abgabe (willentliche Entäußerung in den Rechtsverkehr), bildhaft gesprochen: ihre „Geburt", erforderlich.

Handlungswille, Erklärungsbewusstsein und Geschäftswille sind somit zu bejahen.

Anmerkung: Erst *nach* dem Ausfüllen kommen dem S Bedenken: Er möchte „noch einmal darüber schlafen". S hat also, nachdem er die Bestellkarte ausgefüllt und unterschrieben hat, entschieden, erst später über das Ob und Wann der willentlichen Entäußerung in den Rechtsverkehr (=Abgabe) zu befinden. Dies ändert indes nichts daran, dass im Moment des Ausfüllens / Unterschreibens eine verkörperte Willenserklärung – nochmals: *nicht* eine *wirksame* Willenserklärung im rechtstechnischen Sinne!!! – erstellt ist. *Wirksam* wird diese Willenserklärung erst mit der Abgabe (willentliche Entäußerung in den Rechtsverkehr) und Zugang!

An dieser Stelle ist es also wichtig, zumindest gedanklich ganz genau zwischen (a) den Voraussetzungen einer Willenserklärung (=Objektiver und subjektiver Erklärungstatbestand) und (b) den Voraussetzungen für das *Wirksamwerden* der Willenserklärung (=Abgabe und Zugang) zu unterscheiden. Andernfalls mag das soeben gefundene Ergebnis, nämlich die Bejahung des objektiven und vor allem des subjektiven Erklärungstatbestandes nur schwerlich nachvollziehbar sein.

Deutlich vor Augen führen muss man sich in diesem Falle also noch einmal, dass es bei der Abgabe einer (wirksamen) Willenserklärung an zwei Stellen auf den Willen des Erklärenden ankommt: Einmal bei der bloßen „Erstellung" einer Willenserklärung und dann bei der Frage, ob die erstellte Willenserklärung tatsächlich rechtliche Verbindlichkeit erlangen soll, indem sie *willentlich entäußert* wird.

bb) Wirksamwerden der Willenserklärung

Tipp für die Klausurbearbeitung: Bei einem derartigen Klausursachverhalt kommt es dem Aufgabensteller ersichtlich darauf an, dass sich der Bearbeiter mit der Frage beschäftigt, wie die Weiterleitung der Bestellkarte an einen Dritten rechtlich zu behandeln ist. Problematisch ist also der Prüfungspunkt „Abgabe". Daher wäre es auf jeden Fall zulässig und vor dem Hintergrund der regelmäßig eher knapp bemessenen Bearbeitungszeit auch dringend angeraten, den Erklärungstatbestand *kurz* zu bejahen, um sich dann dem eigentlichen Problem der Klausur, nämlich der Behandlung einer „abhanden gekommenen Willenserklärung" zu widmen. Der Korrektor erkennt dann, dass Sie bei der Prüfung des objektiven bzw. subjektiven Erklärungstatbestandes zu dem richtigen Ergebnis gekommen sind (noch knapper z.B. Musielak, Grundkurs BGB,

10. A., 2007, Rn. 66ff.; andere sprechen etwas ungenau von dem „Entwurf einer Willenserklärung" und beschäftigen sich sogleich mit dem Problem der fehlenden Abgabe, vgl. z.B. SCHWAB/LÖHNIG, Falltraining im Zivilrecht, 3. A. 2007, Fall 18).

Um wirksam zu werden, muss die Willenserklärung abgegeben werden und – sofern es sich, wie hier, um eine empfangsbedürftige Willenserklärung handelt – dem Erklärungsempfänger auch zugehen, § 130 I 1.

(1) Zugang

Eine empfangsbedürftige Willenserklärung unter Abwesenden ist zugegangen, wenn sie derart in den Machtbereich des Erklärungsempfängers gelangt ist, dass dieser unter normalen Umständen von ihrem Inhalt Kenntnis nehmen kann.[22] Hier hat M die Bestellkarte auf dem Postwege erhalten, mithin ist sie ihm zugegangen.

Anmerkung: Der Zugang könnte in diesem Fall noch kürzer, d.h. durch „Anpassung" der Definition des BGH, abgehandelt werden. Grundsätzlich ist der Zugang entsprechend der historischen Abfolge nach der Abgabe zu prüfen. Hier kann er ausnahmsweise vorher geprüft werden, da der Zugang unproblematisch bejaht werden kann und die Problematik des Falls ersichtlich bei der Abgabe der Willenserklärung liegt.

(2) Abgabe

Voraussetzung für die Wirksamkeit einer Willenserklärung ist darüber hinaus die Abgabe der Erklärung durch den Erklärenden. Eine schriftliche empfangsbedürftige Erklärung gegenüber einem Abwesenden ist abgegeben, wenn der Erklärende das Schriftstück in Richtung auf den Erklärungsempfänger willentlich dergestalt in den Rechtsverkehr entäußert hat, dass unter normalen Umständen mit dem Zugang der Willenserklärung zu rechnen ist.[23]

Problematisch ist hier, dass der WG-Mitbewohner die Bestellkarte gegen oder zumindest ohne den Willen des S abgesendet hat. Demnach fehlt es an einer willentlichen Entäußerung der Willenserklärung durch S. Es handelt sich um eine so genannte „abhanden gekommene Willenserklärung".

---

[22] Vgl. BGH NJW 2004, 1320 (st. Rspr.).

[23] Vgl. nur BGHZ 65, 13, 14 = JZ 1976, 132; BGH NJW-RR 2003, 384; KÖHLER, BGB AT, 32. A. 2008, § 6 Rn. 12; Palandt/HEINRICHS/ELLENBERGER, 67. A. 2008, § 130 Rn. 4.

Problemaufriss: Bei einer abhanden gekommenen Willenserklärung kann der Empfänger in der Regel nicht erkennen, dass die Erklärung ohne den Willen des Erklärenden an ihn übermittelt wurde. Deshalb wird er zunächst auf die Wirksamkeit der Willenserklärung vertrauen. Der Erklärende dagegen will nicht an eine Erklärung gebunden sein, die er gar nicht abgegeben hat. Es besteht also in derartigen Fällen regelmäßig ein Konflikt zwischen dem Schutzbedürfnis des Erklärungsempfängers („Schutz des Rechtsverkehrs") und der Selbstbestimmung dessen, dem die Erklärung abhanden gekommen ist („Privatautonomie").

Umstritten ist, ob in derartigen Fällen gleichwohl von einer wirksamen Willenserklärung auszugehen ist.

(a) Nach **einer Ansicht** ist die willentliche Entäußerung durch den Ersteller der Willenserklärung unabdingbare Voraussetzung für das Wirksamwerden derselben.[24] Der Erklärende müsse grundsätzlich selbst darüber entscheiden können, ob und wann er eine Erklärung abgibt. Eine so genannte abhanden gekommene Willenserklärung könne demnach, in Übereinstimmung mit den Motiven,[25] nicht wirksam werden. Auch enthalte § 172 I die Wertung, dass sich der Aussteller einer Urkunde deren Inhalt nur dann zurechnen lassen muss, wenn er sie einem anderen ausgehändigt hat.[26] Allerdings soll der Erklärende analog § 122 I[27]

---

[24] Für die Aushändigung i.S.v. § 172 I: BGHZ 65, 13, 14 = JZ 1976, 132. Für den Fall der abhanden gekommenen Willenserklärung: BORK, AT, 2. A. 2006, Rn. 615; KÖHLER, BGB AT, 32. A. 2008, § 6 Rn. 12; CANARIS, Vertrauenshaftung, Nachdr. 1981, 39, 427[10]; LEIPOLD, BGB I, 5. A. 2008, Rn. 333; MUSIELAK, Grundkurs BGB, 10. A. 2007, Rn. 68; SCHMIDT, BGB AT, 5. A. 2008, Rn. 327. In diesem Sinne wohl auch CANARIS, NJW 1984, 2281 (dort nur für fehlendes Erklärungsbewusstsein) und JZ 1976, 132, 134: Bei der abhanden gekommenen Willenserklärung nur Haftung für Vertrauensschaden analog § 122 I.

[25] Motive zum BGB I, 157 = MUGDAN I, 439.

[26] KÖHLER, BGB AT, 32. A. 2008, § 6 Rn. 12; SCHMIDT, BGB AT, 5. A. 2008, Rn. 327.

[27] CANARIS, Vertrauenshaftung, Nachdr. 1981, 548, der zur Begründung anführt, dass der Aussteller immerhin wissentlich den äußeren Tatbestand einer Willenserklärung geschaffen habe und durch die Unterzeichnung der Urkunde eine besondere Gefahr für den rechtsgeschäftlichen Verkehr hervorgerufen habe, die aus seiner Sphäre stamme; vgl. auch ders., Zur Frage der Wirksamkeit von Rechtsgeschäften, die mit Hilfe einer entwendeten Vollmachtsurkunde zustande gekommen sind, JZ 1976, 132, 134; SINGER, Selbstbestimmung und Verkehrsschutz im Recht der Willenserklärungen, 1995, 197; ULTSCH, DZWir 1997, 466, 469.

bzw. nach §§ 280 I, 311 II Nr. 1, 241 II[28] *(culpa in contrahendo)* auf Ersatz des Vertrauensschadens haften, wenn er die Absendung bei gebotener Sorgfalt hätte erkennen und verhindern können. Somit läge hier mangels willentlicher Entäußerung in den Rechtsverkehr keine Willenserklärung vor.

(b) Eine **andere Ansicht** behandelt Fälle der vorliegenden Art wie die Fälle des fehlenden Erklärungsbewusstseins:[29] Der Fall der abhanden gekommenen Willenserklärung stehe dem der ohne Erklärungsbewusstsein abgegebenen Willenserklärung phänomenologisch gleich[30] bzw. sei zumindest weitgehend mit diesem vergleichbar.[31] Der Erklärende wird demnach so behandelt, als habe er die Erklärung tatsächlich willentlich entäußert, wenn (1.) der Erklärungsempfänger die Willenserklärung nach Treu und Glauben und unter Berücksichtigung der Verkehrssitte als abgegeben auffassen durfte und (2.) der Erklärende das In-den-Verkehr-Gelangen bei Beachtung der im Verkehr erforderlichen Sorgfalt hätte erkennen und verhindern können. Dem Erklärenden soll jedoch die Anfechtungsmöglichkeit analog § 119 I Alt. 2 bleiben; für Vertrauensschäden würde er somit – im Falle der Anfechtung – gem. § 122 I analog haften.[32]

---

[28] KÖHLER, BGB AT, 32. A. 2008, § 6 Rn. 12; SCHMIDT, BGB AT, 4. A. 2007, Rn. 327.

[29] Vgl. z.B. FLUME, AT, Band II, 3. A. 1979, § 14 Ziff. 1, § 23 Ziff. 1; KLEIN-BLENKERS, Zwei Fälle „nicht gewollter" Willenserklärungen, JURA 1993, 640, 642f.; LARENZ/WOLF, AT, 9. A. 2004, § 26 Rn. 7; MEDICUS, BGB AT, 9. A. 2006, Rn. 266; MüKo/EINSELE, 5. A. 2006, § 130 Rn. 14; jurisPK-BGB/REICHOLD, 3. A. 2006, § 130 Rn. 7; RÜTHERS/STADLER, BGB AT, 15. A. 2007, § 17 Rn. 38; Soergel/HEFERMEHL, 13. A. 1999, § 130 Rn. 5; TAUPITZ/KRITTER, Electronic Commerce - Probleme bei Rechtsgeschäften im Internet, JuS 1999, 839; in diesem Sinne wohl auch Palandt/HEINRICHS/ELLENBERGER, 67. A. 2008 § 130 Rn. 4, die allerdings den unbefugten Handeln eines Dritten auf die Haftung des Erklärenden nach den Grundsätzen der Duldungs-/Anscheinsvollmacht bzw. nach §§ 280 I, 311 II, 241 II *(culpa in contrahendo)* verweisen. Der BGH, der sich inzwischen für den Fall des fehlenden Erklärungsbewusstseins der Theorie von der Erklärungsfahrlässigkeit angeschlossen hat (vgl. BGH NJW 1984, 2279, NJW 1990, 454, 456, NJW 2002, 363ff.), würde dies wahrscheinlich genauso entscheiden.

[30] MüKo/EINSELE, 5. A. 2006, § 130 Rn. 14.

[31] MEDICUS, BGB AT, 9. A. 2006, Rn. 266 weist darauf, dass der Schreiber eines Briefes die rechtliche Bedeutung seiner Erklärung kennt. Weil er aber die Rechtswirkung des Geschriebenen (noch) nicht wolle, könne man beide Fallgruppen trotz des Unterschiedes gleich behandeln.

[32] LARENZ/WOLF, AT, 9. A. 2004, § 26 Rn. 7 und RÜTHERS/STADLER, BGB AT, 15. A. 2007, § 17 Rn. 38 gestehen dem Erklärungsempfänger selbst dann einen

Demnach käme es hier darauf an, ob und inwieweit S das In-den-Verkehr-Gelangen der Willenserklärung bei Beachtung der im Verkehr erforderlichen Sorgfalt hätte erkennen und verhindern können.

(c) Für die letztgenannte Lösung spricht vor allem, dass sie einerseits dem Schutzbedürfnis des Erklärungsempfängers durch Ersatz des negativen Interesses nach § 122 I analog Rechnung trägt. Dieser hat keinerlei Einblick in die Umstände der Abgabe der Willenserklärung und muss sich daher jedenfalls dann auf die Wirksamkeit des Vertragsschlusses verlassen können, wenn dem Erklärenden Fahrlässigkeit vorzuwerfen ist. Andererseits schützt diese Lösung auch die Selbstbestimmung dessen, dem die Erklärung abhanden gekommen ist, indem ihm die Möglichkeit gegeben wird, den Vertrag gelten zu lassen und auf diese Weise das Geschäft an sich zu ziehen. Im Übrigen kann die Wertung des § 172 I nicht herangezogen werden: Diese Vorschrift betrifft den Ausnahmefall, dass der in einer Vollmachtsurkunde als Vertreter Bezeichnete sich die Urkunde eigenmächtig verschafft, obwohl der Erklärende sich dieser noch nicht entledigt hat. Für den Regelfall aber muss auf den Empfängerhorizont abgestellt werden. Es erscheint daher vorzugswürdig, die Fälle der Erklärungsabgabe ohne Willen so zu behandeln, wie die Erklärung ohne Erklärungsbewusstsein (sog. „Theorie von der Erklärungsfahrlässigkeit").

(d) Die in der Bestellkarte verkörperte Willenserklärung wäre dem S daher als abgegeben zuzurechnen, wenn ihn hinsichtlich des In-den-Verkehr-Gelangens ein Fahrlässigkeitsvorwurf trifft. Die Frage, ob das In-den-Verkehr-Gelangen einer Willenserklärung dem Erklärenden zuzurechnen ist, entscheidet sich nach den jeweiligen Umständen des Einzelfalls. Dies wird jedenfalls immer dann zu verneinen sein, wenn ein Dritter trotz entsprechender Vorkehrungen durch den Erklärenden völlig eigenmächtig auftritt.[33] Unter diesen Umständen konnte der Erklärende das In-den-Verkehr-Gelangen der Willenserklärung trotz Beachtung der im Verkehr erforderlichen Sorgfalt nicht erkennen und verhindern, so dass ihm kein Fahrlässigkeitsvorwurf gemacht werden kann.

Anspruch gem. § 122 I zu, wenn diesen kein Fahrlässigkeitsvorwurf trifft, da sein Vertrauen in den Bestand des bei ihm angekommenen Vertragsangebotes auch unter diesen Umständen schützenswert sei; ablehnend insofern MEDICUS, BGB AT, 9. A. 2006, Rn. 266 und 605ff., Soergel/HEFERMEHL, 13. A. 1999, § 130 Rn. 5.

[33] Soergel/HEFERMEHL, 13. A. 1999, § 130 Rn. 5.

36

Hier hat S die Postkarte in seinen Schreibtisch gelegt und nicht etwa offen herumliegen lassen. Da er unter gewöhnlichen Umständen nicht damit rechnen musste, dass sein Mitbewohner in seinem Schreibtisch herumstöbert, waren die getroffenen Vorkehrungen auch ausreichend. Ihn trifft insoweit kein Fahrlässigkeitsvorwurf.

> **Anmerkung:** Sollte S jedoch Fahrlässigkeit vorzuwerfen sein, so könnte er für den Fall, dass er von M, nach Anfechtung gem. § 119 I Alt. 2 analog, gem. § 122 I analog in die Pflicht genommen wird, bei seinem Mitbewohner Regress nehmen, wobei ein etwaiges Mitverschulden (§ 254) zu berücksichtigen ist.

(e) Zwischenergebnis zu (2): Die Willenserklärung ist daher nicht als abgegeben anzusehen.

(3) Zwischenergebnis zu bb): Die in der ausgefüllten Bestellkarte verkörperte Willenserklärung des S ist nicht wirksam geworden.

cc) Zwischenergebnis zu b): Die Rücksendung der ausgefüllten Bestellkarte stellt demnach keinen Antrag des S dar.

> **Anmerkung:** Im Übrigen ist im vorliegenden Fall das Widerrufsrecht gem. §§ 312d I, 355 zu beachten, da es sich um einen Fernabsatzvertrag handelt (vgl. § 312b I). Übt S dieses fristgerecht aus, so kann er sich auch ohne Schadensersatzpflicht von der Willenserklärung lösen. In der Praxis würde ein Rechtsanwalt seinem Mandanten daher dazu raten, die „Willenserklärung" einfach zu widerrufen und dem Geschäftsgegner gar nicht erst von dem „malheur" zu erzählen.

c) Lieferung des Weines als Antrag des M?

Durch die Lieferung des Weines hat M nach außen unmissverständlich erkennbar seinen Willen zum Ausdruck gebracht, dieses bestimmte Geschäft mit S abzuschließen. Zudem hat M den Antrag willentlich in den Rechtsverkehr entäußert, und der Antrag ist so in den Machtbereich des S gelangt, dass dieser unter gewöhnlichen Umständen davon Kenntnis nehmen kann. Ein wirksamer Antrag des M liegt mithin vor.

2. Annahme

Jedoch fehlt es an einer Annahme des Antrags zum Abschluss des Kaufvertrages durch S.

3. Zwischenergebnis zu I.

In Ermangelung einer Annahme liegen zwei übereinstimmende Willenserklärungen nicht vor.

II. Ergebnis

Mithin ist zwischen S und M kein wirksamer Kaufvertrag zustande gekommen.

Anmerkung: Wäre hier nach der Rechtslage gefragt, müsste man auch etwaige Ansprüche des M gegen S prüfen. In Betracht kommt hier v.a. ein Anspruch aus § 985 auf Herausgabe des Weines: S ist Besitzer und M Eigentümer des Weines. Zwar hat M versucht, dem S den Wein nach § 929 S. 1 zu übereignen; da S den Wein jedoch nicht haben möchte, hat er auch nicht die Annahme des Antrags auf Eigentumsübergang im Rahmen der Einigung gem. § 929 S. 1 erklärt. Des Weiteren steht dem S kein Recht zum Besitz nach § 986 I 1 zu.

Fraglich ist allerdings, ob der Anspruch gem. § 241 a I ausgeschlossen ist. § 241 a I ist nur anzuwenden, wenn M Unternehmer i.s.d. § 14 I und S Verbraucher i.s.d. § 13 ist. Davon ist hier auszugehen. Unabhängig von der Frage, ob in Fällen wie diesem überhaupt eine „Lieferung unbestellter Sachen" vorliegt (ob S die Lieferung zumindest zurechenbar veranlasst hat, vgl. Palandt/HEINRICHS, 67. A. 2008, § 241 a Rn. 3, erscheint fraglich), ist jedenfalls § 241 a II zu beachten: Die Lieferung des Weines erfolgte ersichtlich in der irrigen Vorstellung einer Bestellung. Somit wäre der Anspruch aus § 985 ohnehin nicht gem. § 241 a I ausgeschlossen.

***

Fall 2.3

Beachte zu den Fällen 2.3–2.7: Diese Fälle behandeln ausgesuchte Rechtsfragen, ohne dass in der Lösung eine klassische Anspruchsprüfung verlangt wäre.

▶ **Thema:** „Abhandenkommen" einer E-Mail

▶ **Übersichten: 1, 2**

Studentin S besucht im Internet die Website eines führenden juristischen Fachverlages. Dort trägt sie neben ihren persönlichen Daten eine ganze Reihe von spannenden Lehrbüchern und Kommentaren in ein Online-Bestellformular ein. Als der Endpreis von 483,50 € erscheint, entschließt sie sich schließlich gegen den

Kauf. Versehentlich klickt sie aber nicht auf den Button „Abbrechen", sondern auf den Button „Bestellung senden".

Ist die Bestellung wirksam, wenn die E-Mail ordnungsgemäß auf dem Server des Verlags gespeichert wird?

Lösung

Vorbemerkung: Der Fall ist vergleichbar mit demjenigen der „abhanden gekommenen" Willenserklärung. Es stellt sich daher die Frage, ob das Problem ebenfalls parallel zum fehlenden Erklärungsbewusstsein gelöst werden kann.

Die Bestellung der S ist als Antrag auf Abschluss eines Kaufvertrages über die ausgewählten Bücher wirksam, wenn in ihr eine wirksame Willenserklärung zu sehen ist. Dies setzt voraus, dass objektiver und subjektiver Erklärungstatbestand erfüllt sind und die Erklärung abgegeben worden und zugegangen ist.

I. Tatbestand einer Willenserklärung

1. Ein objektiver Empfänger konnte die Erklärung nur als verbindliche Bestellung auffassen; der objektive Erklärungstatbestand ist demnach erfüllt.

2. Der subjektive Erklärungstatbestand setzt Handlungsbewusstsein, Erklärungsbewusstsein und Geschäftswillen voraus. Maßgeblich ist dafür der Zeitpunkt der Erstellung der Erklärung. Als S das Bestellformular ausfüllte, hatte sie den Willen, hinsichtlich des konkreten Bücherkaufs verbindlich am Rechtsverkehr teilzunehmen; die Voraussetzungen des subjektiven Erklärungstatbestandes sind damit ebenfalls erfüllt, so dass in dem ausgefüllten Bestellformular der Tatbestand einer Willenserklärung liegt.

II. Wirksamwerden der Willenserklärung

Zur Wirksamkeit bedarf es der Abgabe und – sofern es sich, wie hier, um eine empfangsbedürftige Willenserklärung handelt – des Zugangs beim Erklärungsempfänger, § 130 I 1.

Der Zugang beim Verlag ist unproblematisch. Problematisch ist jedoch, dass S die E-Mail gar nicht absenden wollte, sondern versehentlich auf den Button „Bestellung senden" drückte. Sie hat die Erklärung demnach nicht willentlich in den Rechtsverkehr entäußert, so dass es an der Abgabe fehlt.

Dieser Fall ist vergleichbar mit demjenigen der „abhanden ge-kommenen" Willenserklärung. Er sollte daher ebenfalls parallel zum fehlenden Erklärungsbewusstsein gelöst werden.[34] Folgt man – aus den zu Fall 2.1 vertretenen Gründen – der h.M. (Theorie von der Erklärungsfahrlässigkeit), so kommt es darauf an, ob S fahr-lässig gehandelt hat. Dies dürfte hier zu bejahen sein: Wer im In-ternet ein Bestellformular ausfüllt, muss besondere Sorgfalt darauf verwenden, dass dieses nicht versehentlich in den Rechtsverkehr gelangt. Die Bestellung ist der S folglich zu zurechnen.

III. Ergebnis

Mithin liegt eine wirksam abgegebene, aber aufgrund eines Erklärungsirrtums nach § 119 I Alt. 2 anfechtbare Willenserklärung vor.

Anmerkung: Auch hier wäre indes *in praxi* der „preisgünstigere" (da nicht mit der Schadensersatzpflicht des § 122 einhergehende) Weg über das Widerrufsrecht gem. §§ 312d I, 355 angeraten, da es sich – wie in Fall 2.2 – um einen Fernabsatzvertrag i.S.d. § 312b I handelt.

***

Fall 2.4

▶ **Themen:** Zugang einer verkörperten Willenserklärung (E-Mail); Unterscheidung private/berufliche E-Mail-Adresse

H ist als Handelsvertreter für Kaufmann K tätig. Ende März 2009 kündigt K den Handelsvertretervertrag per E-Mail, die er an die von H ausschließlich beruflich verwendete E-Mail-Adresse h@handelsvertreter-h.de sendet. Die Speicherung der Mail erfolgt am 31.3.2009 um 22 Uhr in der Mailbox des H, die dieser auch von zu Hause aus abrufen kann. Ist die Kündigung rechtzeitig, wenn die Kündigungsfrist am 31.3.2009 ablief?

Wie ist die Rechtslage, wenn die Kündigung schon am 30.3.2009 um 22 Uhr abends an die private E-Mail-Adresse des H (h777@gmx.de) geschickt wird, die dieser aber nur unregelmäßig kontrolliert und daher erst am 7.4.2009 liest?

---

[34] Vgl. nur Palandt/HEINRICHS/ELLENBERGER, 67. A. 2008, § 130 Rn. 4; TAUPITZ/ KRITTER, Electronic Commerce – Probleme bei Rechtsgeschäften im Internet, JuS 1999, 839, 840; ULTSCH, Zivilrechtliche Probleme elektronischer Erklärungen – dargestellt am Beispiel der Electronic Mail, DZWir 1997, 466, 469.

Lösung

Vorbemerkung: Die Kündigung ist ein Gestaltungsrecht. Durch sie wird ein Schuldverhältnis für die Zukunft (*ex nunc* – „von nun ab") beendet. Eine Rückwirkung ist nicht möglich; die bereits erbrachten Leistungen sind nicht zurückzugewähren. Bei Dauerschuldverhältnissen ersetzt die Kündigung das gesetzliche Rücktrittsrecht. Die Kündigung ist eine einseitige empfangsbedürftige Willenserklärung; es kommt daher auch hier auf den Zugang an. Im konkreten Fall ist, gleichermaßen als zusätzliche Wirksamkeitsvoraussetzung, der *rechtzeitige* Zugang erforderlich.

Merke: Geht eine Kündigung verspätet zu, so ist an die Möglichkeit einer Umdeutung (§ 140) in eine Kündigung zum nächstmöglichen Termin zu denken.

I. E-Mails sind verkörperte Willenserklärungen. Die E-Mail wird in der Mailbox, auf die der Empfänger Zugriff hat, gespeichert und kann dort wiederholt abgerufen und auf andere Medien (Diskette, Festplatte, Ausdruck) übertragen werden, ist also reproduzierbar.[35] § 130 I 1 findet demnach – es handelt sich um eine Willenserklärung unter Abwesenden – unmittelbare Anwendung. Die Willenserklärung geht also in dem Moment zu, in dem sie in der Mailbox des Empfängers abrufbar gespeichert wird und in dem unter gewöhnlichen Umständen mit ihrer Kenntnisnahme zu rechnen ist. Beim Eingang zur Unzeit, wie hier, folglich erst am nächsten Tag.

Anmerkung: Das OLG Rostock, NJW-RR 1998, 526 geht für einen Geschäftsbetrieb davon aus, dass ein freitags nach 16 Uhr eingehendes Fax erst am folgenden Arbeitstag, 9.00 Uhr zugeht.

II. Bei einer beruflich verwendeten E-Mail-Adresse ist diese auch für rechtsgeschäftliche Erklärungen gewidmet.[36] Aufgrund des Eingangs zu später Stunde ist hier mit Kenntnisnahme erst bei Aufnahme des Geschäftsbetriebes am 1.4.2009 zu rechnen. Daher erfolgt der Zugang erst am 1.4.2009 und somit verspätet.

Anmerkung: § 623, wonach die Kündigung eines Arbeitsverhältnisses zu ihrer Wirksamkeit der Schriftform bedarf, die elektronische Form jedoch ausgeschlossen ist, findet hier *keine* Anwendung. Ein Handelsvertretervertrag begründet kein Arbeitsverhältnis. Der Handelsvertreter (vgl. §§ 84ff. HGB) ist kein Arbeitnehmer: Arbeitnehmer ist, wer aufgrund eines (privatrechtlichen) Arbeitsverhältnisses weisungsgebunden und in

---

[35] ULTSCH, Zugangsprobleme bei elektronischen Willenserklärung – dargestellt am Beispiel der Electronic Mail, NJW 1997, 3007, 3007.

[36] DÖRNER, Rechtsgeschäfte im Internet, AcP 202 (2002), 363, 368 m.w.N.

persönlicher Abhängigkeit von einem anderen (Arbeitgeber) zur (fremd-bestimmten) Arbeitsleistung gegen Vergütung verpflichtet ist (h.M., vgl. nur BAG NJW 2004, 461). Der Handelsvertreter dagegen ist als *selbst-ständiger* Gewerbetreibender damit betraut, für einen anderen Unterneh-mer Geschäfte zu vermitteln oder in dessen Namen abzuschließen (vgl. § 84 I 1 HGB).

III. Abwandlung

Bei einer privaten E-Mail-Adresse ist fraglich, ob sie eine dem Empfang rechtsgeschäftlicher Erklärungen gewidmete Vorrichtung ist. Dies wird in der Literatur kontrovers diskutiert. Bejaht man eine entsprechende Widmung, geht auch hier die Kündigung am Fol-getag (31.3.2009) zu.[37] Lehnt man dies hingegen richtigerweise mit der h.l. ab,[38] so geht eine an die private E-Mail-Adresse gerichtete Erklärung erst dann zu, wenn der Empfänger sie tat-sächlich zur Kenntnis nimmt.[39] Dies ist hier der 7.4.2009. Die Kündigung ist auch in diesem Fall unwirksam, weil verspätet.

***

Fall 2.5

▶ **Themen:** Zugang von Willenserklärungen; Passiv-Vertre-tungsmacht von Vorstandsmitgliedern

▶ **Übersicht: 3**

V beabsichtigt das zwischen ihm und dem lokalen Eishockey-Club „Toothless Sharks", einem eingetragenen Verein (e.V.), be-stehende Mietverhältnis über das Clubheim zu kündigen. Hierbei muss er laut Mietvertrag die Frist bis zum 31.8.2008 einhalten. Die Kündigungserklärung adressiert V an das private Postfach des O, der Vorstandsmitglied des Vereins ist. Dort trifft sie am 1.8.2008 ein. Da O sein Postfach jedoch nur unregelmäßig leert, liest er das Schreiben erst am 30.9.2008.

(BGH NJW 2003, 3270)

---

[37] ERNST, Der Mausklick als Rechtsproblem – Willenserklärungen im Internet, NJW-CoR 1997, 165, 166.

[38] Vgl. ULTSCH (o. Fn. 35) 3008; ihm folgend MüKo/EINSELE, 5. A. 2006, § 130 Rn. 18; TAUPITZ/KRITTER (o. Fn. 36) 841; DÖRNER (o. Fn. 36) 367.

[39] ULTSCH (o. Fn. 35) 3008; ihm folgend MüKo/EINSELE, 5. A. 2006, § 130 Rn. 18; DÖRNER (o. Fn. 36) 368.

Lösung

> **Vorbemerkung**: Ausgangspunkt der Überlegungen ist § 28 II: Der Zugang bei einem Vorstandsmitglied genügt. O hat daher auch allein Empfangsvertretungsmacht.

I. Die Kündigung gelangt bereits am 1.8.2008 in den Machtbereich des O. Zugang liegt jedoch erst in dem Zeitpunkt vor, in dem nach der Verkehrsanschauung und unter normalen Umständen mit tatsächlicher Kenntnisnahme zu rechnen ist. Bei einem Postfach ist im Normalfall von täglicher Leerung auszugehen. Daher ist die Kündigung dem O am 1.8. zugegangen.

II. Fraglich ist indes, ob für den Zugang beim Verein auch der Zugang in der privaten Sphäre des Vorstands genügt. Für die **passive Stellvertretung** (§ 164 III) genügt entsprechende Vertretungsmacht, die sich hier aus § 28 II ergibt. Daher genügt der Zugang in der privaten Sphäre des Vorstands. Mithin ist die Kündigung wirksam.

> **Anmerkung**: Für die Entgegennahme von Willenserklärungen hat also *jedes* Vorstandsmitglied Einzelvertretungsmacht. Das gilt ebenso, wenn es auf die Kenntnis oder das Kennenmüssen einer Tatsache ankommt: Wissen oder Wissenmüssen von Organmitgliedern ist Wissen des Vereins, BGHZ 41, 282, 287. Ein Verein muss sich die Kenntnis eines Vorstandsmitgliedes selbst dann zurechnen lassen, wenn das Vorstandsmitglied die Kenntnis privat erlangt, sein Wissen aber absichtlich unterdrückt (BGHZ 20, 149). § 28 II ist Ausdruck eines allgemeinen Rechtsgedankens, der immer dann anzuwenden ist, wenn mehrere gemeinsam zur Vertretung berechtigt sind, vgl. Palandt/HEINRICHS/ELLENBERGER, 67. A. 2008, § 28, Rn. 2. Die Regelung kann durch Satzung nicht abgeändert werden, § 40.

***

Fall 2.6

▶ **Thema:** Abgrenzung Erklärungs-/Empfangsbote

▶ **Übersicht:** 3

A ist im Unternehmen des U insbesondere mit der Entgegennahme von Telefonanrufen der Kundschaft betraut. Als A am 1.2.2009 auf Dienstreise ist, stellt er – wie üblich – sein Telefon auf Anrufweiterleitung. Ebenfalls am 1.2. ruft Kaufmann K an und mahnt eine fällige Zahlung an. Welcher Mitarbeiter das Telefonat entgegengenommen hat, lässt sich im Nachhinein nicht mehr feststellen. Kommt U in Verzug, wenn ihm die Mahnung des K nicht weitergeleitet wird?

(BGH NJW 2002, 1565 m. Anm. OESTMANN, JZ 2003, 285)

Lösung

Vorbemerkung: Die **Mahnung** (=eindeutige, bestimmte Aufforderung des Gläubigers an den Schuldner, die geschuldete Leistung zu erbringen) ist eine nicht formgebundene empfangsbedürftige Erklärung; der Begriff „Mahnung" muss nicht auftauchen. Es handelt sich nicht um ein Rechtsgeschäft, sondern lediglich um eine geschäftsähnliche Handlung (=auf die Herbeiführung eines tatsächlichen Rechtserfolges gerichtete Erklärung, deren Rechtsfolge von Gesetzes wegen eintritt); die Vorschriften über Rechtsgeschäft und Willenserklärung sind jedoch entsprechend anwendbar, vgl. BGHZ 47, 357.

Durch die Mahnung gerät der Schuldner in Verzug (=**Schuldnerverzug**, vgl. § 286. Verzug bedeutet „Nichtleistung trotz Fälligkeit und Mahnung"; aber Vorsicht: Die Mahnung kann entbehrlich sein, z.B. bei Bestimmung einer Leistungszeit nach dem Kalender, § 286 II Nr. 1). Der Schuldnerverzug ist u.a. Voraussetzung für den Anspruch auf Ersatz des Verspätungsschadens gem. §§ 280 I, II, 286. Der Schadensersatzanspruch tritt neben die primären Leistungspflichten aus dem schuldrechtlichen Vertrag, die grundsätzlich bestehen bleiben. Zu beachten sind auch die Haftungsverschärfungen gem. § 287.

I. Problem

Problematisch ist auch hier der Zugang. § 130 kommt entsprechend zur Anwendung, es handelt sich bei der Mahnung lediglich um eine geschäftsähnliche Handlung. Die besondere Problematik des Falls besteht darin, dass hier ein Dritter (=Mitarbeiter in der Telefonzentrale) bei der Übermittlung eingeschaltet war. Die Frage, wer das **Risiko der Fehl- bzw. Nichtübermittlung** trägt, beurteilt sich danach, auf wessen Seite dieser Dritte steht.

1. War die Telefonzentrale **Erklärungsbote**, trägt K als der Erklärende das Risiko der Fehlübermittlung, da die Mahnung erst mit der Weitergabe an U in dessen Machtbereich gelangt und auch erst dann zugeht (Erklärungsbote = „Transportmittel"). In diesem Fall würde es an einer Mahnung fehlen, U wäre nicht in Verzug geraten.

44

2. War die Telefonzentrale hingegen **Empfangsbote**, so ist der Zugang in dem Zeitpunkt zu bejahen, in dem nach dem regelmäßigen Verlauf der Dinge mit der Weiterleitung an den Adressaten zu rechnen ist.[40] Ob diese tatsächlich erfolgt ist, ist nicht von Bedeutung (Empfangsbote = „menschlicher Briefkasten"). In diesem Fall trägt also U das Risiko der Fehlübermittlung und ist bereits in Verzug.

> **Anmerkung**: Zur Unterscheidung zwischen Erklärungs-/ Empfangsvertreter bzw. Erklärungs- / Empfangsbote vgl. die Übersicht im Anhang „Zugang bei Einschaltung von Mittelspersonen" (Ü 3)!

II. Lösung

Empfangsboten sind diejenigen Mitarbeiter des Adressaten einer Willenserklärung, die von ihm zur Entgegennahme von Erklärungen ausdrücklich oder konkludent ermächtigt wurden oder nach der Verkehrsanschauung als ermächtigt gelten und zur Entgegennahme bereit und geeignet sind.[41] Dies sind z.B. Anwaltsgehilfen, kaufmännische Angestellte oder ggf. Sekretärinnen; ein von einem Kaufmann mit der Bedienung des Fernsprechers beauftragter Angestellter gilt regelmäßig ebenfalls als zur Entgegennahme von Willenserklärungen ermächtigt.[42]

> **Anmerkung**: Im privaten Bereich darf der Erklärende z.B. bei Ehegatten/Lebenspartnern, Partnern einer nichtehelichen Lebensgemeinschaft, sonstigen im Haushalt lebenden Familienangehörigen des Empfängers oder Haushaltsgehilfen von einem Empfangsboten ausgehen. Bei Kindern ist allerdings ein gewisses Mindestalter zu fordern; die geistige Fähigkeit zur Wiedergabe einer Willenserklärung wird man einem zwei- oder dreijährigen Kind – insbesondere bei mündlichen Willenserklärungen – kaum zusprechen können.

Demnach wäre A zwar als Empfangsbote zu behandeln. Dieser hat das Telefonat aber unstreitig nicht entgegengenommen.

Sonstige Mitarbeiter sind nicht allgemein als Empfangsboten anzusehen; sie sind Erklärungsboten und stehen damit gleichermaßen „im Lager" des Erklärenden. Das Risiko der Fehlübermittlung trägt der Erklärende (vgl. o.).

---

[40] Vgl. BGHZ 131, 75; NJW-RR 89, 758.

[41] BGH NJW 2002, 1565, 1566f.; Palandt/HEINRICHS/ELLENBERGER, 67. A. 2008, § 130 Rn. 9.

[42] Soergel/HEFERMEHL, 13. A. 1999, § 130 Rn. 22.

Literaturhinweis: Ausführlich zum Themenkomplex Empfangsbote SANDMANN, Empfangsbotenstellung und Verkehrsanschauung, AcP 199 (1999) 455ff. m.w.N.

Hier besteht aber die Besonderheit, dass K die Durchwahl des A gewählt hatte, also die Nummer eines Empfangsboten. Er durfte daher nach Treu und Glauben (§ 242) damit rechnen, dass der Gesprächspartner auch Empfangsbote sein würde, da ihm die Anrufweiterleitung nicht erkennbar war. Aus diesem Grunde ist bei einer Anrufweiterleitung durch einen Empfangsboten auch der „Vertreter" als Empfangsbote anzusehen: Selbst wenn der Erklärende tatsächlich nicht mit einem Empfangsboten gesprochen hat, muss sich der Erklärungsempfänger nach Treu und Glauben so behandeln lassen, als ob die Willenserklärung gegenüber einem Empfangsboten abgegeben worden ist.[43]

III. Ergebnis

Die Mahnung des K gilt als gegenüber einem Empfangsboten des U erklärt. Damit ging die Mahnung in dem Zeitpunkt zu, in dem nach den gewöhnlichen Umständen mit Weiterleitung zu rechnen war, d.h. noch am Tage des Anrufs. U ist seitdem in Verzug mit seiner Leistung.

***

Fall 2.7

▶ **Thema:** Eingeschränkte Vernehmungstheorie

▶ **Übersicht:** 2

K hat sich in einem mit V geschlossenen Kaufvertrag ein Rücktrittsrecht bis zum 29.3.2009 vorbehalten. Am 29.3. ruft er auf dem Mobiltelefon des V an. V meldet sich, allerdings ist die Verbindung sehr schlecht. Kurz nachdem K den Rücktritt erklärt hat reißt die Verbindung ab, und K hört die automatische Ansage: „The number you have dialed is temporarily not available". Tatsächlich hat V die Erklärung des K nicht mehr mitbekommen. Ist der Rücktritt wirksam?

---

[43] BGH NJW 2002, 1565, 1567; MüKo/SCHRAMM, 5. A. 2006, vor § 164 Rn. 58.

Lösung

Vorbemerkung: Das Rücktrittsrecht ist ein **Gestaltungsrecht**. Mit seiner Ausübung wird der Vertrag in ein sog. **Rückgewährschuldverhältnis** (§§ 346ff.) umgewandelt. Ein Rücktrittsrecht kann sich aus Vertrag oder aus Gesetz ergeben (vgl. § 346 I). Die Rücktrittserklärung (§ 349) ist eine einseitige empfangsbedürftige Willenserklärung.

Wegen § 147 I 2 handelt es sich auch hier um eine nicht verkörperte Willenserklärung gegenüber einem Anwesenden. Eine solche (mündliche oder konkludente) Willenserklärung wird grundsätzlich dann wirksam, wenn der Empfänger sie vernimmt.[44]

Nach der **eingeschränkten Vernehmungstheorie** (h.M.) ist aber auch eine nicht oder nicht richtig vernommene Willenserklärung im Interesse des Verkehrsschutzes wirksam, wenn der Erklärende nach den für ihn erkennbaren Umständen vernünftigerweise davon ausgehen durfte, dass der Empfänger die Erklärung richtig und vollständig verstanden hat.[45]

Hier konnte K jedoch aufgrund der schlechten Verbindung bzw. der Verbindungsunterbrechung nicht davon ausgehen, dass V die Willenserklärung richtig und vollständig vernommen hat. Daher ist die Rücktrittserklärung nicht zugegangen, der Rücktritt ist unwirksam.

***

Fall 2.8

►**Themen:** Sachenrechtliche Verfügungsgeschäfte; Trennungs- und Abstraktionsprinzip

► **Übersichten: 1, 2, 5**

A möchte seinem 17-jährigen Neffen B zu dessen 18. Geburtstag eine Freude bereiten. Zusammen mit einer Glückwunschkarte sendet er ihm daher ein wertvolles Originalgemälde des Berliner Künstlers Bodo Reiter. Noch bevor das Geschenk bei B eintrifft, erleidet A einen Schlaganfall und ist infolgedessen dauerhaft ge-

---

[44] Vgl. o. Fn. 19.

[45] Vgl. nur BROX/WALKER, BGB AT, 32. A. 2008, § 7 Rn. 156; LARENZ/WOLF, AT, 9. A. 2004, § 26 Rn. 34ff.; Palandt/HEINRICHS/ELLENBERGER, 67. A. 2008, § 130 Rn. 1; a.A. NEUNER, Die Stellung Körperbehinderter im Privatrecht, NJW 2000, 1822, 1825.

schäftsunfähig. B erhält die Sendung seines Onkels schon einige Tage vor seinem Geburtstag. Paket und Karte packt er jedoch erst an seinem Geburtstag aus. Das Bild hängt er sogleich in seinem Zimmer auf. Einige Zeit später stirbt A. Sein Erbe (E) verlangt von B die Rückgabe des Bildes. Zu Recht?

Lösung

> **Vorbemerkung**: Dieser Fall dient einerseits der Veranschaulichung des Trennungs- und Abstraktionsprinzips, andererseits soll hier exemplarisch verdeutlicht werden, dass auch für das (sachenrechtliche) Verfügungsgeschäft die Vorschriften des BGB AT über Willenserklärungen und Vertragsschluss gelten.

A. § 2018 (nur der Vollständigkeit halber)

> **Anmerkung**: Der Erbe, auf den mit dem Erbfall die Erbschaft als Ganzes übergegangen ist (§ 1922 I) und der auch die Besitzerstellung des Erblassers erlangte (§ 857), hat als Herr des Nachlasses bezüglich der Nachlassgegenstände gegen Dritte alle Einzelansprüche des Eigentümers oder Besitzers (z.B. §§ 985, 1007, 861, 812, 823ff.). Zusätzlich gewährt ihm das Gesetz als besonderen Erbschaftsanspruch in §§ 2018ff. einen *Gesamtanspruch* gegen den Erbschaftsbesitzer, der aufgrund eines beanspruchten, ihm aber tatsächlich nicht zustehenden Erbrechts etwas aus dem Nachlass erlangt hat (Palandt/EDENHOFER, 67. A. 2008, Einf. § 2018 Rn. 1).

Die Anwendung des § 2018 scheitert bereits an dem Umstand, dass B das Bild nicht aufgrund eines beanspruchten, ihm aber tatsächlich nicht zustehenden Erbrechts aus dem Nachlass erlangt hat.

B. § 985

E könnte gegen B einen Anspruch auf Herausgabe des Bildes haben. Dazu müsste E Eigentümer und B Besitzer ohne Recht zum Besitz i.S.d. § 986 I gegenüber E sein.

I. B übt die tatsächliche Sachherrschaft (§ 854 I) über das Kunstwerk aus. Er ist daher Besitzer des Bildes

II. Fraglich ist jedoch, ob E Eigentümer des Bildes ist. Er könnte gemäß §§ 1922 I, 1942 I Eigentum an dem Bild erworben haben, falls A zum Zeitpunkt seines Todes (Erbfall) Eigentümer des Bildes war.

1. Ursprünglich war A Eigentümer des Bildes.

2. A könnte das Eigentum jedoch zu Lebzeiten durch wirksame Übereignung an B verloren haben, § 929 S. 1. Dies erfordert Einigung und Übergabe.

a) Einigung

Vorbemerkung: Die Einigung ist ein formfreier abstrakter dinglicher Vertrag. Mit der Einigung erklärt der Veräußerer, dass das Eigentum an einer bestimmten beweglichen Sache auf den Erwerber übergehen soll, der Erwerber erklärt, dass er das Eigentum an dieser Sache erwerben will. Bei der Einigung handelt es sich nach ganz h.M. um einen Vertrag, für den alle Vorschriften des BGB AT über Willenserklärungen und Vertragsschluss gelten. Im Rechtsverkehr erfolgt die Einigung i.d.R. stillschweigend, insbesondere bei Geschäften des täglichen Bedarfs kann sie nur theoretisch von dem zugrundeliegenden Verpflichtungsgeschäft getrennt werden.

Erforderlich sind zwei korrespondierende, auf die Übertragung des Eigentums an dem Bild gerichtete Willenserklärungen i.S.d. §§ 145ff., Antrag und Annahme.

aa) Antrag des A

(1) Tatbestand einer Willenserklärung

Mit Erstellung der Glückwunschkarte sind der objektive wie auch der subjektive Tatbestand eines auf den Abschluss der dinglichen Einigung gerichteten Antrags erfüllt.

(2) Wirksamwerden der Willenserklärung

Des Weiteren müsste die Willenserklärung des A wirksam geworden sein. Dazu sind Abgabe und Zugang erforderlich.

(a) Abgabe

Eine empfangsbedürftige Willenserklärung ist abgegeben, wenn sie mit dem Willen des Erklärenden dergestalt in den Rechtsverkehr gelangt ist, dass unter Zugrundelegung gewöhnlicher Umstände mit dem Zugang beim Empfänger zu rechnen ist.[46] Hier hat A die Glückwunschkarte an B gesendet. Er hat sich damit willent-

---

[46] Vgl.o. Fn. 23.

lich der auf die zur Übertragung des Eigentums erforderliche Einigung i.S.d. § 929 S. 1 zielenden Willenserklärung entäußert. Daran ändert auch die später eintretende Geschäftsunfähigkeit des A nichts, § 130 II.

(b) Zugang

Darüber hinaus müsste die Willenserklärung des A dem B gem. § 130 I zugegangen sein. Der Zugang einer – wie hier – Willenserklärung unter Abwesenden ist gegeben, wenn die Willenserklärung so in den Machtbereich des Empfängers gelangt ist, dass dieser unter gewöhnlichen Umständen von ihrem Inhalt Kenntnis nehmen kann.[47] Mit dem Eintreffen des Paketes bei B besteht für diesen die Möglichkeit von der Willenserklärung Kenntnis zu nehmen.

Fraglich ist, wie sich die Minderjährigkeit des B auf den Zugang auswirkt. B ist bei Erhalt des Pakets noch 17 Jahre alt und daher gem. §§ 2, 106 in seiner Geschäftsfähigkeit beschränkt. Grundsätzlich ist daher nach § 131 II 1 der Zugang beim gesetzlichen Vertreter, im Regelfalle nach §§ 1626, 1629 I bei den Eltern, erforderlich. Allerdings könnte sich die Wirksamkeit aus § 131 II 2 ergeben, wenn die Erklärung dem B lediglich einen rechtlichen Vorteil bringt; dann nämlich genügt der Zugang beim Minderjährigen. Ein Antrag auf Abschluss eines Vertrages ist für den Minderjährigen stets lediglich rechtlich vorteilhaft, da diesem nur die noch nicht mit Verpflichtungen verbundene Möglichkeit eröffnet wird, den Antrag anzunehmen oder nicht.[48]

Die Willenserklärung des A ist dem B demnach bereits mit dem Eintreffen des Pakets bei B zugegangen.

(c) Zwischenergebnis: Die Erklärung ist daher nach § 131 II 2 mit Zugang bei B wirksam geworden.

bb) Annahme durch B

Neben einem wirksamen Antrag des A ist für die Einigung die Annahme durch B erforderlich. Die inzwischen eingetretene Geschäftsunfähigkeit des A steht dem Zustandekommen des Vertrages nicht entgegen, § 153.

---

[47] St. Rspr., vgl.o. Fn.22.

[48] MüKo/EINSELE, 5. A. 2006, § 131 Rn. 5.

(1) Tatbestand einer Willenserklärung

Durch das Aufhängen des Bildes an seinem 18. Geburtstag bringt B konkludent zum Ausdruck, dass er das Eigentum daran erwerben möchte. Der objektive wie auch der subjektive Tatbestand einer Willenserklärung ist damit erfüllt.

(2) Wirksamwerden der Willenserklärung

Die Willenserklärung wird jedoch nur wirksam, wenn sie zudem abgegeben worden und zugegangen ist. B hat durch das Aufhängen des Bildes seinen Willen, das Eigentum zu erwerben, zum Ausdruck gebracht und sich daher der Annahmeerklärung willentlich entäußert. Problematischer erscheint der Zugang: Die Annahmeerklärung ist nie in den Machtbereich des A gelangt. Nach der Verkehrssitte ist jedoch der Zugang der Annahmeerklärung nicht zu erwarten, so dass gem. § 151 S. 1 der Zugang – nicht die Annahmeerklärung an sich – entbehrlich ist. Mithin ist die Annahmeerklärung des B auch ohne Zugang bei A wirksam geworden.

Anmerkung: § 151 S. 1 regelt Fälle, in denen nach der Verkehrssitte nicht mit einem Zugang der Annahmeerklärung gerechnet wird und der andere Teil am Zugang regelmäßig nicht interessiert ist. Entbehrlich ist nicht die Annahme selbst, sondern nur deren Zugang beim Vertragspartner, vgl. MUSIELAK, Grundkurs BGB, 10. A. 2007, Rn. 124ff.

Als B das Bild an seinem Geburtstag aufhängte, war er nach § 2 volljährig und damit unbeschränkt geschäftsfähig; auf die Frage der Vorteilhaftigkeit des Geschäfts nach § 107 kommt es daher nicht an.

Anmerkung: Sollte der Minderjährige in einem Klausursachverhalt einmal nicht „wie durch ein Wunder" im Zeitpunkt der Annahme gleichermaßen über Nacht volljährig und damit unbeschränkt geschäftsfähig werden (was die Regel sein dürfte!), so ist im Rahmen des § 107 zu erörtern, ob die Willenserklärung lediglich rechtlich vorteilhaft ist. Die Übereignung einer Sache an einen Minderjährigen ist grundsätzlich zustimmungsfrei. Das gilt auch dann, wenn die Sache mit öffentlichen Lasten, einem Wohnrecht oder einem Nießbrauch belastet ist, denn die Belastung schränkt den Vorteil nur ein (vgl. die Rechtsprechungsübersicht bei Palandt/HEINRICHS/ELLENBERGER, 67. A. 2008, § 107 Rn. 4). Etwas anderes gilt indes, wenn die Haftung des Minderjährigen nicht auf das unentgeltlich Zugewendete beschränkt ist, z.B. wenn das belastete Grundstück zugleich vermietet ist (BayObLG NJW 2003, 1129); dann besteht angesichts § 566 i.V.m. § 578 eine Zustimmungspflicht des Erziehungsberechtigten.

b) Übergabe

Vorbemerkung: Übergabe bedeutet Einräumung des unmittelbaren Besitzes (§ 854 I). Die Übergabe i.S.d. § 929 S. 1 wird dadurch vollzogen, dass der Eigentümer seinen Besitz restlos aufgibt und der Erwerber auf Veranlassung des Eigentümers wenigstens mittelbaren Besitz erhält. Die Übergabe dient dem Zweck, den Übereignungsvorgang offen zu legen und Dritten erkennbar zu machen (Publizitätsprinzip). Sie kann allerdings durch sog. „Übergabesurrogate" ersetzt werden, vgl. §§ 929 S. 2, 930, 931.

B hat den unmittelbaren Besitz i.S.d. § 854 I an dem Bild auf Veranlassung des A erlangt; die Voraussetzung der Übergabe ist daher erfüllt.

c) Berechtigung

A hat als Eigentümer und damit als Berechtigter verfügt.

Anmerkung: Dies ist, wenn überhaupt, allenfalls mit einem Satz kurz festzustellen, da die Berechtigung hier völlig unproblematisch vorliegt.

d) Zwischenergebnis zu 2.: A hat das Eigentum zu Lebzeiten an B verloren.

3. Zwischenergebnis zu I.

E ist mit dem Erbfall nicht Eigentümer des Bildes geworden.

II. Ergebnis zu B.

Somit hat E keinen Herausgabeanspruch gem. § 985 gegen B.

C. §§ 812 I 1 Alt. 1, 1922 I

A könnte einen Anspruch gegen B auf Rückgabe und Rückübereignung des Bildes nach § 812 I 1 Alt. 1 gehabt haben, der mit dem Erbfall nach § 1922 auf E übergegangen wäre.

I. Etwas erlangt

B müsste „etwas erlangt" haben. Dafür ist jede vermögenswerte Position ausreichend. Vorliegend hat B Eigentum und Besitz an dem Bild erlangt.

II. Durch Leistung

Dies geschah durch bewusste und zweckgerichtete Mehrung fremden Vermögens seitens des A, also durch Leistung.

III. Ohne Rechtsgrund

Fraglich ist, ob die Leistung ohne Rechtsgrund erfolgte. Ein Rechtsgrund könnte in einem zwischen A und B geschlossenen Schenkungsvertrag i.S.d. § 516 zu sehen sein.

Anmerkung: Inhalt der Schenkung ist eine unentgeltliche Zuwendung aus dem Vermögen des Schenkenden, in deren Folge der Beschenkte bereichert ist, vgl. § 516 I. Eine Schenkung stellt nach einhelliger Ansicht stets einen Vertrag dar. Dies gilt sowohl für den gesetzlichen Regelfall der Handschenkung (§ 516), bei der ohne vorheriges Schenkungsversprechen der Schenkungsgegenstand dem Beschenkten sogleich übereignet wird, als auch für die Versprechensschenkung i.S.d. § 518. Der Schenkungsvertrag ist als schuldrechtliches Geschäft von dem sachenrechtlichen Verfügungsgeschäft zu seinem Vollzug (Übereignung der geschenkten Sache nach §§ 929ff.) zu unterscheiden (MüKo/KOLLHOSSER, 5. A. 2008, § 516 Rn. 11).

Bei der Handschenkung ist streitig, ob der schuldrechtliche Vertrag ein Verpflichtungsgeschäft ist, dessen Verschaffungsanspruch sofort mit der Erfüllung erlischt (SCHLECHTRIEM, Schuldrecht BT, 6. A. 2003, Rn. 185), oder lediglich eine Rechtsgrundabrede, die einen „Behaltensgrund" (= *causa* i.S.d § 812) statuiert (vgl. OETKER/MAULTZSCH, Vertragliche Schuldverhältnisse, 3. A. 2007, § 4 Rn. 22 m.w.N.). Die Formvorschrift des § 518 I kommt im Falle der Handschenkung nicht zur Anwendung; wird die Schenkung sofort vollzogen, so ist die Schutzfunktion der notariellen Beurkundung hinfällig.

---

1. Vertragsschluss, §§ 145ff.

a) Antrag des A

In der Übersendung des Pakets mit der Glückwunschkarte liegt nicht nur ein Antrag zum Abschluss eines Übereignungsvertrages, sondern auch eines Schenkungsvertrages als dem der Übereignung zugrunde liegenden Kausalgeschäft. Der Tatbestand einer Willenserklärung ist insofern erfüllt. Diese ist von A abgegeben worden; die anschließende Geschäftsunfähigkeit ist auf die Wirksamkeit gem. § 130 II ohne Einfluss. Die Erklärung ist nach §§ 2, 106, 131 II 2 zugegangen (vgl. oben).

b) Annahme durch B

Die Annahme war nach § 153 noch möglich. Indem B das Bild aufgehängt hat, hat er konkludent die Annahme des Antrages des A erklärt. Der Zugang der Annahme war gem. § 151 S. 1 entbehrlich. Am Tage seines Geburtstags war B auch nach §§ 2, 106 unbeschränkt geschäftsfähig.

> **Anmerkung:** Im Falle der Minderjährigkeit ist auch in Bezug auf das Verpflichtungsgeschäft § 107 zu erörtern: Der schuldrechtliche Vertrag über eine Schenkung an einen Minderjährigen ist grundsätzlich zustimmungsfrei (BGHZ 15, 168). Die Schenkung als solche bleibt auch dann zustimmungsfrei, wenn das Erfüllungsgeschäft mit rechtlichen Nachteilen verbunden ist (Bsp.: Schenkung eines vermieteten Grundstücks). Dagegen begründet die Schenkung mit einem vertraglich vorbehaltenen Rückforderungsanspruch (OLG Köln Rpfleger 2003, 570) oder unter Auflagen (§§ 525ff.) eine persönliche Verpflichtung, ist also nicht lediglich rechtlich vorteilhaft (BGH NJW 77, 456).
>
> Besondere Grundsätze gelten bei Schenkungen des gesetzlichen Vertreters; hier ist die Frage des rechtlichen Vor- oder Nachteils mit der h.M. aus einer Gesamtbetrachtung des schuldrechtlichen und des dinglichen Vertrages zu beurteilen (sog. Gesamtbetrachtungslehre), vgl. insofern BGH NJW 1981, 111; MüKo/Schmitt, 5. A. 2007, § 107 Rn. 38 f. m.w.N.

2. Keine Formnichtigkeit gem. §§ 518 I, 125 S. 1

Auch wenn der zwischen Antrag und Annahme liegende Zeitraum hier mehrere Tage beträgt, handelt es sich um eine gewöhnliche Handschenkung i.S.d. § 516: Die Schenkung wird im Zeitpunkt der Annahme durch B, d.h. mit Abschluss des Schenkungsvertrags, sofort vollzogen. Die für das Schenkungsversprechen zu beachtende Formvorschrift des § 518 I kommt daher nicht zur Anwendung.

> **Anmerkung:** Ein **Schenkungsversprechen** i.S.d. § 518 I ist ein einseitig verpflichtender Vertrag, durch den der Schenker einem anderen eine Leistung i.S.d. § 241 I verspricht, die unentgeltlich erfolgen soll (Palandt/Weidenkaff, 67. A. 2008, § 518 Rn. 2). Im Unterschied zur Handschenkung fallen das schuldrechtliche Verpflichtungsgeschäft und das sachenrechtliche Verfügungsgeschäft hier zeitlich auseinander (Bsp.: Erklärung des Onkels an seinen 15-jährigen Lieblingsneffen à la „Ich schenke Dir zu Deinem 18. Geburtstag ein Auto!"; oder des Übungsleiters an die Teilnehmer der Begleitübung: „Ich lade Sie dann auf dem Weihnachtsmarkt auf einen Glühwein ein!"). Der Vertrag kommt dadurch zustande, dass der Beschenkte erklärt, er nehme das Versprechen des

Schenkers an, wobei die Annahme nicht unbedingt gegenüber dem Schenker erklärt werden muss (§ 151 S.1).

Das Formerfordernis des § 518 I (notarielle Beurkundung, vgl. § 128) gilt nur für die Willenserklärung des Schenkers. Wird diesem Formerfordernis nicht Genüge getan, so ist die formbedürftige Willenserklärung nach § 125 S. 1 nichtig; zu beachten ist jedoch die Möglichkeit einer Heilung des Formmangels durch Bewirkung (§ 518 II).

Zweck des Formerfordernisses ist zum einen der Schutz des Schenkers vor übereilten Schenkungsversprechen; andererseits dient es der Klarstellung hinsichtlich der Ernsthaftigkeit des Bindungswillens. Schließlich wird auf diese Weise die Umgehung von Formvorschriften für Verfügungen von Todes wegen vermieden.

Ausführlich zur Formbedürftigkeit des Schenkungsversprechens OETKER/ MAULTZSCH, Vertragliche Schuldverhältnisse, 3. A. 2007, § 4 Rn. 25ff.

3. Zwischenergebnis zu III.

Somit ist zwischen A und B ein wirksamer Schenkungsvertrag über das Bild zustande gekommen. B hat Eigentum und Besitz an dem Bild daher nicht ohne rechtlichen Grund erlangt.

IV. Ergebnis

Ein Anspruch des E gegen B nach § 812 I 1 Alt. 1 besteht daher nicht.

***

Fall 2.9

▶ **Thema:** Widerruf einer Willenserklärung

K bestellt bei V per Post einen Mantel. Das Bestellformular wird dem V am 22.5. wie üblich gegen 10 Uhr von der Hauspost auf den Schreibtisch gelegt. Als K ihren Kolleginnen ein Katalogbild des Mantels zeigt und diese sich ob ihres Geschmacks halb tot lachen, widerruft sie den Kauf per E-Mail. Die Widerrufsmail wird am 22.5. um 11:38 Uhr vormittags auf dem Server des V gespeichert. Als dieser am 24.5. aus dem Urlaub zurückkehrt, ruft er zuerst seine E-Mails ab und nimmt dabei auch den Widerruf der K zur Kenntnis. Erst anschließend widmet er sich der Briefpost und liest die Bestellung der K. Dennoch veranlasst V die Versendung des Mantels und verlangt Bezahlung. Zu Recht? (RGZ 91, 60)

Lösung

> **Vorbemerkung:** Die besondere Problematik dieses Falles besteht darin, dass der Widerruf zwar später als die Willenserklärung zugeht, aber tatsächlich früher zur Kenntnis genommen wird.

I. Anspruch auf Zahlung des Kaufpreises, § 433 II

Der Zahlungsanspruch des V muss zunächst entstanden sein. Dies setzt voraus, dass K und V einen wirksamen Kaufvertrag i.S.d. § 433 geschlossen haben. Ein Vertrag kommt durch eine Willenseinigung zustande. Erforderlich sind zwei korrespondierende Willenserklärungen i.S.d. §§ 145ff. Antrag und Annahme.

1. Antrag der K

Fraglich ist, ob das ausgefüllte, an V gesandte Bestellformular einen wirksamen, auf Abschluss eines Kaufvertrages gerichteten Antrag der K darstellt.

a) Tatbestand und Wirksamkeit der Willenserklärung

aa) Das ausgefüllte Bestellformular der K ist erfüllt in objektiver wie subjektiver Hinsicht die an den Tatbestand einer Willenserklärung zu stellenden Anforderungen.

bb) K hat die Willenserklärung auch willentlich in Richtung auf den Erklärungsempfänger in den Rechtsverkehr entäußert, so dass unter normalen Umständen mit dem Zugang der Willenserklärung zu rechnen ist.[49] Die Abgabe der Willenserklärung ist demnach zu bejahen.

cc) Darüber hinaus bedarf es zur Wirksamkeit der Willenserklärung, da es sich um eine Willenserklärung gegenüber einem Abwesenden handelt, gemäß § 130 I des Zugangs beim Empfänger, also bei V. Eine Willenserklärung geht dem Empfänger zu, wenn sie dergestalt in den Machtbereich des Empfängers gelangt, dass dieser unter gewöhnlichen Umständen von ihrem Inhalt Kenntnis nehmen kann.[50]

---

[49] Vgl. nur BGHZ 65, 13, 14 = JZ 1976, 132; BGH NJW-RR 2003, 384; KÖHLER, BGB AT, 32. A. 2008, § 6, Rn. 12; Palandt/HEINRICHS/ELLENBERGER, 67. A. 2008, § 130 Rn. 4.

[50] Vgl. nur BGH NJW 2004, 1320; Palandt/HEINRICHS/ELLENBERGER, 67. A. 2008, § 130 Rn. 5.

Die Bestellkarte ging zunächst bei der Hauspost ein und wurde von dieser am 22.5. um 10 Uhr dem V auf den Schreibtisch gelegt. Die Hauspost eines Unternehmens ist nach der Verkehrsanschauung als zur Entgegennahme und Weiterleitung von rechtsgeschäftlichen Erklärungen ermächtigt anzusehen; sie ist daher Empfangsbotin des V. Die einem Empfangsboten übergebene Erklärung geht dem Empfänger in dem Zeitpunkt zu, in dem gewöhnlich mit Weiterleitung zu rechnen ist.[51] Da die Hauspost dem V üblicherweise vormittags um 10 Uhr übergeben wird, ist dies der maßgebliche Zeitpunkt. Dass V urlaubsbedingt abwesend war, ist eine Abweichung in der Sphäre des Empfängers, auf die der Erklärende keinen Einfluss hat, so dass sich an dem Zeitpunkt des Zugangs nichts ändert.[52]

cc) Zwischenergebnis: Die Bestellung der K ist dem V somit am 22. Mai um 10 Uhr zugegangen und damit nach § 130 I wirksam geworden.

b) Widerruf durch K

aa) Der Wirksamkeit der Willenserklärung könnte aber der (elektronische) Widerruf der K nach § 130 I 2 entgegenstehen. Dies setzt voraus, dass der Widerruf noch vor oder gleichzeitig mit dem Bestellformular zugegangen ist. Eine E-Mail geht zu, wenn sie im Postfach des Empfängers abrufbar gespeichert ist.[53] Der Widerruf ist daher am 22.5. um 11:38 Uhr und damit später als die Bestellung zugegangen, so dass er die Wirksamkeit der Erklärung nach dem Wortlaut des § 130 I 2 nicht mehr zu hindern vermag.

bb) Fraglich ist, ob sich etwas anderes daraus ergibt, dass V tatsächlich erst vom Widerruf und dann von der Bestellung Kenntnis genommen hat, so dass er im Grunde nicht von der Wirksamkeit der Bestellung ausgehen konnte. Die rechtliche Behandlung der Fälle, in denen der Widerruf zwar später als die Willenserklärung zugeht, aber tatsächlich früher oder gleichzeitig zur Kenntnis genommen wird, ist umstritten.

(1) Nach einer in der **Literatur** vertretenen Ansicht soll die Widerrufsregelung des § 130 I 2 den Empfänger lediglich davor

---

[51] MUSIELAK, Grundkurs BGB, 10. A. 2007, Rn. 79.

[52] BGH NJW 2004, 1320; Palandt/HEINRICHS/ELLENBERGER, 67. A. 2008, § 130 Rn. 5.

[53] Palandt/HEINRICHS/ELLENBERGER, 67. A. 2008, § 130 Rn. 7a.

schützen, in seinem Vertrauen auf eine wirksam abgegebene Willenserklärung enttäuscht zu werden. Fehlt es aber an einem solchen Vertrauen, müsse auch ein Widerruf möglich sein.[54] Daher sei der Widerruf wirksam, wenn der Empfänger zuerst vom Widerruf und erst danach von der widerrufenen Erklärung Kenntnis nimmt.

(2) Die **h.M.** hält sich dagegen streng an den Wortlaut des § 130 I 2, der unzweideutig nur auf den Zugang abstellt.[55] Der Zugang, nicht die Kenntnis sei entscheidend. Das Vertrauensschutzargument greife nicht, § 130 I 2 schütze nicht das Vertrauen des Empfängers in Bezug auf den Bestand der Willenserklärung, sondern ihm soll die Entscheidungsmöglichkeit für oder gegen die zu spät widerrufene Willenserklärung offengehalten werden.

(3) Zu bedenken ist, dass der Empfänger nach dem Zugang das Risiko trägt, vom Erklärungsinhalt Kenntnis zu nehmen, denn die Erklärung wird auch ohne tatsächliche Kenntnisnahme mit dem Zugang wirksam (Risiko der Fehlübermittlung); es wäre daher unbillig, ihm auch noch das Rechtzeitigkeitsrisiko aufzuerlegen. Umgekehrt soll er sich aber auch darauf verlassen können, dass eine zugegangene Willenserklärung wirksam ist; der Erklärende muss sich am Inhalt der Erklärung nach dem Zugang festhalten lassen.[56] Der h.M. ist daher zuzustimmen.

(4) Es bedarf daher keiner Korrektur des Ergebnisses. Der Widerruf der K ist somit verspätet und unwirksam und steht der Wirksamkeit der Bestellung nicht entgegen.

c) Zwischenergebnis zu 1.

Der Antrag der K auf Abschluss des Kaufvertrages ist ungeachtet des Widerrufs wirksam.

---

[54] Vgl. BROX/WALKER, BGB AT, 32. A 2008, § 7 Rn. 154; RÜTHERS/STADLER, BGB AT, 15. A. 2007, § 17 Rn. 65.

[55] RGZ 91, 60, 63; MEDICUS, BGB AT, 9. A. 2006, Rn. 300; MüKo/EINSELE, 5. A. 2006, § 130 Rn. 40; KÖHLER, BGB AT, 32. A. 2008, § 6 Rn. 23; Palandt/HEINRICHS/ELLENBERGER, 67. A. 2008, § 130 Rn. 11.

[56] RGZ 91, 60, 62f.; MüKo/EINSELE, 5. A. 2006, § 130 Rn. 40; MUSIELAK, Grundkurs BGB, 10. A. 2007, Rn. 85.

2. Annahme durch V

V hat den Antrag der K spätestens mit Versendung des Mantels angenommen und damit den Kaufvertrag zustande gebracht. Der Zugang der Willenserklärung ist nach § 151 S. 1 entbehrlich.[57]

3. Zwischenergebnis zu I.

Ein wirksamer Kaufvertrag liegt vor.

II. Ergebnis

V kann von K die Zahlung des Kaufpreises gem. § 433 II verlangen.

Anmerkung: Eine Anfechtung der Willenserklärung wegen Irrtums kommt nicht in Betracht. K steht jedoch ein Widerrufsrecht gem. §§ 312d I, 355 zu, da es sich um einen Fernabsatzvertrag i.S.d. § 312b I handelt; macht sie hiervon fristgerecht Gebrauch, so wird der zunächst gültige Vertrag *ex nunc* in ein Rückgewährschuldverhältnis umgewandelt, das nach § 357 abzuwickeln ist.

***

---

[57] Im Rechtsverkehr ist davon auszugehen, dass der Vertrag im Versandhandel auch ohne Zugang einer Annahmeerklärung ohne weiteres zustande kommt, MüKo/KRAMER, 5. A. 2006, § 151 Rn. 54.

§ 3. Die Geschäftsfähigkeit

Fall 3.1

▶ **Themen:** Beschränkte Geschäftsfähigkeit; dauerhafte und vorübergehende Geschäftsunfähigkeit

▶ **Übersicht:** 6

Torkel (T) spricht gern und häufig dem Alkohol zu. In stark betrunkenem Zustand verschenkt er in der Passauer Fußgängerzone an Passanten Geld, unter anderem an die 5-jährige Hannah (H) einen 20 €-Schein. Als T wieder nüchtern ist, verlangt er von H die Banknote, die sich nach wie vor in deren Besitz befindet, zurück.

Abwandlung: Wie wäre es, wenn T das Geld der 8-jährigen Christine (C) geschenkt hätte?

Lösung

A. Anspruch aus § 985

T kann von H nach § 985 die Herausgabe der Banknote verlangen, wenn er ihr Eigentümer und H deren Besitzer ohne Recht zum Besitz nach § 986 ist.

I. Eigentümer-Besitzer-Verhältnis

1. Zunächst müsste T Eigentümer des Geldscheins sein. Ursprünglich war er dies. Er könnte das Eigentum jedoch durch Übereignung an H nach § 929 S. 1 verloren haben. Die dafür neben der Übergabe erforderliche dingliche Einigung setzt zwei auf Übereignung gerichtete korrespondierende Willenserklärungen i.S.d. §§ 145ff., Antrag und Annahme, voraus.

a) Der Antrag des T könnte nach § 105 II nichtig sein, wenn dessen Trunkenheit eine vorübergehende Störung der Geistestätigkeit war. Starke Trunkenheit genügt dafür aber nicht; erforderlich ist vielmehr ein Alkoholrausch, der die freie Willensbildung vollständig ausschließt.[58] Ein solcher Zustand kann in der Regel erst ab einer Blutalkoholkonzentration von drei Promille

---

[58] BGH WM 1972, 972.

angenommen werden.[59] Für eine derart starke Trunkenheit bestehen keine Anhaltspunkte, so dass der Antrag des T nicht nach § 105 II nichtig ist.

b) Der Antrag des T müsste durch Zugang wirksam geworden sein. Da H nach § 104 Nr. 1 geschäftsunfähig ist, hätte die Erklärung nach § 131 I ihrem gesetzlichen Vertreter (i.d.R. die Eltern, §§ 1626, 1629 I) zugehen müssen. Dies geschah nicht; der Antrag des T ist mithin nicht wirksam geworden.

c) Im Übrigen ist die Annahmeerklärung der geschäftsunfähigen H nach § 105 I nichtig. Die dingliche Einigung konnte somit nicht wirksam zustande kommen.

d) Zwischenergebnis: T hat das Eigentum nicht an H verloren.

2. Des Weiteren müsste H Besitzerin sein. Der für den Besitzerwerb nach § 854 I erforderliche Besitzbegründungswille setzt Geschäftsfähigkeit nicht voraus; vielmehr genügt ein natürlicher Sachbeherrschungswille, den auch Kinder unabhängig von der Zustimmung ihres gesetzlichen Vertreters haben können. H ist daher Besitzerin des Geldes.

II. Kein Recht zum Besitz

Ein dem Herausgabeanspruch entgegenstehendes Recht zum Besitz i.S.d. § 986 könnte in einem Schenkungsvertrag zwischen T und H liegen. Auch ein solcher konnte aber wegen §§ 131 I, 105 I nicht wirksam zustande kommen (vgl.o.). H hat folglich kein Recht zum Besitz.

III. Ergebnis zu A.

T kann von H nach § 985 Herausgabe des Geldes verlangen.

B. Anspruch aus § 812 I 1 Alt. 1

Voraussetzung für eine Leistungskondiktion gem. § 812 I 1 Alt. 1 ist, dass H etwas durch Leistung des T ohne Rechtsgrund erlangt hat.

---

[59] Prütting/Wegen/Weinreich/VÖLZMANN-STICKELBROCK, 3. A. 2008, § 104 Rn. 4.

I. Als bereicherungsrechtlich relevantes erlangtes Etwas kommt jeder Vermögensvorteil in Betracht.[60] Vorliegend hat H den Besitz an dem Geldschein erlangt.

II. H hat den Besitz an dem Geldschein durch eine bewusste Mehrung ihres Vermögens seitens des T und damit durch Leistung erlangt.

III. H müsste den Besitz ohne rechtlichen Grund erlangt haben. Als Rechtsgrund kommt nur ein Schenkungsvertrag in Betracht. Ein solcher konnte aber wegen §§ 131 I, 105 I nicht wirksam geschlossen werden (vgl. o.). Die Leistung ist daher rechtsgrundlos.

IV. Ergebnis: T hat gegen H auch einen Anspruch aus Leistungskondiktion nach § 812 I 1 Alt. 1 auf Rückgabe des Geldes.

Abwandlung

A. Anspruch aus § 985

I. T müsste Eigentümer des Geldes sein.

1. Ursprünglich war T Eigentümer. Er könnte das Eigentum aber durch Übereignung an C nach § 929 S. 1 verloren haben.

a) § 105 II steht der Wirksamkeit des Antrages des T wiederum nicht entgegen (siehe oben).

b) Fraglich ist, ob der Antrag durch Zugang wirksam geworden ist. C ist nach §§ 2, 106 II beschränkt geschäftsfähig. Nach § 131 II 1 ist auch bei beschränkt Geschäftsfähigen grundsätzlich Zugang beim gesetzlichen Vertreter erforderlich. Eine Ausnahme regelt aber § 131 II 2 für lediglich rechtlich vorteilhafte Erklärungen. Der Antrag auf Abschluss eines Vertrages, hier also der Einigung i.S.d. § 929 S. 1, ist ungeachtet seines Inhalts stets vorteilhaft, da er keine Verpflichtung beinhaltet, sondern dem Minderjährigen lediglich die Möglichkeit eröffnet, den Antrag anzunehmen.[61] Der Antrag des T ist daher mit Zugang bei C wirksam geworden.

c) Der Annahme des Antrags durch C könnte wegen deren beschränkter Geschäftsfähigkeit § 107 entgegenstehen, da der gesetzliche Vertreter nicht eingewilligt hat.

---

[60] Jauernig/STADLER, 12. A. 2007, § 812 Rn. 8.

[61] MüKo/EINSELE, 5. A. 2006, § 131 Rn. 5.

> **Anmerkung:** Einwilligung ist die vorherige Zustimmung (§ 183 S. 1), Genehmigung ist die nachträgliche Zustimmung (§ 184 I).

Die Einwilligung ist aber entbehrlich, wenn das Rechtsgeschäft für den Minderjährigen lediglich rechtlich vorteilhaft ist. Der Eigentumserwerb ist lediglich rechtlich vorteilhaft, so dass C den Antrag des T wirksam annehmen konnte.

> **Anmerkung:** Die Übereignung an einen Minderjährigen ist regelmäßig lediglich rechtlich vorteilhaft, es sei denn, sie geht mit einer Verpflichtung einher, die den Minderjährigen über die übereignete Sache hinaus persönlich bindet (Bsp.: vermietetes Grundstück, BayObLG NJW 2003, 1129; dann nämlich tritt der Minderjährige gem. § 566 in die Rechte und Pflichten aus dem Mietvertrag ein!). Ist das der Übereignung zugrunde liegende Kausalgeschäft (Bsp.: Kaufvertrag) nichtig, so ändert dies an der Vorteilhaftigkeit der Übereignung nichts; etwaige Rückgewähransprüche aus ungerechtfertigter Bereicherung oder deliktsrechtliche Ansprüche bleiben als nur mittelbare Nachteile außer Betracht (MüKo/SCHMITT, 5. A. 2006, § 107 Rn. 32).

2. Zwischenergebnis: T ist nicht mehr Eigentümer des Geldes.

II. Ergebnis: T hat keinen Herausgabeanspruch gegen C nach § 985.

B. Anspruch aus § 812 I 1 Alt. 1

I. C hat durch Leistung des T Eigentum und Besitz an dem Geldschein erlangt.

II. Dies müsste ohne Rechtsgrund geschehen sein. Als Rechtsgrund kommt wiederum ein Schenkungsvertrag in Betracht. Der Antrag des T ist wegen dessen rechtlicher Vorteilhaftigkeit nach § 131 II 2 mit Zugang bei C wirksam geworden; da der Schenkungsvertrag ebenfalls lediglich rechtlich vorteilhaft ist, konnte C den Antrag nach § 107 ohne Einwilligung des gesetzlichen Vertreters annehmen.

> **Anmerkung:** Während der Antrag auf Abschluss eines Vertrages stets lediglich rechtlich vorteilhaft ist, da er keine Verpflichtung bewirkt, sondern allein die Möglichkeit der Annahme eröffnet, kommt es bei der Annahme auf den Inhalt des Vertrages an. Dabei ist nicht auf wirtschaftliche Vorteile abzustellen, sondern allein auf den rechtlichen Inhalt (MUSIELAK, Grundkurs BGB, 10. A. 2007, Rn. 296), so dass jeder Vertrag, der auch nur eine

unbedeutende rechtliche Verpflichtung des Minderjährigen beinhaltet, der Einwilligung des gesetzlichen Vertreters bedarf. Die Entscheidung über die wirtschaftliche Vorteilhaftigkeit soll nach dem Schutzzweck des Minderjährigenrechts dem gesetzlichen Vertreter überlassen bleiben (MüKo/SCHMITT, 5. A. 2006, § 107 Rn. 28).

Auch ein Schenkungsvertrag kann eine Verbindlichkeit des Beschenkten beinhalten, so dass er nicht lediglich rechtlich vorteilhaft ist (BGH NJW 1977, 456), so bei einem vertraglich vereinbarten Rückforderungsvorbehalt (OLG Köln Rpfleger 2003, 570) und der Schenkung unter Auflagen (§§ 525ff.).

Die Rückgewährpflichten nach §§ 528, 530 begründen hingegen als nur mittelbare Nachteile keine im Rahmen des § 107 zu berücksichtigende Verpflichtung und ändern nichts an der Vorteilhaftigkeit der Schenkung (MüKo/SCHMITT, 5. A. 2006, § 107 Rn. 47).

Der Schenkungsvertrag ist somit wirksam; die Leistung des T erfolgte nicht ohne rechtlichen Grund.

III. Ergebnis: Ein Anspruch des T gegen C nach § 812 I 1 Alt. 1 besteht nicht.

***

Fall 3.2

▶ **Themen:** Vertragsschluss eines Minderjährigen; Einwilligung/ Genehmigung des gesetzlichen Vertreters

▶ **Übersicht: 6**

Die 16-jährige K sieht im Regal des von V betriebenen Sportgeschäftes ein Paar Inline-Skates für 60 €. Auf die Skates deutend sagt K zu V: „Die möchte ich haben!", V erwidert: „Geht klar!" Das Geschäft soll erst am nächsten Tag abgewickelt werden. Abends bittet K ihre Eltern um deren Erlaubnis. Da die Eltern zur Zeit allerhand an K auszusetzen haben, lehnen sie verärgert ab. Am nächsten Morgen fragt V telefonisch bei Eltern an, ob der Kauf in Ordnung gehe. Die Eltern, inzwischen besänftigt, antworten: „Ja!"

Kann V die Zahlung von 60 € verlangen?

64

Lösung

Anspruch des V gegen K auf Zahlung von 60 € aus § 433 II

I. Anspruch entstanden?

Der Anspruch aus § 433 II ist entstanden, wenn zwischen V und K ein wirksamer Kaufvertrag zustande gekommen ist. Ein wirksamer Kaufvertrag setzt voraus, dass sich V und K über die wesentlichen Merkmale *(essentialia negotii)* eines solchen Vertrages geeinigt haben (§§ 145ff.) und keine Wirksamkeitshindernisse vorliegen.

1. Einigung

V und K haben sich über die wesentlichen Merkmale des Kaufvertrages, insbesondere über Kaufgegenstand und Kaufpreis, geeinigt.

Anmerkung: Im Grunde wäre an dieser Stelle mit Blick auf § 131 II 2 zu erörtern, ob die auf Abschluss des Kaufvertrages gerichtete Willenserklärung des V überhaupt zugegangen ist. Da die Annahmeerklärung des V für K nicht lediglich rechtlich vorteilhaft ist, muss die Willenserklärung dem gesetzlichen Vertreter zugehen, um wirksam zu werden (sofern die Eltern nicht eingewilligt haben, d.h. ihre vorherige Zustimmung, § 183 S. 1, erklärt haben).

Bei Verträgen käme man – im Gegensatz zu einseitigen Rechtsgeschäften, für die § 108 I nicht gilt – zu einem ungereimten Ergebnis, da § 108 I die Möglichkeit der Genehmigung (= nachträgliche Zustimmung, § 184 I) vorsieht (vgl. BGHZ 47, 352, 358).

Die h.M. geht deshalb davon aus, dass im Falle der unmittelbaren Kollision § 108 mit seiner Genehmigungsmöglichkeit dem § 131 II 2 (und dem § 130 I 2, vgl.u.!) vorgeht, vgl. nur BGH NJW 1967, 1800, 1802; JAUERNIG, 12. A. 2007, § 131 Rn. 3; MüKo/EINSELE, 5. A. 2006, § 131 Rn. 6; KÖHLER, BGB AT, 32. A. 2008, § 6 Rn. 27; Palandt/HEINRICHS/ELLENBERGER, 67. A. 2008, § 131 Rn. 3 spricht sich dafür aus, dass der gesetzliche Vertreter neben dem Vertrag auch den Zugang genehmigen kann.

§ 131 II 2 ist daher nicht auf die Annahmeerklärung eines Vertragsangebotes gegenüber einem Minderjährigen (i.S.d. § 106 = beschränkt geschäftsfähige Person) anzuwenden. Die Annahmeerklärung wird immer mit Zugang beim Minderjährigen wirksam, also auch bei fehlender Einwilligung des gesetzlichen Vertreters in den Vertragsschluss. Zum Wirksamwerden des Vertrages muss indes die Genehmigung des Vertreters hinzukommen; bis zu diesem Zeitpunkt besteht die Möglichkeit des Widerrufs nach § 109, nicht aber nach § 130 I 2 (KÖHLER, BGB AT, 31. A. 2007, § 6 Rn. 27).

Literaturhinweis (zur Vertiefung): ALETH, Der Vertragsschluss mit Minderjährigen, JuS, Lernbogen 2/1995, L9ff.; BRAUER, Vertragsschluss und Zugang bei Verträgen mit Minderjährigen, JuS 2004, 472ff.

2. Unwirksamkeit der Einigung nach § 108 I

Der Wirksamkeit des Vertrages könnte jedoch § 108 I als rechtshindernde Einwendung entgegenstehen. Der Vertrag zwischen V und K wäre gemäß § 108 I unwirksam, wenn K bei Vertragsschluss als beschränkt Geschäftsfähige ohne die erforderliche Einwilligung ihrer Eltern (gesetzliche Vertreter nach §§ 1626, 1629 I) gehandelt hat und diese den Vertrag auch nicht genehmigt haben.

Anmerkung: Die Vertretung durch die Eltern ist **Gesamtvertretung**, d.h. die Eltern handeln gemeinschaftlich (§ 1629 I 2 Hs. 1). Alleinvertretungsmacht besteht nur bei Gefahr im Verzug (vgl. § 1629 I 4; der andere Elternteil muss dann unverzüglich informiert werden!) oder bei Übertragung des Sorgerechts nach § 1628 I 2 und in Bezug auf die Geltendmachung von Unterhalt, wenn zwar gemeinsame Sorge besteht, sich das Kind aber in der Obhut nur eines Elternteils befindet (§ 1628 II 2). Das bedeutet, dass Erklärungen für das Kind grds. nur von beiden Eltern gemeinschaftlich abgegeben werden können. Bei Uneinigkeit muss versucht werden, Einigkeit zu erzielen (§ 1627), ggf. muss eine Sorgerechtsübertragung nach § 1628 erfolgen. Zulässig ist aber die gegenseitige Bevollmächtigung der Eltern mit dem Inhalt, den jeweils anderen Teil bei der Vertretung des Kindes zu vertreten (Palandt/DIEDERICHSEN, 67. A. 2008, § 1629 Rn. 9). Erklärungen, die *gegenüber dem Kind* abgegeben werden müssen (§ 131), werden dagegen immer bereits dann wirksam, wenn sie einem Sorgeberechtigten zugehen (§ 1629 I 2 Hs. 2).

a) Anwendbarkeit des § 108 I

§ 108 I ist anwendbar, da K zur Zeit des Vertragsschlusses als 17-jährige gem. §§ 2, 106 nur beschränkt geschäftsfähig war. Sie hat das 18. Lebensjahr noch nicht vollendet, ist also minderjährig (§ 2); das siebte Lebensjahr hat K dagegen bereits vollendet, so dass gem. § 106 die §§ 107 bis 113 auf die von ihr vorgenommenen Rechtsgeschäfte Anwendung finden.

Hinweis: In § 108 I heißt es „*der* Minderjährige", nicht aber „*ein* Minderjähriger". Gemeint ist also nur der Minderjährige i.S.d. § 106, also ein Minderjähriger, der das siebte Lebensjahr vollendet hat. Der Minderjährige, der das siebte Lebensjahr noch nicht vollendet hat, ist geschäftsunfähig (vgl. § 104 Nr. 1), seine Willenserklärung gem. § 105 I nichtig.

66

b) Vertragsschluss eines Minderjährigen

V und K haben einen Vertrag geschlossen, der bei einseitigen Rechtsgeschäften anzuwendende § 111 ist daher nicht einschlägig.

> **Anmerkung**: Dieser Prüfungspunkt kann regelmäßig weggelassen werden, ist aber zumindest im Rahmen der gedanklichen Vorprüfung kurz zu bedenken. § 111 erfasst nur rechtlich (auch) nachteilige einseitige Rechtsgeschäfte, wie z.b. Auslobung, Eigentumsaufgabe, Kündigung, Anfechtung, Aufrechnung, Rücktritt. Auch die Vollmachtserteilung durch einen Minderjährigen fällt unter § 111, und zwar unabhängig davon, ob die Vollmacht auf die Vornahme einer einseitigen Willenserklärung oder den Abschluss eines Vertrages gerichtet ist (Palandt/HEINRICHS/ ELLENBERGER, 67. A. 2008, § 111 Rn. 1). Auf geschäftsähnliche Handlungen ist die Vorschrift entsprechend anwendbar (ebd.).

c) Handeln ohne die erforderliche Einwilligung

aa) Erforderlichkeit einer Einwilligung

Ob K zu dem Vertragsschuss der Einwilligung (=vorherige Zustimmung, § 183 S. 1) bedurfte, hängt nach § 107 davon ab, ob das mit der Willenserklärung beabsichtigte Rechtsgeschäft für sie rechtlich lediglich vorteilhaft war.

> **Anmerkung**: Entgegen dem Wortlaut des § 107 kommt es nicht darauf an, ob die Willenserklärung als solche lediglich rechtlich vorteilhaft ist, sondern auf die rechtliche Vorteilhaftigkeit des mit der Willenserklärung beabsichtigten Rechtsgeschäfts. Für die Beurteilung des *rechtlichen* Vorteils ist allein auf die unmittelbaren rechtlichen Folgen des Geschäfts abzustellen, nicht auf die wirtschaftlichen (also keine Saldierung! Selbst der günstigste Preis kann etwaige *rechtliche* Nachteile nicht kompensieren!). Das Rechtsgeschäft ist dann nicht nur rechtlich lediglich vorteilhaft, wenn unmittelbar durch das Rechtsgeschäft (a) persönliche Pflichten begründet oder (b) vorhandene Rechte des Minderjährigen aufgehoben oder gemindert werden.

K ist an den von ihr erklärten Antrag gebunden, so dass V durch eine entsprechende Annahmeerklärung die K zur Zahlung des Kaufpreises verpflichten konnte. K hat durch ihre Willenserklärung also nicht lediglich einen rechtlichen Vorteil erlangt. Die Einwilligung ihrer Eltern als gesetzliche Vertreter (§§ 1626, 1629) war daher erforderlich.

bb) Fehlen der erforderlichen Einwilligung

Eine vorherige Zustimmung der Eltern (§ 183 S. 1) liegt nicht vor.

Anmerkung: Sofern Anhaltspunkte im Sachverhalt vorliegen, sind an dieser Stelle zunächst vorrangig die §§ 112, 113 zu prüfen, denn die entsprechende Ermächtigung des gesetzlichen Vertreters führt zu partiell unbeschränkter Geschäftsfähigkeit des Minderjährigen für einen bestimmten Kreis von Rechtsgeschäften (=beschränkter Generalkonsens). Anschließend ist dann auf die Frage einzugehen, ob eine konkludent erteilte und auf Bargeschäfte beschränkte Generaleinwilligung (beachte: das Tatbestandsmerkmal „ohne Zustimmung" in § 110 ist daher als „ohne *ausdrückliche* Zustimmung" zu lesen!) durch Überlassung von Mitteln (§ 110, sog. „Taschengeldparagraph") vorliegt.

Erst im Anschluss ist dann das Vorliegen einer ausdrücklichen Einwilligung zu prüfen. Die Einwilligung kann speziell für ein bestimmtes Rechtsgeschäft erteilt werden, aber auch ein beschränkter Generalkonsens für einen klar abgrenzbaren Lebensbereich (z.B. eine bestimmte Reise) ist möglich, dagegen nicht ein unbeschränkter Generalkonsens, weil sonst der Minderjährigenschutz außer Kraft gesetzt würde, vgl. MüKo/SCHMITT, 5. A. 2006, § 107 Rn. 14. Außerdem muss die Einwilligung vom Umfang der gesetzlichen Vertretungsmacht nach § 1629 gedeckt sein.

cc) Rechtsfolge

Infolgedessen ist der Vertrag nach § 108 I schwebend unwirksam.

d) Genehmigung des gesetzlichen Vertreters

Der zunächst schwebend unwirksame Vertrag kann daher nur durch Genehmigung, d. h. nachträgliche Zustimmung (§ 184 I), der Eltern wirksam geworden sein.

aa) Genehmigung gegenüber K

(1) Die Eltern haben gegenüber K ihre Zustimmung verweigert. Die Verweigerung der Zustimmung gegenüber der beschränkt Geschäftsfähigen ist gemäß § 182 I ausreichend. Somit ist der Vertrag zunächst unwirksam geworden.

(2) Die Verweigerung der Genehmigung könnte jedoch nach § 108 II 1 Hs. 2 unwirksam geworden sein. Voraussetzung dafür ist die Aufforderung des anderen Teils an den (gesetzlichen) Vertreter, sich über die Genehmigung zu erklären. Eine solche Aufforderung ist in der telefonischen Anfrage des V an die Eltern zu sehen. Die Verweigerung ist damit gem. § 108 II 1 Hs. 2 unwirksam, damit wird der Kaufvertrag wieder schwebend unwirksam.

bb) Genehmigung gegenüber V

Schließlich könnte der Kaufvertrag aber durch die Genehmigung der Eltern gegenüber V nach § 108 I wirksam geworden sein.

Merke: Die Genehmigung kann nach entsprechender Aufforderung des Vertragspartners an den gesetzlichen Vertreter nur noch gegenüber dem Vertragspartner erfolgen, § 108 II 1 Hs. 1!

Die Eltern haben am Telefon gegenüber V erklärt, der Kauf gehe in Ordnung. Der Vertrag ist damit endgültig wirksam geworden.

3. Zwischenergebnis

V hat gegen K einen Anspruch auf Zahlung des Kaufpreises gem. § 433 II.

II. Anspruch durchsetzbar?

Möglicherweise kann K dem Zahlungsanspruch des V jedoch die Einrede des nicht erfüllten Vertrages gem. § 320 I entgegenhalten.

1. Dies setzt voraus, dass (a) ein gegenseitiger Vertrag vorliegt, (b) keine Vorleistungspflicht vereinbart wurde und (c) die Gegenleistung des Gläubigers noch aussteht. Ungeschriebene Voraussetzung ist (d) die eigene Vertragstreue des Schuldners.

2. Der Kaufvertrag ist ein gegenseitiger Vertrag („Ware gegen Geld"); eine Vorleistungspflicht wurde nicht vereinbart; V hat die Inline-Skates noch nicht übergeben und übereignet, obwohl er gem. § 433 I 1 dazu verpflichtet ist. Seine Gegenleistung steht also noch aus. Anhaltspunkte dafür, dass K nicht am Vertrag festhalten will, sind nicht ersichtlich.

3. K kann die Einrede des § 320 I 1 geltend machen und Leistung Zug um Zug verlangen, § 322 I.

III. Ergebnis

V kann die Zahlung des Kaufpreises nur Zug um Zug gegen Lieferung der Inline-Skates verlangen.

***

Fall 3.3

▶ **Themen:** Minderjähriger als Stellvertreter; Zugang und Widerruf von Willenserklärungen; unbeachtlicher Motivirrtum; Widerrufsrecht bei Verbraucherverträgen

▶ **Übersicht: 6**

K ist zur Geburtstagsfeier seines Bruders X eingeladen. Da er wenig Zeit hat, überreicht er seiner 16-jährigen Tochter T die Einladungskarte und bittet sie, ein passendes Geschenk zu besorgen. T wirft nur einen kurzen Blick auf die Einladungskarte. Dabei identifiziert sie aus Versehen nicht ihren Onkel X, sondern ihren Onkel Y als Gastgeber, von dem sie weiß, dass er ein großer Liebhaber antiker Bücher ist. Im Katalog des von V betriebenen Antiquariats *„liber extra"* findet T eine gut erhaltene Ausgabe von Schillers Werk „Die Räuber" aus dem Jahre 1834 zum Preis von 210 €. Sie füllt die dem Katalog beigefügte Bestellkarte aus, vermerkt dort im Textfeld „Sonstiges", dass sie im Namen des K handele, und schickt die Karte an V. Darauf versendet V am 25.5.2009 die „Räuber" an K; in der beigefügten Rechnung bittet er um Ausgleich der Rechnung innerhalb von 14 Tagen.

Als K das Päckchen erhält, ist er ob der Auswahl seiner Tochter entsetzt: X hasst aufgrund einer schweren Buchstauballergie alte Bücher. Das Buch schickt er umgehend an V zurück, bei dem es am 4.6.2009 eintrifft.

Kann V von K Bezahlung und Abnahme des Buches verlangen?

Lösung

Fraglich ist, ob V gegen K einen Anspruch auf Bezahlung des Kaufpreises und Abnahme des Buches gem. § 433 II hat.

I. Anspruch entstanden?

Ein Anspruch aus § 433 II des V gegen K setzt den Abschluss eines wirksamen Kaufvertrages zwischen K und V voraus. Ein Vertrag kommt zustande durch zwei korrespondierende Willenserklärungen i.S.d. §§ 145ff. Antrag und Annahme.

1. Antrag

a) In der Erwähnung der „Räuber" im Katalog liegt noch kein verbindliches Angebot des V. Es fehlt an dem erkennbaren

Rechtsbindungswillen des V, jedem potentiellen Erwerber auf dessen Verlangen hin die „Räuber" zu verkaufen (bloße *invitatio ad offerendum*).

b) Fraglich ist, ob ein Antrag des K im Ausfüllen und Zusenden der Bestellkarte zu sehen ist. K selbst hat keine entsprechende Erklärung abgegeben. Er könnte aber durch T wirksam vertreten worden sein, §§ 164ff.

aa) Zunächst müsste T eine eigene Willenserklärung abgegeben haben. K bat T lediglich, ein „passendes Geschenk" zu besorgen. Bei der Auswahl des Geschenks hatte T völlige Freiheit. Sie gab daher eine eigene Willenserklärung ab, § 164 I 1. Dass T als 16-Jährige nur beschränkt geschäftsfähig ist (§§ 2, 106), hindert die Wirksamkeit der von ihr abgegebenen Willenserklärung nicht, wie § 165 zu entnehmen ist.

bb) T hat auf der Bestellkarte angegeben, dass sie im Namen des K handelt. Sie handelte somit auch im Namen des Vertretenen.

cc) Die Erklärung der T wirkt nur dann für und gegen K, wenn T mit Vertretungsmacht gehandelt hat. Die Vertretungsmacht könnte sich daraus ergeben, dass K seiner Tochter T gem. § 167 I Vollmacht erteilt hat.

Fraglich ist, ob die empfangsbedürftige Bevollmächtigung der minderjährigen T gem. § 131 II zugehen und damit gem. § 130 I 1 wirksam werden kann. Dies wäre gem. § 131 II 2 der Fall, wenn die Erteilung der Vollmacht für die minderjährige T lediglich rechtlich vorteilhaft oder zumindest rechtlich neutral ist. Durch die Bevollmächtigung erhält der Minderjährige die Möglichkeit, Rechte und Pflichten für den Vertretenen zu begründen. Von den rechtsgeschäftlichen Folgen seines Vertreterhandelns ist der Minderjährige nicht betroffen; vor einer Haftung schützt ihn überdies § 179 III 2. Bei der Erteilung der Vollmacht handelt es sich daher um ein für die minderjährige T rechtlich neutrales Geschäft, das mit der h.M. als lediglich rechtlich vorteilhaft zu behandeln ist.[62] Die Bevollmächtigung kann daher der minderjährigen T gem. § 131 II 2 zugehen und ist mithin wirksam. T handelte daher mit Vertretungsmacht.

Anmerkung: Hierbei ist zu berücksichtigen, dass die Erteilung der Vollmacht streng von dem ihr zugrunde liegenden Rechtsgeschäft (i.d.R. ein

---

[62] Vgl. nur MüKo/EINSELE, 5. A. 2006, § 131 Rn. 5.

Auftrag) zu trennen ist. Es handelt sich um ein rechtlich selbstständiges Geschäft. Wegen der mit ihm verbundenen Verpflichtungen ist allerdings der Auftrag nicht lediglich rechtlich vorteilhaft, so dass die Beauftragung eines beschränkt Geschäftsfähigen zu ihrer Wirksamkeit der Zustimmung des gesetzlichen Vertreters bedarf.

dd) Die Bestellung ist dem V auch zugegangen, so dass ein wirksamer Antrag des K vorliegt.

2. Annahme durch V

Spätestens mit Versendung des Buches hat V (konkludent) die Annahme des Antrags erklärt.

3. Zwischenergebnis

Somit ist ein wirksamer Kaufvertrag zustande gekommen. Der Anspruch auf Bezahlung des Kaufpreises und Abnahme des Buches gem. § 433 II ist entstanden.

II. Anspruch erloschen?

1. Nichtigkeit des Vertrages gem. § 142 I

Der Kaufpreisanspruch ist gemäß § 142 I als *ex tunc* erloschen anzusehen, wenn K seine auf Abschluss des Kaufvertrages gerichtete Willenserklärung wirksam angefochten hat.

In der Rücksendung des Buches könnte eine konkludente Anfechtungserklärung zu sehen sein. Fraglich ist jedoch, ob sich K auf einen Anfechtungsgrund stützen kann. In Betracht kommt allenfalls ein Anfechtungsgrund gem. § 119 II. T, auf die nach § 166 I abzustellen ist, ging davon aus, mit dem Kauf ein passendes Geschenk für ihren Onkel Y zu erwerben. Da nicht ihr Onkel Y sondern ihr Onkel X Gastgeber der Geburtstagsfeier ist, ist das Buch jedoch als „passendes Geschenk" nicht geeignet. Allerdings bezog sich der Irrtum der T lediglich auf den Beweggrund des Kaufs. Ein derartiger bloßer Motivirrtum berechtigt nach allgemeiner Ansicht nicht zur Anfechtung. Der nicht zum Vertragsinhalt erhobene Verwendungszweck eines Kaufgegenstands und die damit verbundenen Risiken sind ausschließlich Angelegenheit des Käufers. Diese können nicht über die Gewährung einer Anfechtungsmöglichkeit des Käufers auf den Verkäufer verlagert werden. Andernfalls wäre die Sicherheit des Rechtsverkehrs in unvertretbarem Maße beeinträchtigt. Es fehlt demnach an einem Anfechtungsgrund.

2. Befreiung von der Leistungspflicht aufgrund Widerrufs, §§ 355 I 1, 357 I 1 i.V.m. 346 I

K könnte jedoch von seiner Pflicht zur Zahlung des Kaufpreises gem. §§ 355 I 1, 357 I 1 i.V.m. 346 I befreit sein,[63] falls K wirksam ein ihm nach §§ 312d I 1, 312b I zustehendes Widerrufsrechts ausgeübt hat.

a) Widerrufsrecht gem. §§ 312d I 1, 312b I

Um in dem Genuss des Widerrufsrechts gem. §§ 312d I 1, 312b I zu kommen, müsste K Verbraucher (§ 13), V Unternehmer (§ 14 I) und der geschlossene Kaufvertrag ein Fernabsatzvertrag (§ 312b) sein.

aa) K kauft das Geschenk für einen privaten Anlass, so dass der Kaufvertrag über das Buch weder seiner gewerblichen noch seiner selbstständigen beruflichen Tätigkeit dient. Er ist somit Verbraucher i.s.d. § 13.

bb) V hingegen ist gewerblich tätiger Antiquar und hat den Vertrag mit K in Ausübung dieser Tätigkeit geschlossen. Folglich ist er Unternehmer i.s.d. § 14 I.

cc) Der Vertrag zwischen V und K betraf die Lieferung eines Buches und ist ausschließlich durch Fernkommunikationsmittel i.s.d. § 312b II zustande gekommen. Demnach handelt es sich um einen Fernabsatzvertrag i.s.d. § 312b.

dd) Darüber hinaus bot V seine Ware in einem Katalog zur Bestellung an, so dass er ein für den Fernabsatz organisiertes Vertriebssystem betreibt. In diesem Rahmen wurde auch der Kaufvertrag zwischen K und V geschlossen.

ee) Zwischenergebnis: K stand mithin ein Widerrufsrecht gem. §§ 312d I 1, 312b I zu.

b) Kein Ausschluss des Widerrufsrechts, § 312d IV?

Zwar sieht § 312d IV verschiedene Ausschlusstatbestände für das Widerrufsrecht vor. Hier ist jedoch keiner davon einschlägig.

---

[63] Mit Ausübung des Widerrufs wird der Vertrag *ex nunc* in ein Rückgewährschuldverhältnis umgewandelt; vgl. Palandt/GRÜNEBERG, 67. A. 2008, § 346 Rn. 4.

c) Widerrufserklärung

Mit der Rücksendung des Buches bringt K zum Ausdruck, dass er das Buch nicht behalten und von dem Vertrag Abstand nehmen möchte. Darin könnte eine Widerrufserklärung gem. § 355 I 1 liegen. Die fehlende Begründung der Rücksendung durch K steht dieser Beurteilung wegen § 355 I 2 nicht entgegen. Auch kann der Widerruf gem. § 355 I 2 in Textform (§ 126 b) oder durch Warenrücksendung erfolgen, so dass die erforderliche Form eingehalten wurde. Folglich lag in der Rücksendung des Buches die Widerrufserklärung des K.

d) Widerrufsfrist

Unabhängig von der Frage einer ordnungsgemäßen Belehrung (vgl. § 355 II 1) ist die 2-Wochen-Frist des § 355 I 2 jedenfalls gewahrt.

3. Zwischenergebnis

K ist infolge des wirksamen Widerrufs der auf den Abschluss des Vertrages gerichteten Willenserklärung gem. §§ 355 I 1, 357 I 1 i.V.m. 346 I, von seiner Pflicht zur Leistung befreit.

III. Ergebnis

V hat gegen K keinen Anspruch auf Bezahlung des Kaufpreises und Abnahme des Buches gem. § 433 II.

***

Fall 3.4

▶ **Themen:** Vertragsschluss eines Minderjährigen; „Taschengeldparagraf" (§ 110); rechtsmissbräuchlicher Widerruf nach § 109 I

▶ **Übersicht: 6**

Die 17-jährige K ist unglücklich verliebt. Zutiefst betrübt begibt sie sich in den Esoterikladen der V, um ihrem Schmerz ein wenig Linderung zu verschaffen. Schon beim Blick in das Schaufenster wird sie auf einen Rosenquarz-Energiestein aufmerksam. Da dieser kein Preisschild trägt, erkundigt sich K bei V nach dem Preis. V nennt als Kaufpreis 300 €. K akzeptiert, bezahlt in bar und trägt ihre Adresse und ihr Geburtsdatum in die ausliegende Liste für den monatlichen Kunden-Newsletter ein. Da sie noch weitere

Besorgungen zu erledigen hat, will sie den Quarz erst am nächsten Tag abholen. Das Geld hatte K kurz zuvor in einer Lotterie gewonnen, nachdem sie ein Los zu 2 € von ihrem geringen Taschengeld gekauft hatte, obwohl sie weiß, dass Glücksspiel und Esoterik nicht gerade zu den Dingen gehören, bei denen sie mit der Billigung ihrer Eltern rechnen kann.

Als K ihren Eltern beim Mittagessen davon erzählt, sind diese zwar wenig begeistert, ihrer unglücklichen Tochter zuliebe erklären sie sich jedoch ausnahmsweise mit dem Kauf einverstanden.

Unterdessen hat V vom Geburtsdatum der K und ihrer Minderjährigkeit Kenntnis genommen. Sie schickt den Eltern der K eine E-Mail, in der sie diese dazu auffordert, ihre Zustimmung zu dem Geschäft zu erklären. Wenige Minuten später schickt sie eine weitere E-Mail, in der sie erklärt, sie trete wegen der Minderjährigkeit der K vom Geschäft zurück. Die Eltern, die beide E-Mails am Abend gelesen haben, rufen am nächsten Tag bei V an. Das Verhalten der V sei unanständig, V solle sofort den Rosenquarz an ihre Tochter herausgeben.

Kann K von V Übergabe und Übereignung des Rosenquarzsteins verlangen?

Lösung

Anspruch K gegen V auf Übergabe und Übereignung des Rosenquarzsteins gem. § 433 I 1

I. Anspruch entstanden?

Fraglich ist, ob der Anspruch der K gegen V auf Übergabe und Übereignung des Rosenquarzsteins gemäß § 433 I 1 entstanden ist. Voraussetzung dafür ist ein wirksamer Kaufvertrag zwischen K und V. Dies erfordert zunächst den Austausch zweier korrespondierender Willenserklärungen, Antrag und Annahme i.S.d. §§ 145ff.

1. Vertragschluss

a) Antrag der V

aa) Im Ausstellen des Quarzsteins im Schaufenster liegt kein Angebot der V. Die Funktion des Schaufensters besteht darin, potentielle Kunden anzusprechen. Es fehlt indes am erkennbaren Rechtsbindungswillen, jedem potentiellen Erwerber auf dessen Verlangen hin den Stein zu verkaufen. Im Übrigen fehlt es hier an einem Preisschild und somit an der Nennung des Preises als wesentlichem Vertragsbestandteil *(essentiale negotii)*.

bb) Ein Antrag der V liegt jedoch in der Preisauskunft. Diese beinhaltet konkludent das Angebot, einen Kaufvertrag zu diesem Preis zu schließen. K muss den Antrag nur noch annehmen, indem sie zustimmt. Der Antrag ist K auch wirksam zugegangen: Der Antrag auf Abschluss eines Vertrages eröffnet der in ihrer Geschäftsfähigkeit beschränkten Person die Chance, ihn anzunehmen oder abzulehnen. Er ist daher stets als rechtlich lediglich vorteilhaft einzustufen, so dass gem. § 131 II 2 der Zugang bei der in ihrer Geschäftsfähigkeit beschränkten Person genügt.

cc) Annahme durch K

K hat den Antrag der V auch angenommen.

c) Zwischenergebnis

Eine Einigung in Form eines Kaufvertrages liegt demnach vor.

2. Unwirksamkeit der Einigung nach § 108 I

Der Vertrag zwischen K und V wäre jedoch gemäß § 108 I zunächst schwebend unwirksam gewesen, wenn K bei Vertragsschluss als beschränkt Geschäftsfähige ohne die erforderliche Einwilligung ihres gesetzlichen Vertreters, d.h. ihrer Eltern (§§ 1626, 1629) gehandelt hat.

a) Anwendbarkeit des § 108 I

§ 108 I ist anwendbar, da K zur Zeit des Vertragsschlusses als 17-jährige gem. §§ 2, 106 nur beschränkt geschäftsfähig war.

b) Handeln ohne die erforderliche Einwilligung

aa) Erforderlichkeit einer Einwilligung

Ob K zu dem Vertragsschuss der Einwilligung (=vorherige Zustimmung, § 183 S. 1) bedurfte, hängt nach § 107 davon ab, ob das mit der Willenserklärung beabsichtigte Rechtsgeschäft für sie rechtlich lediglich vorteilhaft war. Bei einem Kaufvertrag ist dies nicht der Fall, wird doch der Minderjährige aus dem Vertrag – seine Wirksamkeit unterstellt – zur Zahlung des Kaufpreises verpflichtet. Dies ist ein rechtlicher Nachteil. Die Einwilligung der Eltern als gesetzliche Vertreter war daher erforderlich.

bb) Fehlen der erforderlichen Einwilligung

(1) Einwilligung bedeutet vorherige Zustimmung, § 183 S. 1. Die Eltern der K haben sich vor Vertragsschluss nicht zu dem Geschäft geäußert, K handelte also ohne ausdrückliche Einwilligung ihrer Eltern.

(2) Zu denken ist jedoch an eine konkludente Einwilligung i.S.d. § 110. Eine solche liegt nach h.M. in der Überlassung von Taschengeld zur eigenen Verwendung,[64] wobei sich der Umfang der konkludenten Einwilligung aus der mit der Überlassung der Mittel verbundenen Zweckbestimmung ergibt.[65] Allerdings ist die konkludente Einwilligung inhaltlich beschränkt: Der von dem Minderjährigen geschlossene Vertrag wird nach § 110 erst dann wirksam, wenn der Minderjährige die vertragsgemäße Leistung vollständig aus den ihm überlassenen Mitteln bewirkt hat, d.h. mit Erfüllung i.S.v. § 362 I.

(a) K hat den gesamten Kaufpreis sogleich bar bezahlt, d.h. er hat die vertragsgemäße Leistung vollständig bewirkt.

(b) Fraglich ist jedoch, ob dies mit Mitteln geschah, die der K von ihren Eltern zur freien Verfügung überlassen worden sind. Die 300 € sind der K nicht von den Eltern überlassen worden, sondern stammen aus einem Losgewinn. Allerdings wurde der Losgewinn erst durch das Taschengeld ermöglicht, so dass er als Surrogat wie dieses zur freien Verfügung stehen könnte. Grundsätzlich wird man im Wege der Auslegung (§§ 133, 157) zu dem Ziel gelangen, dass auch die Verfügung über das Surrogat von der allgemeinen Einwilligung nach § 110 umfasst ist. Dies kann jedoch nur insoweit gelten, als der vom gesetzlichen Vertreter gesetzte Rahmen eingehalten wird. Übersteigt das Surrogat den Wert der überlassenen Mittel erheblich, so ist die Verfügung über das Surrogat nicht von der allgemeinen Einwilligung nach § 110 umfasst. Hier überschreitet der Losgewinn den Wert der überlassenen Mittel („geringes Taschengeld") erheblich. Es kann daher nicht davon ausgegangen werden, dass der Losgewinn der K zur freien Verfügung stand.[66]

---

[64] Vgl. nur MüKo/Schmitt, 5. A. 2006, § 110, Rn. 4f. m.w.N.

[65] RGZ 74, 235; MüKo/Schmitt, 5. A. 2006, § 110 Rn. 4; Palandt/Heinrichs/Ellenberger, 67. A. 2008, § 110 Rn. 1.

[66] RGZ 74, 235; MüKo/Schmitt, 5. A. 2006, § 110 Rn. 31.

(c) Auch eine konkludente Einwilligung der Eltern liegt demnach nicht vor.

cc) **Zwischenergebnis:** Fehlt es somit an der erforderlichen Einwilligung des gesetzlichen Vertreters, so ist der Vertrag zunächst nach § 108 I schwebend unwirksam.

3. Wirksamkeit des Vertrags infolge Genehmigung der Eltern gegenüber K, §§ 108 I, 184 I

Sodann ist der Vertrag wirksam geworden, da die Eltern der K ihn gegenüber ihrer Tochter genehmigt haben, §§ 108 I, 184 I. Allerdings ist die Genehmigung der Eltern nach § 108 II 1 Hs. 2 unwirksam, da V die Eltern der K in ihrer ersten E-Mail zur Genehmigung aufgefordert hat. Der Vertrag ist damit wieder schwebend unwirksam gem. § 108 I geworden.

4. Widerruf nach § 109 I 1

Möglicherweise ist der Vertrag sodann endgültig unwirksam geworden wegen der in der zweiten E-Mail enthaltenen Erklärung der V, sie trete von dem Kaufvertrag zurück. Darin könnte ein Widerruf nach § 109 I 1 zu sehen sein.

a) V hat erst nach Vertragsschluss von der Minderjährigkeit der K Kenntnis erlangt. Das Widerrufsrecht ist daher nicht gem. § 109 II ausgeschlossen.

b) Einer Beurteilung als Widerrufserklärung steht auch nicht entgegen, dass V erklärt hat, sie „trete zurück". In ihrer E-Mail hat V deutlich gemacht, dass der Vertrag wegen der Minderjährigkeit der K nicht gelten soll. Im Wege der Auslegung (§§ 133, 157) gelangt man daher zu dem Ergebnis, dass die Erklärung als Widerrufserklärung i.S.d. § 109 I 1 zu verstehen ist.

c) Fraglich ist allerdings, ob die von V gewählte Kombination von Genehmigungsaufforderung und unmittelbar darauf sich anschließendem Widerruf zulässig ist. Dies ist zu verneinen, falls sich V durch die konkrete Art und Weise der Ausübung des Widerrufsrechts in einen gegen das Gebot von Treu und Glauben (§ 242) verstoßenden Widerspruch zu ihrem vorherigen Verhalten („Verbot des *venire contra factum proprium*") gesetzt hat. Unter diesen Umständen wäre der Widerruf rechtsmissbräuchlich, und es wäre der V versagt, sich auf ihn zu berufen.

78

Achtung: Die Generalklausel des § 242 ist keine „Allzweckwaffe"! Als Studienanfängerin oder -anfänger dürfen Sie nicht darauf verfallen, alle Ergebnisse, die Sie für ungerecht halten, über § 242 zu korrigieren. Idealiter „erahnen" Sie die im Sachverhalt i.d.R. deutlich angelegte Fallgruppe, die unter dem Einfluss von Rechtswissenschaft und Rechtsprechung gleichermaßen „normative Verfestigung" erfahren hat.

Literaturhinweis: Instruktiv zur Generalklauseln im Allgemeinen BRAUN, Einführung in die Rechtswissenschaft, 3. A. 2007, 91ff.

---

aa) Nach dem Gesetzeswortlaut ist die Kombination von Genehmigungsaufforderung und unmittelbar darauf sich anschließendem Widerruf durchaus denkbar. Das BGB enthält insoweit keine Einschränkungen. Allerdings gilt es, Sinn und Zweck der Aufforderung nach § 108 II 1 und deren Rechtsfolge, nämlich die Unwirksamkeit der zuvor gegenüber dem Minderjährigen erklärten Genehmigung (§ 108 II 2), zu berücksichtigen: Mit der gesetzlichen Regelung des § 108 II soll erreicht werden, dass eine Unsicherheitssituation für den Vertragspartner (Geschäftsgegner) aufgelöst wird, indem der maßgebliche Erklärungsvorgang in das Verhältnis Vertragspartner – gesetzlicher Vertreter verlagert wird. Ist dies erreicht, so ließe sich vertreten, so ist den Interessen des Vertragspartners genügt; eine darüber hinausgehende Möglichkeit, sich vom Vertrag zu lösen stünde dem Vertragspartner danach nicht zu.

Andererseits können die Eltern ihre Entscheidung noch einmal überdenken, sofern sie der Vertragspartner zur Genehmigung auffordert: Die bereits dem Minderjährigen gegenüber erteilte Genehmigung wird unwirksam, § 108 II 1 Hs. 2; die Erteilung der nunmehr nach § 108 II 1 Hs. 1 gegenüber dem Vertragspartner zu erklärenden Genehmigung steht im Belieben der Eltern. Verweigern sie die Genehmigung, so wird der Vertrag nach § 108 I endgültig unwirksam. Aus Paritätsgründen kann man daher in Erwägung ziehen, auch dem Vertragspartner – hier V – die Möglichkeit, sich vom Vertrag zu lösen, einzuräumen.[67] Demnach käme es nur darauf an, wer schneller die maßgebliche Erklärung abgibt. Hier wäre dies V.

---

[67] So z.B. BRAUER/DEEG/HERWIG/WÖHLERT, Fälle und Lösungen zum „kleinen Schein" im BGB, 2008, 99ff. (Fall 11); WILHELM, Aufforderung zur Erklärung über die Genehmigung eines schwebend unwirksamen Geschäfts und Widerruf des Geschäfts, NJW 1992, 1666 f.

bb) Es darf jedoch nicht übersehen werden, dass es der Vertragspartner unter diesen Umständen stets in der Hand hätte, die von ihm erwünschte Lösung von dem geschlossenen Vertrag durch die Kombination von Aufforderung nach § 108 II und Widerruf nach § 109 I herbeizuführen: Jedenfalls bei einer schriftlichen Genehmigungsaufforderung könnte der Vertragspartner durch unmittelbar aufeinanderfolgende Schreiben bzw. – wie hier – E-Mails entsprechenden Inhalts die von ihm angestrebte Lösung vom Vertrag erreichen, ohne dass die gesetzlichen Vertreter tatsächlich die Möglichkeit der Genehmigung gegenüber dem Vertragspartner gehabt hätten. Deshalb wird man verlangen müssen, dass der Vertragspartner nach der Aufforderung an den gesetzlichen Vertreter zur Erklärung über die Genehmigung zumindest eine gewisse Zeit abwartet, bevor er den Vertrag nach § 109 I widerruft. Andernfalls setzt er sich in einen gegen das Gebot von Treu und Glauben (§ 242) verstoßenden Widerspruch zu seinem vorherigen Verhalten („Verbot des *venire contra factum proprium*").[68]

Hier hatten die Eltern noch nicht einmal die theoretische Möglichkeit, innerhalb einer angemessenen Zeit auf die Aufforderung der V zu reagieren: Selbst bei tatsächlicher Kenntnisnahme im Zeitpunkt des Zugangs der Aufforderung zur Genehmigung – eine geschäftsähnliche Handlung, § 130 I 1 ist entsprechend anzuwenden – wären die Eltern wohl kaum in der Lage gewesen, eine Entscheidung zu treffen und der V mitzuteilen, bevor der Widerruf eingegangen wäre.

cc) Zwischenergebnis zu c): Der Widerruf durch V war daher in der konkreten Art und Weise rechtsmissbräuchlich. Er ist als Verstoß gegen § 242 einzuordnen und daher unzulässig.

Wichtig: Die unter aa) bzw. bb) angeführten Argumente muss man nicht auswendig kennen. Es kommt lediglich darauf an, das Problem als solches – und als Kernproblem der Klausur! – zu erkennen. Kernprobleme einer Klausur erkennt man häufig (so auch hier) daran, dass im Sachverhalt schon etwas „Argumentationsmaterial" oder zumindest ein wegweisendes Stichwort geliefert wird (hier: die Eltern monieren das „unanständige Verhalten" der V).

---

d) Zwischenergebnis zu 4.: Der Vertrag bleibt daher zunächst schwebend unwirksam.

---

[68] So die wohl überwiegende Ansicht, vgl. nur MUSIELAK, Grundkurs BGB, 10. A. 2007 Rn. 308ff., MüKo/SCHMITT, 5. A. 2006, § 109 Rn. 9.

5. Genehmigung der Eltern gegenüber V

War der Vertrag demnach weiterhin schwebend unwirksam, so ist er schlussendlich durch die telefonisch gegenüber V erklärte Genehmigung der Eltern nach §§ 108 I, 184 I endgültig wirksam geworden.

6. Zwischenergebnis zu I.

Der Anspruch der K gegen V auf Übereignung und Übergabe des Rosenquarzsteines gemäß § 433 I 1 ist entstanden.

II. Anspruch erloschen?

V hat die geschuldete Leistung noch nicht bewirkt. Der Anspruch ist daher auch nicht durch Erfüllung gem. § 362 I erloschen.

III. Ergebnis

K hat gegen V einen Anspruch auf Übergabe und Übereignung des Rosenquarzsteines gemäß § 433 I 1.

***

Fall 3.5

▶ **Themen:** Schenkungsvertrag mit einem Minderjährigen; Erwerb des Eigentums an einem Grundstück

▶ **Übersicht: 6**

S überreicht seinem 16-jährigen Neffen B ein notariell beurkundetes Versprechen, wonach er ihm ein Grundstück schenken will. B nimmt die Urkunde dankend entgegen. Wenig später erfolgen Auflassung und Eintragung. Die Eltern des B sind damit nicht einverstanden, weil B mit dem Erwerb des Grundstücks zur Zahlung von Grundsteuer verpflichtet ist. Sind Schenkung und Übereignung wirksam?

Lösung

A. Wirksamkeit der Schenkung

Vorbemerkung: Sowohl die Handschenkung (§ 516) als auch die Versprechensschenkung (§ 518 I) setzen einen **Schenkungsvertrag** voraus, der als schuldrechtliches Geschäft von dem sachenrechtlichen Verfügungsgeschäft zu seinem Vollzug (Übereignung der geschenkten Sache nach §§ 929ff.) zu unterscheiden ist (dazu bereits o. Fall 2.8). Ein **Schenkungsversprechen** i.S.d. § 518 I ist ein einseitig verpflichtender Vertrag, durch den der Schenker einem anderen eine Leistung i.S.d. § 241 verspricht, die unentgeltlich erfolgen soll (Palandt/WEIDENKAFF, 67. A. 2008, § 518 Rn. 2). Im Unterschied zur Handschenkung fallen das schuldrechtliche Verpflichtungsgeschäft und das sachenrechtliche Verfügungsgeschäft hier zeitlich auseinander. Der Vertrag kommt dadurch zustande, dass der Beschenkte erklärt, er nehme das Versprechen des Schenkers an, wobei der Zugang der Annahmeerklärung nach § 151 S.1 entbehrlich sein kann.

I. Einigung

Voraussetzung für einen wirksamen Schenkungsvertrag sind zunächst zwei übereinstimmende Willenserklärungen entsprechenden Inhalts i.S.d. §§ 145ff. Antrag und Annahme.

1. Der Antrag des S ist nach § 131 II 2 durch Zugang bei dem nach §§ 2, 106 beschränkt geschäftsfähigen B wirksam geworden, wenn er für diesen lediglich rechtlich vorteilhaft ist. Der Antrag auf Abschluss eines Vertrages ist ungeachtet dessen Inhalts stets lediglich rechtlich vorteilhaft, da er, ohne bereits eine Verpflichtung zu enthalten, dem Empfänger die Möglichkeit eröffnet, den Antrag anzunehmen.[69] Der Antrag des S ist daher wirksam geworden.

2. B müsste den Antrag angenommen haben. In Ermangelung einer Einwilligung der Eltern (gesetzliche Vertreter nach §§ 1626, 1629) ist die Annahme nach § 107 nur wirksam, wenn sie für B lediglich rechtlich vorteilhaft ist. Da mit dem Schenkungsvertrag keine Verpflichtung des Beschenkten verbunden ist, sondern B nur den Anspruch auf Übereignung des Grundstücks erhält, ist die Annahme lediglich rechtlich vorteilhaft und somit nach § 107 einwilligungsfrei.

Anmerkung: Der schuldrechtliche Vertrag über eine Schenkung an einen Minderjährigen ist grundsätzlich zustimmungsfrei (BGHZ 15, 168). Die Schenkung als solche bleibt auch dann zustimmungsfrei, wenn das Erfüllungsgeschäft mit rechtlichen Nachteilen verbunden ist (Bsp.: Schenkung eines vermieteten Grundstücks). Besondere Grundsätze gelten bei Schenkungen des gesetzlichen Vertreters. Dagegen begründet die Schenkung mit einem vertraglich vorbehaltenen Rückforderungsanspruch (OLG Köln Rpfleger 2003, 570) oder unter Auflagen (§§ 525ff.)

---

[69] MüKo/EINSELE, 5. A. 2006, § 131 Rn. 5.

82

eine persönliche Verpflichtung, ist also nicht lediglich rechtlich vorteilhaft (BGH NJW 1977, 456).

3. Zwischenergebnis: S und B haben sich mithin über den Abschluss eines Schenkungsvertrags geeinigt.

II. Formerfordernisse

Fraglich ist, ob den in diesem Fall zu beachtenden Formerfordernissen Genüge getan wurde.

1. Da der Abschluss des Schenkungsvertrages und die Erfüllung durch Übereignung des Grundstücks zeitlich auseinanderfallen, handelt es sich um ein nach § 518 I formbedürftiges Schenkungsversprechen. Dabei bedarf nur das Versprechen, also die Erklärung des Schenkers, notarieller Beurkundung.[70] Die notariell beurkundete Erklärung des S genügt somit dem Formerfordernis des § 518 I.

> **Anmerkung:** Wird dem Formerfordernis des § 518 I nicht Genüge getan, so ist die formbedürftige Willenserklärung nach § 125 S. 1 nichtig; beachte aber die Möglichkeit der Heilung des Formmangels durch Bewirkung (§ 518 II). Zweck des Formerfordernisses ist zum einen der Schutz des Schenkers vor übereilter unentgeltlicher Weggabe von Vermögenswerten; andererseits dient es der Klarstellung hinsichtlich der Ernsthaftigkeit des Bindungswillens. Schließlich wird auf diese Weise die Umgehung von Formvorschriften für Verfügungen von Todes wegen vermieden.

2. Durch den Schenkungsvertrag verpflichtet sich S jedoch, das Eigentum an einem Grundstück zu übertragen. Daher bedarf über § 518 I hinaus nach § 311 b I 1 der ganze Vertrag notarieller Beurkundung. Die Beurkundung nur der Erklärung des S genügt daher in diesem Fall nicht. Der Vertrag ist daher grundsätzlich nach § 125 S. 1 nichtig.

> **Anmerkung:** Verträge über den Erwerb oder die Veräußerung von Grundstücken sind nach § 311 b I 1 durch einen Notar zu beurkunden (Warn-, Klarstellungs-, Beweis-, Beratungsfunktion; Gewähr der Gültigkeit des Rechtsgeschäfts). Das Formerfordernis gilt für den gesamten Vertrag, d.h. für Haupt- und Nebenabreden! Das Beurkundungsverfahren regelt sich nach den Vorschriften des Beurkundungsgesetzes (BeurkG). Nach § 128 ersetzt ein in einem (bei einem deutschen Gericht anhängigen) Verfahren abgeschlossener Vergleich (= Prozessvergleich) die notarielle

---

[70] Palandt/WEIDENKAFF, 67. A. 2008, § 518 Rn. 2.

Beurkundung (§ 127a). Bei Nichtbeachtung der Form: Nichtigkeit des Rechtsgeschäfts (§ 125 S. 1)! Zu beachten ist die Möglichkeit der Heilung gem. § 311b I 2, falls Auflassung *und* Eintragung in das Grundbuch erfolgen (=Ausnahme von § 141 I, wonach es grds. einer (formgerechten) Neuvornahme bedarf).

3. Der Formmangel könnte aber nach **§ 311 b I 2** geheilt worden sein. Dies setzt voraus, dass Auflassung und Eintragung in das Grundbuch erfolgt sind.

Hinweis: Die Übertragung des Eigentums an einem Grundstück setzt nach § 873 I die dingliche Einigung der Beteiligten und die Eintragung des Erwerbers in das Grundbuch voraus. Die dingliche Einigung wird als Auflassung bezeichnet und muss nach § 925 I vor dem Notar erklärt werden. Die Eintragung in das Grundbuch tritt an die Stelle der Übergabe bei beweglichen Sachen (§ 929 S. 1) und dient der Publizität des Rechtserwerbs.

Die Auflassung (§ 925) setzt zwei auf den Eigentumsübergang gerichtete übereinstimmende Willenserklärungen voraus. Da B ohne Einwilligung seiner Eltern handelte, ist seine Erklärung nach § 107 nur wirksam, wenn sie für ihn lediglich rechtlich vorteilhaft ist. Dies erscheint hier fraglich, da der als solcher grundsätzlich vorteilhafte Eigentumserwerb an dem Grundstück mit der Pflicht zur Zahlung von Grundsteuer verbunden ist.

Öffentliche Lasten sind aber keine Rechtsfolgen des Erwerbsakts, sondern eine inhaltliche Beschränkung des Eigentums kraft öffentlichen Rechts.[71] Sie sind nicht mit dem Erwerb, sondern mit der Eigentümerposition als solcher verbunden. Außerdem gefährden sie nicht das sonstige Vermögen des Minderjährigen, sondern sind aus dem Wert (Substanz und Erträge) des Grundstücks zu erbringen und gehen über diesen nicht hinaus.[72]

Die Grundsteuerpflicht ist daher keine relevante Verpflichtung des Minderjährigen, sondern lediglich eine Beschränkung des erworbenen Eigentums. Der Eigentumserwerb ist somit lediglich rechtlich vorteilhaft, so dass B nach § 107 ohne die Einwilligung seines gesetzlichen Vertreters handeln konnte.

Die Auflassung ist folglich wirksam; von der Einhaltung der notariellen Form des § 925 ist auszugehen.

---

[71] MüKo/SCHMITT, 5. A. 2006, § 107 Rn. 39.

[72] MUSIELAK, Grundkurs BGB, 10. A. 2007, Rn. 298.

> **Hinweis für die Klausurbearbeitung:** Von der Einhaltung von Formerfordernissen ist als Normalfall auszugehen, wenn der Sachverhalt dazu keine Angaben enthält.

B ist auch in das Grundbuch eingetragen worden. Der Formmangel wurde daher nach § 311b I 2 geheilt.

III. Ergebnis zu A.

Der Schenkungsvertrag zwischen S und B ist wirksam zustande gekommen.

> **Anmerkung:** Ist der der Übereignung zugrunde liegende Schenkungsvertrag rechtlich nachteilig und deshalb nach §§ 107, 108 I unwirksam, so ändert dies nichts daran, dass der Eigentumserwerb für den Minderjährigen grundsätzlich lediglich rechtlich vorteilhaft ist. In dem BGHZ 161, 170 zugrunde liegenden Fall war der Vertrag über die Schenkung eines Grundstücks an einen Minderjährigen wegen nachteiliger Nebenabreden einwilligungsbedürftig und deshalb unwirksam. Gleichwohl ging der BGH von der Vorteilhaftigkeit des Eigentumserwerbs aus, da das dingliche vom schuldrechtlichen Geschäft unterschieden werden muss. Die Entscheidung bestätigt des Weiteren, dass weder die Belastung mit einem Grundpfandrecht noch gewöhnliche öffentliche Lasten relevante Nachteile im Rahmen des § 107 sind.

B. Wirksamkeit der Übereignung

Die Übertragung des Eigentums an dem Grundstück setzt nach § 873 I die dingliche Einigung (Auflassung nach § 925) und die Eintragung des Erwerbers in das Grundbuch voraus. Mit Blick auf die beschränkte Geschäftsfähigkeit des B mag fraglich erscheinen, ob die Auflassung wirksam ist. B ist mit dem Erwerb des Grundstücks zur Tragung der öffentlichen Lasten, insbesondere der von den Eltern angeführten Grundsteuer, verpflichtet.

Gewöhnliche öffentliche Lasten und damit auch die Grundsteuerpflicht stellen jedoch nur eine Beschränkung des Eigentums dar. Sie sind kein im Rahmen des § 107 zu berücksichtigender Nachteil.[73] B konnte somit ohne Einwilligung des gesetzlichen Vertreters handeln (s.o.). Die Auflassung ist daher wirksam. B wurde auch in das Grundbuch eingetragen und hat demnach das Eigentum an dem Grundstück erworben.

***

---

[73] Vgl. BGHZ 161, 170.

Fall 3.6

▶ **Themen:** Schenkungsvertrag mit einem Minderjährigen; Erwerb des Eigentums an einem mit einer Hypothek belasteten Grundstück

▶ **Übersicht:** 6

Das Grundstück (vgl. o. Fall 3.5), das einen Verkehrswert von 100.000 € hat, ist mit einer Hypothek belastet, die eine Darlehensforderung des H in Höhe von 150.000 € sichert. Der Schenkungsvertrag sieht vor, dass der Schenker persönlicher Schuldner der Forderung bleibt.

Lösung

> **Vorbemerkung:** Die Hypothek (→ §§ 1113ff.) ist ein Grundpfandrecht zur Sicherung eines i.d.R. schuldrechtlichen Anspruchs. Während dieser Anspruch den Schuldner persönlich zur Erbringung einer bestimmten Leistung, i.d.R. zur Zahlung eines Geldbetrages, verpflichtet, ermöglicht die Hypothek dem Hypothekengläubiger nur, sich im Wege der Zwangsvollstreckung (§ 1147) aus dem Grundstück zu befriedigen; eine persönliche Haftung des Schuldners bewirkt sie nicht.
>
> Im Normalfall ist der Hypothekenschuldner zugleich persönlicher Schuldner, so dass der Gläubiger ihn sowohl persönlich aus der Forderung als auch dinglich durch Zwangsvollstreckung in das Grundstück in Anspruch nehmen kann. Persönlicher Schuldner und Hypothekenschuldner können aber auch, wie hier, auseinanderfallen.

Fraglich ist wiederum, ob B beim Abschluss des Schenkungsvertrages und bei der Übereignung des Grundstücks ohne Einwilligung seines gesetzlichen Vertreters handeln konnte.

I. Schenkungsvertrag

Die Annahme des auf Abschluss eines Schenkungsvertrages gerichteten Antrags ist für B rechtlich nachteilig und damit nach § 107 einwilligungsbedürftig, wenn bereits mit dem Vertrag eine Verpflichtung für den Minderjährigen verbunden ist. Der Schenkungsvertrag sieht die Übernahme der durch die Hypothek gesicherten Forderung durch den Beschenkten aber gerade nicht vor. B geht durch den Vertrag daher noch keine Verpflichtung ein, sondern erwirbt nur einen Anspruch auf Übereignung des Grundstücks. Ungeachtet der auf dem Grundstück lastenden

Hypothek konnte B den Schenkungsvertrag ohne Einwilligung des gesetzlichen Vertreters abschließen.

II. Übereignung

1. Der Eigentumserwerb am Grundstück könnte für B rechtlich nachteilig sein, da mit ihm auch die Belastung mit der Hypothek auf den Erwerber übergeht, denn aus der Hypothek haftet immer der jeweilige Eigentümer. Der rechtliche Nachteil, der das Einwilligungserfordernis des § 107 auslösen könnte, könnte in der Pflicht des B zu sehen sein, bei Fälligkeit der durch die Hypothek gesicherten Forderung die Zwangsvollstreckung in das Grundstück durch den Gläubiger zu dulden (§ 1147). Diese Pflicht ist aber allein auf das erworbene Grundstück beschränkt: Durch die Zwangsvollstreckung kann B dieses zwar verlieren. Eine darüber hinausgehende persönliche Haftung trifft ihn aber nicht, solange er nicht zugleich persönlicher Schuldner der der Hypothek zugrunde liegenden Forderung ist. Das sonstige Vermögen des Minderjährigen wird durch die Hypothek nicht gefährdet; diese mindert lediglich den Wert des Schenkungsgegenstandes. Sie ändert daher nichts an der Vorteilhaftigkeit des Eigentumserwerbs i.S.d. § 107.[74]

Anmerkung: Nicht rechtlich nachteilig sind auch andere dingliche Belastungen des geschenkten Gegenstandes wie bspw. ein Nießbrauch (MüKo/SCHMITT, 5. A. 2006, § 107 Rn. 40).

Anders ist es, wenn mit dem Eigentumserwerb am Grundstück über dieses hinausgehende persönliche Verpflichtungen des Minderjährigen einhergehen: So kann mit dem Erwerb einer Eigentumswohnung der Eintritt in vertragliche Verpflichtungen aus der Wohnungseigentümer-gemeinschaft verbunden sein. Auch der Erwerb eines vermieteten oder verpachteten Grundstücks ist nachteilig, da der Minderjährige für die Erfüllung seiner Pflichten aus dem Miet- oder Pachtverhältnis persönlich haftet. In diesen Fällen ist daher die Einwilligung des gesetzlichen Vertreters nach § 107 erforderlich (MUSIELAK, Grundkurs BGB, 10. A. 2007, Rn. 299).

---

2. Ergebnis: B bedurfte für den Eigentumserwerb somit nicht der Einwilligung des gesetzlichen Vertreters; er ist Eigentümer des mit der Hypothek belasteten Grundstücks geworden.

***

---

[74] BGHZ 162, 137, 140; MUSIELAK, Grundkurs BGB, 10. A. 2007, Rn. 300.

§ 4. Die Anfechtung von Willenserklärungen

Fall 4.1

▶ **Themen:** Erklärungsirrtum; Teilanfechtung; Schadensersatz nach § 122 I; Widerrufsrecht bei Verbraucherverträgen

K und S wollen im Sommer 2009 gemeinsam mit zwei Kollegen eine Paddeltour auf der Ilz* unternehmen. Zu diesem Zweck soll K bei dem Online-Versandhandel V zwei Zwei-Personen-Schlauchboote zum Preis von je 29,99 € bestellen. Beim Ausfüllen des Bestellformulars auf der den Informationspflichten im elektronischen Geschäftsverkehr genügenden Website des V (auch die Vertragsbestimmungen und die AGB des V stehen zum Download zur Verfügung!) trägt K jedoch am 26.7.2009 aus Versehen in das für die Mengenangabe vorgesehene Feld die Zahl „4" ein. Trotz der sich anschließenden Aufforderung, die Angaben vor dem Absenden der Bestellung noch einmal zu über-prüfen und gegebenenfalls zu berichtigen, klickt er, da er abge-lenkt wird, auf „Senden". Die unmittelbar nach Zugang der Bestellung per E-Mail verschickte „Auftragsbestätigung", die in seiner Mailbox gespeichert wird und in der eine ordnungsgemäße Belehrung über das dem K als Verbraucher zustehende Wider-rufsrecht enthalten ist, liest er nicht.

Am 30.7.2009 erreichen ihn zwei große Pakete mit insgesamt vier Schlauchbooten. Die beigefügte Rechnung beläuft sich auf 119,96 €. K ist überrascht. Da für das Wochenende ohnehin Regen angesagt ist, ergreift er die Gelegenheit: Noch am selben Tag teilt er dem zuständigen Sachbearbeiter des V telefonisch mit, dass er sich vertippt habe, in Wirklichkeit habe er nur zwei Schlauchboote bestellen wollen; für eine ganze Flottille habe er keine Verwendung. Im Übrigen trete er wegen seines Irrtums vom gesamten Vertrag zurück.

Der Sachbearbeiter meint darauf freundlich aber bestimmt, dies sei nicht möglich. K müsse jedenfalls die tatsächlich gewünschten Boote abnehmen und im Übrigen die Portokosten für die Hin- und Rücksendung der anderen beiden Boote übernehmen. Drei

---

* Die Ilz ist ein Nebenfluss der Donau. Sie entspringt im bayerisch-böhmischen Grenzgebiet im Nationalpark Bayerischer Wald und mündet in Passau in die Donau. Wegen ihrer schwärzlichen Farbe wird die Ilz auch „schwarze Perle des Bayerischen Walds" genannt.

Wochen später sendet K dennoch alle vier (ungebrauchten) Schlauchboote kommentarlos an V zurück.

Auch sonst läuft es nicht gut für die Gruppe: Bei der ebenfalls im Internet vorgenommenen Buchung eines Mietwagens vertippt sich S und bestellt statt eines Kleinbusses gleich zehn. Kollege H meint, dies sei überhaupt kein Problem: Schließlich sei S Verbraucher, weshalb er seine Willenserklärung doch einfach widerrufen solle.

1. Kann V von K (a) Abnahme von zwei Schlauchbooten und Zahlung des Kaufpreises i.h.v. 59,98 € und (b) den Ersatz der Portokosten verlangen?

2. Ist die Rechtsauffassung des H zutreffend?

Lösung

Frage 1a: Anspruch des V gegen K auf Abnahme und Bezahlung von zwei Schlauchbooten gem. § 433 II

Fraglich ist, ob V gegen K einen Anspruch auf Abnahme und Bezahlung von zwei Schlauchbooten gem. § 433 II hat.

I. Anspruch entstanden?

Der Anspruch müsste zunächst entstanden sein. Voraussetzung dafür ist, dass zwischen K und V ein wirksamer Kaufvertrag zustande gekommen ist. Dazu sind zwei korrespondierende Willenserklärungen im Sinne der §§ 145ff. Antrag und Annahme, erforderlich.

1. Antrag

K hat gegenüber V erklärt, dass er vier Schlauchboote zum Preis von je 29,99 € bestellt. Der Inhalt einer Willenserklärung bestimmt sich nach dem objektiven Empfängerhorizont, §§ 133, 157. Die Tatsache, dass K eigentlich nur zwei Schlauchboote bestellen wollte, ist für die Bestimmung des Inhalts der Willenserklärung des K nicht relevant.[75] Aus der Sicht eines objektiven Empfängers stellt sich die E-Mail als Antrag auf Abschluss eines Vertrages über den Kauf von vier Schlauchbooten dar. Ein wirksamer, auf Abschluss

---

[75] Hierbei handelt es sich um eine Frage des Geschäftswillens, dessen Vorliegen nicht zwingende Wirksamkeitsvoraussetzung einer Willenserklärung ist.

eines Kaufvertrages über vier Schlauchboote gerichteter Antrag des K liegt somit vor.

2. Annahme

V müsste den Antrag des K angenommen haben. V hat dem K unmittelbar nach Eingang der Bestellung per E-Mail eine „Auftragsbestätigung" zugesandt. Die E-Mail ist dem K auch zugegangen. Entscheidend für den Zugang einer auf dem elektronischen Wege erklärten Willenserklärung ist nämlich lediglich, dass diese so in der Mailbox des Empfängers abrufbar gespeichert wird, dass unter gewöhnlichen Umständen mit ihrer Kenntnisnahme zu rechnen ist. Für den Fall, dass – wie hier – ein Vertrag über die Lieferung von Waren im Internet geschlossen wird, bestimmt § 312e I 2 ausdrücklich, dass eine im Internet abgegebene Bestellung als zugegangen gilt, wenn die Parteien, für die sie bestimmt sind, sie unter gewöhnlichen Umständen abrufen können.

Anmerkung: Nach § 151 S. 1 genügt die Annahme durch bloße Willensbetätigung, z.B. das Verpacken der Ware, wenn eine Annahmeerklärung gegenüber dem Antragenden nach der Verkehrssitte nicht zu erwarten ist oder der Antragende auf sie verzichtet hat. Eine derartige Verkehrssitte besteht im klassischen Versandhandel (Bestellung per Postkarte oder telefonisch).[76] Ob eine solche Verkehrssitte aber auch bei Verträgen, die im elektronischen Geschäftsverkehr geschlossen werden, besteht, muss bezweifelt werden: Im Online-Versandhandel wird heutzutage schon im Hinblick auf § 312e („Pflichten im elektronischen Geschäftsverkehr" – bitte lesen!) von einer Verkehrssitte auszugehen sein, wonach per E-Mail eine „Auftragsbestätigung" o.ä. verschickt wird, dies zumal eine solche für den Versandhändler i.d.R. praktisch keinen finanziellen oder zeitlichen Aufwand mit sich bringt.

---

3. Zwischenergebnis

Zwischen K und V ist ein Vertrag über den Kauf von vier Schlauchbooten zustande gekommen. Der Anspruch auf Zahlung des Kaufpreises ist entstanden.

II. Anspruch erloschen?

1. Infolge wirksamer Anfechtung des Antrags, § 142 I?

Der Anspruch könnte jedoch erloschen sein. Dies wäre der Fall, wenn K seine auf Abschluss des Kaufvertrags gerichtete Willens-

---

[76] Palandt/HEINRICHS, 67. A. 2008, § 151 Rn. 4.

erklärung wirksam angefochten hat, so dass damit auch der Kaufvertrag zwischen K und V gem. § 142 I von Anfang an *(ex tunc)*
nichtig ist. Eine wirksame Anfechtung erfordert einen Anfechtungsgrund und eine Anfechtungserklärung innerhalb der Anfechtungsfrist.

a) Anfechtungsgrund, § 119 I Alt. 2

aa) Als Anfechtungsgrund kommt ein Erklärungsirrtum gem.
§ 119 I Alt. 2 in Betracht. Ein Erklärungsirrtum liegt vor, wenn der
Erklärende die gewählten Erklärungszeichen gar nicht verwenden
wollte. Dies ist in erster Linie in Fällen des Versprechens und Verschreibens durch den Erklärenden der Fall. Hier wollte K eigentlich
ein Angebot auf Abschluss eines Kaufvertrages über zwei
Schlauchboote abgeben. Versehentlich verwendete er jedoch das
Erklärungszeichen „vier Schlauchboote". In dem Vertippen liegt
mithin ein Erklärungsirrtum des K gem. § 119 I Alt. 2.

Anmerkung: Bei einem Erklärungsirrtum weiß der Erklärende nicht, was
er sagt (= Verschreiben, Versprechen); dagegen gilt bei einem
Inhaltsirrtum: „Der Erklärende weiß nicht, was er damit sagt" (z.B. falsche
Vorstellung über die Bedeutung des verwendeten Fremdworts o.ä.); vgl.
MUSIELAK, Grundkurs BGB, 10. A. 2007, Rn. 332ff.

---

bb) Der Irrtum des K müsste für die Abgabe der Willenserklärung
auch ursächlich gewesen sein, § 119 I a.E.

(1) Zum einen muss der Irrtum **subjektiv erheblich** sein, d.h. es
muss anzunehmen sein, dass K die Willenserklärung bei Kenntnis
der Sachlage nicht abgegeben hätte

Beispiel: X bucht versehentlich das Hotelzimmer Nr. 35 statt Nr. 31. Ein
Erklärungsirrtum liegt vor; jedoch besteht keine Anfechtungsmöglichkeit,
wenn Zimmer Nr. 35 in jeder für den X erheblichen Hinsicht Nr. 31 entspricht.

K wollte nicht vier, sondern nur zwei Schlauchboote kaufen. Hätte
K also gewusst, dass er sich vertippt hat, so hätte er eine andere
Bestellung abgegeben.

(2) Zum anderen muss der Irrtum auch **objektiv erheblich** sein;
es muss also anzunehmen sein, dass K die Willenserklärung bei
verständiger Würdigung des Falles nicht abgegeben hätte, vgl.
§ 119 I a.E. Entscheidend ist, dass der Irrende als ein verständiger
Mensch („frei von Eigensinn, subjektiven Launen und törichten

Anschauungen") die Abgabe der Willenserklärung unterlassen hätte.[77] Ein Anfechtungsrecht besteht daher in der Regel nicht, wenn der Erklärende durch den Irrtum keinen wirtschaftlichen Nachteil erleidet.[78]

Beispiel: X bucht versehentlich das Zimmer Nr. 13 statt Nr. 31. Will X aus Aberglauben nicht in diesem Zimmer wohnen, dann ist der Erklärungsirrtum zwar subjektiv erheblich, nicht aber objektiv.

Angesichts der Anzahl von insgesamt vier Kollegen, die sich zur Paddeltour verabredet haben und angesichts des Umstandes, dass eines der bestellten Schlauchboote zwei Personen fasst, ist davon auszugehen, dass K bei verständiger Würdigung des Falles die Willenserklärung nicht abgegeben, sondern lediglich zwei Schlauchboote bestellt hätte. Der Irrtum ist also auch objektiv erheblich.

(3) Der Irrtum war folglich ursächlich für die Abgabe der Willenserklärung.

Anmerkung: Die nach § 119 I a.E. erforderliche Ursächlichkeit müsste hier nicht derart ausführlich dargestellt werden. Ist die Ursächlichkeit unproblematisch, so genügt eine kurze Feststellung à la „Es ist davon auszugehen, dass K die Bestellung bei verständiger Würdigung der Sachlage nicht abgegeben hätte, wenn er seinen Fehler bemerkt hätte. Der Irrtum war folglich auch ursächlich für die Abgabe der Willenserklärung, § 119 I a.E."

cc) Zwischenergebnis: Ein zur Anfechtung nach § 119 I Alt. 2 berechtigender Erklärungsirrtum liegt demnach auf Seiten des K vor.

b) Anfechtungserklärung, § 143 I, II

Des Weiteren bedarf es einer Anfechtungserklärung, § 143 I. Die Anfechtung ist gem. § 143 I, II gegenüber V als dem anderen Vertragsteil zu erklären. Dabei muss nicht das Wort „Anfechtung" benutzt werden. Es genügt, wenn der Anfechtende zum Ausdruck bringt, aufgrund eines Willensmangels nicht an dem Geschäft festhalten zu wollen.[79] K hat gegenüber dem zuständigen Sachbearbeiter erklärt, dass er das Geschäft wegen eines Tippfehlers

---

[77] RGZ 62, 206; BAG NJW 1991, 2723.

[78] BGH NJW 1988, 2597; Palandt/HEINRICHS/ELLENBERGER, 67. A. 2008, § 119 Rn. 31.

[79] Vgl. nur BGH NJW 1984, 2279, 2280; MüKo/BUSCHE, 5. A. 2006, § 143 Rn. 2.

nicht gelten lassen will. Die Erklärung des „Rücktritts" ist gem. §§ 133, 157 als Anfechtungserklärung auszulegen: Ein objektiver Erklärungsempfänger würde den Hinweis auf das Vertippen als Anfechtungserklärung erkennen. K hat folglich eine wirksame Anfechtungserklärung gegenüber V abgegeben.

c) Anfechtungsfrist, § 121 I 1

Dies müsste innerhalb der Anfechtungsfrist des § 121 I 1 geschehen sein. Nach § 121 I 1 ist die Anfechtung in den Fällen der §§ 119, 120 unverzüglich, d.h. ohne schuldhaftes Zögern, zu erklären nachdem der Anfechtungsberechtigte Kenntnis vom Anfechtungsgrund erlangt hat.

> **Anmerkung:** Unverzüglich bedeutet nicht „sofort"! Der Gesetzgeber billigt dem Anfechtungsberechtigten eine angemessene Überlegungsfrist zu. Soweit erforderlich, darf er vor der Anfechtung den Rat eines Rechtskundigen einholen. Was letztlich angemessen ist, beurteilt sich im Übrigen nach den Umständen des Einzelfalls, insbesondere nach Bedeutung und Komplexität des Rechtsgeschäfts. In der Regel wird eine Entscheidung innerhalb weniger Tage zumutbar sein.

Entscheidend ist demnach die Kenntnis des Umstandes, dass die Erklärung im Sinne der §§ 119, 120 irrig abgegeben worden ist. K erkannte seinen Irrtum erst, als er die Pakete des V erhielt. Sofort nachdem er seinen Irrtum erkannt hatte, rief er bei V an. Dass er bereits zuvor, nämlich bei der Lektüre der von V per E-Mail versandten „Auftragsbestätigung", von dem Anfechtungsgrund hätte Kenntnis nehmen können, ist unerheblich. Entscheidend ist grundsätzlich die tatsächliche Kenntnis. K hat die Anfechtungserklärung damit innerhalb der Frist des § 121 I 1 abgegeben.

> **Anmerkung:** Der Lauf der Anfechtungsfrist beginnt mit tatsächlicher Kenntnis des Anfechtungsberechtigten vom Anfechtungsgrund (und von der Person des Anfechtungsgegners). Fahrlässige Unkenntnis des Irrtums oder Verdachtsmomente reichen nicht aus (BGH WM 1973, 751). Verschließt der Anfechtungsberechtigte jedoch vor den sich aus den Umständen aufdrängenden Schlussfolgerungen geradezu die Augen, so ist dies mit positiver Kenntnis gleichzusetzen, MüKo/KRAMER, 5. A. 2006, § 121 Rn. 5.

d) Anfechtung des gesamten Rechtsgeschäfts ausgeschlossen wegen § 242?

Fraglich ist allerdings, welche Konsequenzen der Umstand hat, dass K bei Abgabe der Willenserklärung nicht etwa überhaupt kein

Schlauchboot kaufen wollte, sondern nur statt der tatsächlich bestellten vier Boote lediglich zwei Boote bestellen wollte. Beschränkt sich der Willensmangel auf einen abtrennbaren Teil einer Willenserklärung, so ist weitgehend anerkannt, dass sich der Erklärende nach dem Grundsatz von Treu und Glauben (§ 242) zumindest an dem wirklich gewollten Teil festhalten lassen muss.[80] Voraussetzung dafür ist, dass ein teilbares Rechtsgeschäft vorliegt, dass der Willensmangel sich auf einen Teil dieses Rechtsgeschäfts beschränkt und dass der Anfechtungsgegner sich unverzüglich bereit erklärt, die angefochtene Erklärung so gelten zu lassen, wie der Erklärende sie selbst verstanden hatte.

aa) Ein Rechtsgeschäft ist **teilbar**, wenn sich sein Inhalt derart auftrennen lässt, dass die einzelnen Teile jeweils als selbstständige Rechtsgeschäfte Bestand haben können. Das ist dann der Fall, wenn die von den Parteien zu erbringenden Leistungen teilbar sind und sich der korrespondierende Teil der Gegenleistung anhand objektiver Kriterien ermitteln lässt. Die von V zu erbringende Leistung lässt sich nach der Anzahl der zu liefernden Schlauchboote aufteilen. Die korrespondierende Gegenleistung des K, die Zahlung des Kaufpreises, lässt sich in mehrere Geldbeträge unterteilen. Die von K letztlich zu erbringende Gegenleistung ist anhand des im Internet genannten Stückpreises und damit anhand eines objektiven Kriteriums ermittelbar. Die von den Parteien zu erbringenden Leistungen sind folglich teilbar.

bb) Des Weiteren muss sich der Willensmangel auf einen Teil dieses Rechtsgeschäfts beschränken. Bei der Bestellung ging K von einem Bedarf von zwei Schlauchbooten aus. Sein Willensmangel bezieht sich daher nur auf den Kauf von zwei weiteren Schlauchbooten.

cc) Schließlich müsste sich V unverzüglich bereit erklärt haben, die angefochtene Erklärung so gelten zu lassen, wie K sie selbst verstanden hatte. Der zuständige Sachbearbeiter des V hat am Telefon ausdrücklich darauf bestanden, dass K wenigstens zwei Boote abnimmt.

dd) K muss sich daher nach dem Grundsatz von Treu und Glauben (§ 242) zumindest an dem wirklich gewollten Teil festhalten lassen. Die Wirkung der Anfechtung beschränkt sich somit auf die „überzähligen" Schlauchboote.

---

[80] Vgl. nur MEDICUS, BGB AT, 9. A. 2006, Rn. 781 m.w.N.

94

Anmerkung: Umgekehrt stellt sich die Frage, inwiefern die Anfechtung vom Anfechtenden auf einen Teil der Willenserklärung beschränkt werden kann, so dass die Nichtigkeit infolge der Anfechtung gem. § 142 I nur den angefochtenen Teil erfasst. Zur Beantwortung dieser Frage lässt sich der in § 139 genannte Rechtsgrundsatz heranziehen: § 139 regelt den Fall der Nichtigkeit eines Teils eines Rechtsgeschäfts. Zunächst kommt es also auch hier auf die Teilbarkeit des Rechtsgeschäfts an (BGH MDR 1973, 653; MüKo/Busche, 5. A. 2006, § 143 Rn. 11 m.w.N.). Was die Rechtsfolge angeht, so bestimmt § 139, dass bei Nichtigkeit eines Teils das ganze Rechtsgeschäft nichtig ist, wenn nicht anzunehmen ist, dass es auch ohne den nichtigen Teil vorgenommen sein würde, d.h. es ist auf den hypothetischen Parteiwillen abzustellen (vgl. zu dieser Fallkonstellation Eltzschig/Wenzel, Die Anfängerklausur im BGB, 3. A. 2007, 83ff.).

Beispiel: A will beim Spielwarengroßhändler B 20 Modelle des 1994 außer Dienst gestellten Zerstörers BAYERN (D 183) im Maßstab 1 : 1.250 bestellen. Er verschreibt sich jedoch und gibt auf dem Bestellformular 200 Schiffsmodelle an. A ficht seine Willenserklärung nur in Bezug auf die irrtümlich zuviel bestellten Modelle gem. §§ 142 f., 119 I Alt. 2 an.

e) Zwischenergebnis: Die Willenserklärung des K ist hinsichtlich der zwei „überzähligen" Schlauchboote gem. § 142 I nichtig. Damit ist auch der Kaufvertrag insoweit nichtig. Demnach hat V gegen K grundsätzlich nur einen Anspruch auf Zahlung des Kaufpreises für zwei Schlauchboote aus § 433 II.

Anmerkung: Auch wenn dem Verbraucher ein Widerrufsrecht nach § 312d I zusteht, so ist die widerrufliche Erklärung und damit der Vertrag zunächst gültig (Schwebezustand). Erst mit Ausübung des Widerrufs wird der Vertrag *ex nunc* in ein Rückgewährschuldverhältnis umgewandelt, Palandt/Grüneberg, 67. A. 2008, § 346 Rn. 4.

2. Befreiung von der Leistungspflicht aufgrund Widerrufs, §§ 355 I 1, 357 I 1 i.V.m. § 346 I

a) K könnte jedoch von seiner Pflicht zur Zahlung des Kaufpreises gem. §§ 355 I 1, 357 I 1 i.V.m. 346 I befreit sein,[81] falls K wirksam ein ihm nach §§ 312d I 1, 312b I zustehendes Widerrufsrecht ausgeübt hat. Bei dem in Rede stehenden Kaufvertrag handelt es sich um einen Fernabsatzvertrag (§ 312b). Daher steht dem K als Verbraucher (§ 13) gegen den Unternehmer (§ 14 I) V grundsätzlich ein Widerrufsrecht gem. §§ 312d I 1, 312b I zu.

---

[81] Mit Ausübung des Widerrufs wird der Vertrag *ex nunc* in ein Rückgewährschuldverhältnis umgewandelt; vgl. Palandt/Grüneberg, 67. A. 2008, § 346 Rn. 4.

b) Des Weiteren müsste K den Widerruf innerhalb der ihm zustehenden Frist erklärt haben.

aa) Fraglich ist zunächst, worin die Widerrufserklärung des K liegt. Die telefonische Mitteilung an V am 30.7.2009, wonach er die Boote nicht behalten möchte, genügt nicht den nach § 355 I 2 an den Widerruf zu stellenden formellen Anforderungen. Sie kann schon deshalb nicht gem. § 140 in eine Widerrufserklärung nach § 355 I 1 umgedeutet werden. Eine Widerrufserklärung gem. § 355 I 1, 2 ist daher erst in der Warenrücksendung zu erblicken.

bb) Fraglich ist, ob der Widerruf innerhalb der gesetzlichen Frist erfolgte. Die Widerrufsfrist beginnt grundsätzlich gem. § 355 II 1 mit dem Zeitpunkt, in dem der Verbraucher eine den gesetzlichen Anforderungen entsprechende Belehrung über sein Widerrufsrecht in Textform erhält (26.7.2009). Dabei wird der Tag, in den das Ereignis fällt, gemäß § 187 I nicht mitgerechnet, so dass die Frist am 27.7.2009 beginnt.

Etwas anderes könnte sich allerdings aus § 312e III 2 ergeben, demzufolge der Lauf der Widerspruchsfrist erst dann beginnt, wenn der Unternehmer seine in § 312e I 1 genannten Pflichten im elektronischen Geschäftsverkehr erfüllt hat. V hat technische Mittel zur Korrektur von Eingabefehlern zur Verfügung gestellt (§ 312e I 1 Nr. 1). Auch hat er seinen Informationspflichten nach § 3 BGB-InfoV (vgl. § 312e I 1 Nr. 2) Genüge getan. Er hat des Weiteren auf elektronischem Wege eine Auftragsbestätigung an K versandt (§ 312e I 1 Nr. 3) und schließlich standen auch die Vertragsbestimmungen und die AGB des V zum Download zur Verfügung (§ 312e I 1 Nr. 4). § 312e III 2 steht dem Fristbeginn am 27.7.2009 daher nicht entgegen.

cc) Gem. § 355 II 1 beträgt die nach §§ 187 I, 188 II zu berechnende Frist grundsätzlich zwei Wochen. Demnach wäre der Widerruf hier („drei Wochen später") verspätet. Etwas anderes könnte sich allenfalls aus § 355 II 2 ergeben, wonach ausnahmsweise dann eine Frist von einem Monat gilt, wenn die Belehrung nachträglich erfolgt ist. Die Belehrung über das Widerrufsrecht erfolgt nachträglich, wenn zwischen Vertragsschluss und Widerrufsbelehrung eine Unterbrechung des Geschehensablaufs liegt.[82]

---

[82] MüKo/MASUCH, 5. A. 2007, § 355 Rn. 54; Palandt/GRÜNEBERG, 67. A. 2008, § 355 Rn. 19; BECKER/FÖHLISCH, Von Quelle bis eBay: Reformaufarbeitung im Versandhandelsecht, NJW 2005, 3377, 3378.

Bei einem Vertragsschluss im Internet liegt dementsprechend noch keine nachträgliche Widerrufsbelehrung vor, wenn dem Verbraucher, wie hier, unmittelbar nach Vertragsschluss eine E-Mail mit einer Widerrufsbelehrung übermittelt wird.[83] Es gilt demnach die zweiwöchige Widerrufsfrist des § 355 I 2.

> **Anmerkung:** Diese Ansicht ist nicht unumstritten. So gelangen beispielsweise das KG NJW 2006, 3215, 3216 f. oder das OLG Hamburg BB 2006, 2327 f. zu dem Schluss, dass in einem solchen Fall eine nachträgliche Widerrufsbelehrung vorliegt, so dass die Monatsfrist gem. § 355 II 2 gilt. Die Widerrufsbelehrung müsse spätestens zeitgleich mit der Abgabe der auf den Vertragsschluss gerichteten Willenserklärung des Verbrauchers erfolgen. Demnach wäre der Widerruf hier fristgemäß, indes wäre damit die Prüfung des Schadensersatzanspruchs gem. § 122 I obsolet, so dass schon aus taktischen Gründen der hier vertretenen Ansicht gefolgt werden sollte.

dd) K hat den Widerruf erst drei Wochen nach Erhalt der bestellten Schlauchboote erklärt, indem er die Ware zurücksandte, § 355 I 1, 2. Der Widerruf war daher verspätet.

b) Zwischenergebnis: Der verspätete Widerruf kann den K nicht gem. §§ 357 I 1, 355 I 1 i.V.m. § 346 I von seiner Leistungspflicht nach § 433 II befreien.

III. Ergebnis

V hat gegen K einen Anspruch auf Zahlung des Kaufpreises für zwei Schlauchboote i.H.v. 59,98 € aus § 433 II.

Frage 1b: Anspruch des V gegen K auf Schadensersatz gem. § 122 I

I. K hat seine Willenserklärung gem. §§ 142 f., 119 I Alt. 2 wirksam angefochten, so dass V als der Adressat der Willenserklärung nach § 122 I den Ersatz des ihm entstandenen Schadens verlangen kann.

II. Nach § 122 I ist derjenige Schaden zu ersetzen, den der andere dadurch erleidet, dass er auf die Gültigkeit der Erklärung vertraut,

---

[83] MüKo/MASUCH, 5. A. 2007, § 355 Rn. 54 m.w.N.; Palandt/GRÜNEBERG, 67. A. 2008, § 355 Rn. 19; a.A. KG NJW 2006, 3215, 3216f.; OLG Hamburg BB 2006, 2327f.

jedoch nicht über den Betrag des Interesses hinaus, das der andere an der Gültigkeit der Erklärung hat.

Anmerkung: Der Erklärungsempfänger soll nach § 122 I so gestellt werden, als sei die mit Willensmängeln behaftete Willenserklärung niemals abgegeben worden (sog. **negatives Interesse**). Erfasst werden typischerweise Aufwendungen für den Vertragsschluss und die Durchführung des Vertrags, z.B. Porto- und Telefonkosten, Lagerkosten oder Transportkosten; ggf. auch entgangener Gewinn, falls der Erklärungsempfänger einen für ihn günstigeren Vertrag geschlossen hätte, wenn er sich nicht mit dem Anfechtenden geeinigt hätte (BGH NJW 1984, 1950; Palandt/HEINRICHS/ELLENBERGER, 67. A. 2008, § 122 Rn. 4).

Hingegen ist das **positive Interesse** nicht gem. § 122 I ersatzfähig; es dient hier lediglich zur Berechnung der oberen Grenze des nach § 122 I ersatzfähigen Vertrauensschadens („Deckelung" durch das positive Interesse): Der Anfechtungsgegner soll aus dem Willensmangel des Erklärenden und der daraus resultierenden Anfechtung keine Vorteile ziehen, da er sich ja schließlich auf das ursprünglich geschlossene Geschäft eingelassen hat, selbst wenn ein anderes Geschäft günstiger gewesen wäre.

Der Erklärungsempfänger ist also so zu stellen, als sei die angefochtene Willenserklärung niemals abgegeben worden. Hinsichtlich der überzähligen Schlauchboote hat V die Portokosten im Vertrauen auf die Gültigkeit der Willenserklärung des K aufgewendet. Hätte K nur zwei Boote bestellt, so wären die Portokosten für die Hin- bzw. Rücksendung der überzähligen Boote nicht angefallen.

III. Ergebnis: V kann daher nach § 122 I den Ersatz der Portokosten verlangen.

Frage 2

I. S und die Autovermietung haben sich auf einen Mietvertrag gem. § 535 über zehn Kleinbusse geeinigt. Nach dem oben Gesagten kann S lediglich den Mietvertrag hinsichtlich der neun überzähligen Kleinbusse wegen des ihm unterlaufenen Erklärungsirrtums nach § 119 I Alt. 2 anfechten, soweit die Autovermietung sich unverzüglich damit einverstanden erklärt bzw. verlangt, dass die angefochtene Erklärung so gelten soll, wie S sie selbst verstanden hatte. Die Nichtigkeit gem. § 142 I erstreckt sich demnach nicht auf das tatsächlich Gewollte, der insoweit abteilbare Mietvertrag über einen Kleinbus bleibt bestehen.

II. Anders als im Hinblick auf die Schlauchboote (s.o.) kommt ein Widerrufsrecht nach §§ 355 I, 312b hier jedoch selbst dann nicht in Betracht, wenn S den „Widerruf" fristgerecht erklärt. S steht ein Widerrufsrecht nach §§ 355 I, 312b nicht zu: Es fehlt an einem Fernabsatzvertrag i.S.d. § 312b I. Der sachliche Anwendungsbereich des Fernabsatzrechts ist nicht eröffnet. Ein Mietvertrag gem. § 535 ist kein Vertrag „über die Lieferung von Waren oder über die Erbringung von Dienstleistungen, einschließlich Finanzdienstleistungen".

> **Anmerkung**: Etwas anderes gilt im Falle eines Haustürgeschäftes: „Vertrag (...), der eine entgeltliche Leistung zum Gegenstand hat" (vgl. § 312 I) ist auch ein Mietvertrag.

***

Fall 4.2

▶ **Themen:** Anfechtung wegen arglistiger Täuschung; Täuschung durch Unterlassen; Verbundene Verträge

A schließt mit der PVC-GmbH einen Heimarbeitsvertrag über die Herstellung von Plastikbeuteln. Um die Arbeiten ausführen zu können, kauft A von der PVC-GmbH für 4.000 € ein Folienschweißgerät. Der Geschäftsführer (G) der PVC-GmbH verspricht ihm einen monatlichen Reingewinn von 530 € nach Abzug der Kaufpreisraten. Zur Finanzierung des Kaufpreises nimmt A bei der Teilzahlungsbank T ein Darlehen über die Kaufsumme auf. Diesen Kredit vermittelt der Kreditmakler M, der regelmäßig für die Finanzierung derartiger Geschäfte der PVC-GmbH sorgt.

Außerdem arbeitet er eng mit der Teilzahlungsbank T zusammen, deren Vertragsformulare er verwendet. Entgegen der Zusicherung des G sind die Plastiktüten unverkäuflich. Dies war zwar M, nicht aber der T bekannt. A weigert sich trotz Fälligkeit der vereinbarten Darlehenszinsen, diese an T zu zahlen.

Mit Recht?

(BGH NJW 1979, 1593)

Lösung

Ein Anspruch der T gegen A auf Zahlung der vereinbarten Zinsen könnte sich aus § 488 I 2 ergeben. Voraussetzung dafür ist ein wirksamer Gelddarlehensvertrag i.S.d. § 488 I 1.

> **Beachte**: Die Zinspflicht beginnt im Zweifel mit der Überlassung der Darlehensvaluta. Sie ist aber zur Rückerstattungspflicht nicht akzessorisch und beginnt auch ohne Erfüllung der Überlassungspflicht nach § 488 I 1 allein aufgrund des Vertrages (Palandt/WEIDENKAFF, 67. A. 2008, Rn. 20; MÜLBERT, Die Auswirkungen des Schuldrechtsmodernisierungsgesetzes im Recht des bürgerlichen Darlehensvertrags, WM 2002, 465, 470); auf die Auszahlung der Darlehensvaluta kommt es daher hier, anders als in Fall 1.1., nicht an. Die Fälligkeit der Zinsen ergibt sich in erster Linie aus der Vereinbarung der Parteien; fehlt eine solche, so gilt § 488 II.

A. Anspruch entstanden?

Ein entsprechender Darlehensvertrag i.S.d. § 488 I 1 wurde zwischen A und T geschlossen. Der Anspruch auf Zinszahlung gemäß § 488 I 2 ist damit zunächst entstanden.

B. Anspruch erloschen?

Der Anspruch auf Zinszahlung ist jedoch (rückwirkend) erloschen, wenn die Willenserklärung des A und damit der Darlehensvertrag infolge wirksamer Anfechtung gem. § 142 I nichtig ist.

I. Anfechtungserklärung

Indem A die Zahlung der Darlehenszinsen verweigert, **erklärt** er konkludent die **Anfechtung** gegenüber dem Anfechtungsgegner T als dem anderen Teil des Darlehensvertrages, § 143 I.

II. Anfechtungsgrund

Fraglich ist indes, ob ein **Anfechtungsgrund** besteht. In Betracht kommt eine Anfechtung des Darlehensvertrages wegen arglistiger Täuschung, § 123 I Alt. 1.

> **Anmerkung**: § 123 I schützt den Erklärenden vor einer unzulässigen Beeinträchtigung seiner freien Willensbetätigung (Palandt/HEINRICHS/ ELLENBERGER, 67. A. 2008, § 123 Rn. 1). Vollzieht sich die Willens*bildung* nicht frei von Täuschung oder Drohung, so stimmen zwar bei Willens*kundgabe* Wille und Erklärung zumeist überein, dennoch kann die Willenserklärung nicht als Ausfluss rechtlicher Selbstbestimmung

100

gewetet werden, weshalb der Erklärende in den Fällen des § 123 I (ausnahmsweise) wegen eines Motivirrtums anfechten kann.

1. Dazu ist zunächst eine widerrechtliche **Täuschung des A** erforderlich.

a) Täuschung ist die bewusste Vorspiegelung, Entstellung oder das Verschweigen von Tatsachen zum Zwecke der Erregung oder Aufrechterhaltung eines Irrtums.

Anmerkung: Tatsachen sind dem Beweis zugängliche Ereignisse oder Zustände der Gegenwart oder der Vergangenheit (Palandt/HEINRICHS/ ELLENBERGER, 67. A. 2008, § 123 Rn. 3); die Täuschung muss sich also auf objektiv nachprüfbare Umstände beziehen (MüKo/KRAMER, 5. A. 2006, § 123 Rn. 15). Somit ist ggf. eine Abgrenzung zu subjektiven Werturteilen ohne objektiv nachprüfbaren Gehalt vorzunehmen; wer einem Werturteil Glauben schenkt, ist nicht schutzwürdig und unterliegt bereits begriffslogisch keiner Täuschung (recht informativ zur Abgrenzung SCHMIDT, BGB AT, 5. A. 2008, 1374ff.). Die Täuschung kann sowohl durch ausdrückliches oder konkludentes aktives Tun als auch durch Unterlassen erfolgen (vgl. BGHSt 47, 1, 3 f.; Palandt/HEINRICHS/ELLENBERGER, 67. A. 2008, § 123 Rn. 3ff.).

A könnte von M getäuscht worden sein. In Betracht kommt eine **Täuschung durch Unterlassen**. Eine Täuschung durch Unterlassen verwirklicht, wer die Entstehung eines Irrtums nicht verhindert oder einen bestehenden Irrtum nicht aufklärt. M hat es unterlassen, den A über die Unverkäuflichkeit der Plastiktüten aufzuklären.

Eine Täuschung durch Unterlassen ist allerdings nur dann rechtserheblich, wenn eine **Aufklärungspflicht** besteht. Dies ist in der Regel der Fall, wenn der andere Teil nach Treu und Glauben (§ 242) unter Berücksichtigung der Verkehrssitte redlicherweise Aufklärung über den verschwiegenen Umstand auch ohne besondere Nachfrage erwarten kann.[84]

Anmerkung: Eine Aufklärungspflicht besteht vor allem in den folgenden, von der Rechtsprechung gebildeten Fallgruppen: (1.) **Fragen** des anderen Teils müssen vollständig und richtig beantwortet werden, (2.) **Besonders wichtige Umstände**, d.h. solche Umstände, die für die Willensbildung des anderen Teils offensichtlich von ausschlaggebender Bedeutung sind, (3.) **Besonderes Vertrauensverhältnis**: Die Aufklärungspflicht kann sich

---

[84] BGH NJW-RR 1991, 440.

auch aus einer durch besonderes persönliches Vertrauen geprägten Beziehung der Parteien ergeben, so z.b. bei familiärer oder persönlicher Verbundenheit, bei langjähriger vertrauensvoller Geschäftsverbindung oder im Falle eines Dauerschuldverhältnisses mit engem persönlichen Kontakt (vgl. die Fundstellen bei Palandt/HEINRICHS/ELLENBERGER, 67. A. 2008, § 123, Rn. 5 a–c).

Hier wusste M, dass die Tüten nicht verkäuflich waren. Er wusste dies nicht nur zufällig, sondern aus enger Zusammenarbeit mit der PVC-GmbH. M war auch der Kaufpreis des Folienschweißgerätes bekannt. Er wusste auch darum, dass A bereits beim Abschluss des Kaufvertrages über das Folienschweißgerät arglistig getäuscht worden ist. Durch die vorsätzliche Ausnutzung der durch diese Täuschung bei A geschaffenen Fehlvorstellungen verwirklicht M einen neuen, eigenständigen Täuschungstatbestand, der zum Abschluss des Darlehensvertrages führt.

Bei der Frage der Verkäuflichkeit handelt es sich um **besonders wichtige Umstände**, d.h. solche Umstände, die für die Willensbildung des anderen Teils offensichtlich von ausschlaggebender Bedeutung sind.

Daher konnte A nach **Treu und Glauben** Aufklärung erwarten. Indem es M unterließ, den A über die Unverkäuflichkeit der Plastiktüten aufzuklären, hat er bei diesem einen Irrtum über diesen Umstand erregt.

Merke: Täuscht nicht der Erklärungsempfänger, d.h. der Vertragspartner, selbst durch Unterlassen, so kommt es für die Aufklärungspflicht auf die Person des Täuschenden an!

b) In Ermangelung gegenteiliger Anhaltspunkte ist hier auch von der Widerrechtlichkeit der Täuschung auszugehen.

Anmerkung: Nach h.M. muss – anders als der Wortlaut des § 123 I zunächst suggerieren mag – die Täuschung auch widerrechtlich im Sinne von rechtswidrig sein (vgl. nur Palandt/HEINRICHS/ELLENBERGER, 67. A. 2008, § 123 Rn. 10). Sie ergibt sich *ipso facto* aus der arglistigen Täuschung, da diese – jedenfalls grundsätzlich – an sich schon rechtswidrig ist. Insofern wird in der Klausurlösung regelmäßig eine kurze Formulierung wie die vorstehende ausreichend sein.

Eine Ausnahme bilden die sog. unzulässigen Fragen: Hier darf der Befragte die Antwort nicht nur verweigern, er darf sogar eine unrichtige Antwort geben, um auf diese Weise seine eigenen Rechte zu wahren. Die Frage der Widerrechtlichkeit der Täuschung ist vor allem bei der

Begründung von Arbeitsverhältnissen von Bedeutung: Gestände man dem Befragten bei unzulässigen Fragen kein „Recht zur Lüge" zu, so würden sich seine Chancen, die erstrebte Anstellung zu erlangen, deutlich verringern. Angesichts dieser Zwangslage verneint die Rechtsprechung die grds. indizierte Rechtswidrigkeit z.b. bei der falschen Antwort auf die Frage nach einer etwaigen Schwangerschaft (weitere Beispiele und Rechtsprechungsübersicht bei Palandt/WEIDENKAFF, 67. A. 2008, § 611 Rn. 6 f.; vgl. auch BRAUN, Fragerecht und Auskunftspflicht – Neue Entwicklungen in Gesetzgebung und Rechtsprechung, MDR 2004, 64).

2. Dieser Irrtum war auch **kausal** für die auf Abschluss des Darlehensvertrages gerichtete Willenserklärung des A. Es ist davon auszugehen, dass A keine entsprechende Willenserklärung abgegeben hätte, wenn er um die Unverkäuflichkeit der Plastiktüten gewusst hätte.

Anmerkung: Das Erfordernis der Kausalität ist der Formulierung „durch ... bestimmt worden" zu entnehmen. Das ist zwar weniger eindeutig als in § 119 I a.E., sollte sich aber ggf. durch aufmerksame Lektüre des Gesetzestextes während der Klausurbearbeitung wieder ins Gedächtnis rufen lassen!

3. M handelte auch **arglistig**, d.h. vorsätzlich im Hinblick auf Täuschungshandlung, Irrtumserregung und Herbeiführung einer Willenserklärung des A.

Anmerkung: Arglist erfordert lediglich Vorsatz, keine Absicht. Der Handelnde muss die Unrichtigkeit seiner Angaben kennen oder für möglich halten (BGH NJW 2001, 2326). Die Kenntnis der Unrichtigkeit oder der möglichen Unrichtigkeit muss auch noch im Zeitpunkt des Vertragsschlusses bestehen (BGH a.a.O.). Bedingter Vorsatz genügt (RGZ 134, 53). Er liegt vor, wenn der Handelnde – obwohl er mit der Unrichtigkeit seiner Angaben rechnet – ins Blaue hinein unrichtige Behauptungen aufstellt (BGHZ 63, 382, 386). Eine „böse Absicht", Schädigungs- oder Bereicherungsvorsatz ist nicht erforderlich (BGH NJW 1974, 1506). Arglist ist ausgeschlossen, wenn der Handelnde nachweislich nur das Beste wollte.

4. Die Anfechtung **nach § 123 I Alt. 1 könnte jedoch gem. § 123 II ausgeschlossen sein.** Dies setzt voraus, dass M die Täuschung als Dritter verübt hat und die T als Erklärungsempfänger davon keine Kenntnis hatte und die Täuschung auch nicht kennen musste.

a) T hatte **keine Kenntnis** von der Täuschung des A durch M. T war nicht bekannt, dass die Plastiktüten unverkäuflich sind; insofern bestehen auch keine Anhaltspunkte dafür, dass T die Täuschung infolge von Fahrlässigkeit nicht kannte (=kennen musste, vgl. die Legaldefinition in § 122 II).

b) Fraglich ist jedoch, ob M im Verhältnis zu T „**Dritter**" i.S.d. § 123 II ist. Der Begriff des „Dritten" ist eng auszulegen. Er umfasst lediglich am Geschäft völlig Unbeteiligte. Dritter ist demnach nicht, wer auf der Seite des Erklärungsempfängers bzw. in dessen „**Lager**" steht, wie z.b. Vertreter, Verhandlungsgehilfen, Vermittler und andere Vertrauenspersonen, deren Verhalten sich der Erklärungsempfänger unter Billigkeitsgesichtspunkten zurechnen lassen muss.[85] Zwar wird ein Makler grundsätzlich im Interesse beider Parteien des von ihm vermittelten Vertrages tätig. Hier verwendet M jedoch Formulare der T; er arbeitet ferner eng mit ihr zusammen, so dass er im „Lager" der T steht. Daher ist M kein „Dritter" i.S.d. § 123 II. Die Anfechtung ist somit nicht gem. § 123 II ausgeschlossen.

Anmerkung: Dem Geschäftspartner wird also das Verhalten des „Nicht-Dritten" wie eigenes zugerechnet; auf die Personenverschiedenheit kommt es in diesem Fall nicht an.

---

5. Zwischenergebnis zu II: Ein Anfechtungsgrund i.S.d. § 123 I Alt. 1 ist somit gegeben.

III. Anfechtungsfrist, § 124 I

Die Anfechtung erfolgte auch innerhalb der Frist des § 124 I.

IV. Ergebnis zu A.

Der Darlehensvertrag ist somit infolge wirksamer Anfechtung gemäß § 142 I als von Anfang an nichtig anzusehen. Ein Anspruch der T auf Zinszahlung gemäß § 488 I 2 besteht nicht, A verweigert die Zahlung der Darlehenszinsen mit Recht.

C. Anspruch durchsetzbar?

Das Recht, die Zinszahlung zu verweigern, könnte sich – ohne dass es einer wirksamen Anfechtung des Darlehensvertrages bedürfte – auch aus § 359 S. 1 ergeben.

---

[85] Vgl. nur BGHZ 33, 310; BGH NJW 2003, 425.

> **Anmerkung:** § 359 S. 1 eröffnet dem Verbraucher bei verbundenen Verträgen (unter Durchbrechung des Grundsatzes von der Relativität der Schuldverhältnisse!) einen Einwendungsdurchgriff: Der Verbraucher kann sämtliche Einwendungen aus dem finanzierten Geschäft auch dem Darlehensgeber entgegenhalten. Die Vorschrift ist ein reines Verteidigungsmittel. § 359 S. 1 erfasst neben den rechtshindernden und rechtsvernichtenden Einreden auch alle rechtshemmenden Einreden (MüKo/HABERSACK, 5. A. 2007, § 359 Rn. 37).

I. Nach dem Wortlaut der Vorschrift kann nur die Rückzahlung des Darlehens verweigert werden; insoweit A die Darlehensrückzahlung dauerhaft verweigern kann, entfällt aber auch die zugehörige Zinspflicht.[86]

II. Voraussetzung eines solchen Einwendungsdurchgriffs ist, dass es sich um verbundene Verträge handelt und dass A sie als Verbraucher schloss.

> **Anmerkung:** Verbundene Verträge sind sicherlich nicht zwingend Vorlesungsstoff des ersten bzw. zweiten Semesters; es schadet aber wohl nicht, schon einmal davon gehört zu haben. Wichtig ist an dieser Stelle v.a. die Erkenntnis, dass hier ein Wegfall der Bindung an den Darlehensvertrag nach § 358 I und dessen Abwicklung gem. §§ 357 IV 1, 355 nicht in Betracht zu ziehen ist: Jedenfalls in Ermangelung entsprechender Angaben im Sachverhalt kann von der Möglichkeit eines Widerrufs (Widerrufsrecht gem. §§ 312, 312d, 485 oder § 4 FernUSG) nicht ausgegangen werden. Das gleiche gilt für einen etwaigen Widerruf des Darlehensvertrages gem. § 495 I, der über § 507 grds. auf den von dem Existenzgründer A abgeschlossenen Darlehensvertrag Anwendung findet.

1. Die Verträge sind nach § 358 III 1 verbunden, wenn das Darlehen den anderen Vertrag finanziert und wenn sie eine wirtschaftliche Einheit bilden. Dies ist – im Falle der Finanzierung durch einen Dritten – nach § 358 III 2 Var. 2 insbesondere dann der Fall, wenn sich der Darlehensgeber (T) bei der Vorbereitung oder beim Abschluss des Verbraucherdarlehensvertrages der Mitwirkung des Unternehmers (PVC-GmbH) bedient. Dazu genügt es nach der Rechtsprechung, wenn der Unternehmer den Mäkler

---

[86] Vgl. Palandt/GRÜNEBERG, 67. A. 2008, § 359 Rn. 4. Bei vorübergehenden (erhobenen) Leistungsverweigerungsrechten (z.B. wegen Nichtabnahme der Plastiktüten) werden die Zinsen m.E. jedenfalls nicht fällig; zu erwägen wäre auch ein Entfallen der Zinspflicht für die Dauer der Einrede.

(M), dessen sich der Darlehensgeber bedient, regelmäßig mit der Finanzierungsvermittlung betraut.[87] So war es hier. Die Verträge sind also verbunden. Auf die Rechtsnatur des finanzierten Vertrages kommt es nicht an, denn § 358 will diesen nur beschreiben, nicht aber definieren.[88]

2. Fraglich ist sodann, ob A Verbraucher i.S.v. § 13 ist. Dies ist nicht der Fall, wenn A gewerblich oder selbstständig handelte. Als Heimarbeiter gehört A zu den arbeitnehmerähnlichen Personen und ist mithin selbstständig gewerblich tätig[89], so dass er im Grunde als Unternehmer i.S.d. § 14 zu behandeln wäre.[90] Die Verträge wurden jedoch zur Existenzgründung geschlossen. Ob die Existenzgründung als Verbrauchergeschäft einzustufen ist, ist umstritten.[91] Jedenfalls sind aber, über den insoweit verunglückten Wortlaut des § 507 hinaus, §§ 358 f. auf Existenzgründungsdarlehen anzuwenden.[92] Es liegen mithin verbundene Verbrauchergeschäfte vor.[93]

III. A kann nach § 359 S. 1 die Leistung verweigern, wenn er – ob er den Kaufpreis bereits bezahlt hat oder nicht ist unerheblich[94] – der PVC-GmbH gegenüber eine Einwendung oder Einrede hat. Ein solches Leistungsverweigerungsrecht könnte sich sowohl aus Anfechtung wegen arglistiger Täuschung (§ 123 I Alt. 1) als auch aus Gewährleistung (§§ 437, 434) oder Garantie ergeben.

1. Ein **Anfechtungsgrund** besteht sowohl dann, wenn – wie hier – Vertreter der PVC-GmbH (nämlich G) den A getäuscht haben[95] (§ 123 I), als auch dann, wenn die Täuschung durch M bereits für

---

[87] Palandt/GRÜNEBERG, 67. A. 2008, § 358 Rn. 12 a.E.

[88] MüKo/HABERSACK, 5. A. 2007, § 359 Rn. 16.

[89] BUCHNER, Das Recht der Arbeitnehmer, der Arbeitnehmerähnlichen und der Selbständigen - jedem das Gleiche oder jedem das Seine?, NZA 1998, 1144, 1149.

[90] MüKo/MICKLITZ, 5. A. 2006, § 13 Rn. 53f., § 14 Rn. 27.

[91] Palandt/HEINRICHS/ELLENBERGER, 67. A. 2008, § 13 Rn. 3; a.A. BGH NJW 2005, 1273.

[92] Staudinger/KESSAL-WULF, Neubearb. 2005, § 507 Rn. 1. Siehe auch OLG Schleswig NJW 1988, 3024: Finanzierung der Bezugspflichten eines Franchisenehmers bei Existenzgründung ist verbundenes Verbrauchergeschäft.

[93] So auch die Vorinstanz im zu Grunde liegenden BGH-Fall (vgl. BGH NJW 1979, 1593ff.); der BGH konnte diese Frage offenlassen, da der Darlehensvertrag wirksam angefochten wurde.

[94] Vgl. die überzeugende Begründung bei Staudinger/KESSAL-WULF, Neubearb. 2005, § 359 Rn. 14.

[95] So war es auch in dem zu Grunde liegenden BGH-Fall, vgl. NJW 1979, 1593ff.

den Kauf ursächlich gewesen wäre und entweder die PVC-GmbH bzw. ihr gesetzlicher Vertreter davon wissen musste (§ 123 II 1) oder M (auch) im Verhältnis zu PVC-GmbH kein Dritter i.S.d. § 123 II 1 war. Bei verbundenen Verträgen gelten Unternehmer und Darlehensgeber wechselseitig nicht als Dritte i.S.d § 123 II 1;[96] dies muss auch für den Finanzvermittler M gelten (s.o.). Auch eine arglistige Täuschung durch M würde also den A zur Anfechtung des Kaufvertrages berechtigen, wenn sie vor dessen Abschluss erfolgte. Ab Erklärung der Anfechtung gegenüber der PVC-GmbH (§ 143 I) hätte A ein Leistungsverweigerungsrecht gegenüber T aus § 359 S. 1.

2. Gewährleistungsrechte, die den A zur Leistungsverweigerung berechtigen (insbesondere Rücktritt, § 437 Nr. 2), bestehen dann, wenn die Nichtabsetzbarkeit der Plastiktüten einen Sachmangel i.S.v. §§ 434 I 2 Nr. 1, 443 darstellt. Das ist fraglich; näher liegt es, von einer Garantie im Rahmen des Heimarbeitsvertrages auszugehen. Auch daraus resultierende Ansprüche (insbes. Schadensersatz, §§ 280f.) können nach § 273 dem Kauf- und nach § 359 dem Darlehensvertrag entgegengehalten werden, wenn Heimarbeits- und Kaufvertrag eine rechtliche Einheit bilden. Davon ist aufgrund des engen Zusammenhangs auszugehen. Ob A gegen die PVC-GmbH Garantieansprüche hat, hängt vom Inhalt des Heimarbeitsvertrages ab.

IV. All dies kann jedoch dahinstehen, da A jedenfalls den Darlehensvertrag wegen arglistiger Täuschung anfechten kann (oben A) und daher auch ohne Einwendungsdurchgriff die Zinszahlung verweigern kann.

Anmerkung I: Die Frage des Einwendungsdurchgriffs dahinstehen zu lassen, scheint zwar der von einem Gutachten erwarteten Vollständigkeit zu widersprechen, ist hier jedoch geboten, weil der Sachverhalt nicht die zur Beantwortung nötigen Informationen enthält. In einer Klausur sollte man Probleme, auf die der Aufgabensteller ersichtlich nicht abgezielt hat, allenfalls *kurz* erwähnen, etwa wie folgt: Ein Leistungsverweigerungsrecht des A könnte sich außerdem aus § 359 S. 1 ergeben, nämlich wenn A als Verbraucher (§ 13) oder Existenzgründer (§ 507) verbundene Verträge (§ 358 III) abgeschlossen hätte und ihm ein Leistungsverweigerungsrecht gegen die PVC-GmbH – nach Anfechtung wegen arglistiger Täuschung, aus Gewährleistung oder aus Garantie – zustünde.

---

[96] MüKo/HABERSACK, 5. A. 2007, § 359 Rn. 33.

Anmerkung II: § 359 S. 1 eröffnet dem Verbraucher bei verbundenen Verträgen (unter Durchbrechung des Grundsatzes von der Relativität der Schuldverhältnisse!) einen **Einwendungsdurchgriff** (Leistungsverweigerungsrecht). Die Vorschrift ist ein reines Verteidigungsmittel: Der Verbraucher kann sämtliche Einwendungen aus dem finanzierten Vertrag auch dem Darlehensgeber entgegenhalten. Der Einwendungsdurchgriff beinhaltet ausschließlich das Recht, zukünftige Leistungen zu verweigern. § 359 S. 1 gibt dem Verbraucher dagegen kein Rückforderungsrecht gegenüber dem Darlehensgeber.[97] §§ 358, 359 enthalten keine Regelung für die Rückabwicklung, falls diese nicht wegen Widerrufs, sondern wegen Nichtigkeit eines der beiden Verträge oder wegen Leistungsstörungen innerhalb des finanzierten Vertrages erforderlich wird. Nach Ansicht des BGH kann der Verbraucher vom Darlehensgeber die Rückzahlung der bereits geleisteten Raten gem. § 358 IV 3 analog verlangen (**Rückforderungsdurchgriff**, vgl. BGH NJW 2003, 2821ff. für den Fall kreditfinanzierter Fondsbeteiligungen). Demnach soll die Abwicklung der verbundenen Verträge ausschließlich zwischen Verbraucher und Kreditgeber erfolgen. Die h.Lit. folgt dem nicht: Maßgebend sollen vielmehr die für beide Verträge geltenden allgemeinen Vorschriften und §§ 812ff. sein (vgl. nur MüKo/Habersack, 5. A. 2007, § 359 Rn. 76. m.w.N.; Palandt/Grüneberg, 67. A. 2008, § 359 Rn. 5).

Anmerkung III: Für eine Anwendung des § 358 I bleibt vorliegend – wie bereits oben festgestellt – kein Raum: Zwar handelt es sich um einen Verbraucherdarlehensvertrag (§ 491). Der Sachverhalt enthält jedoch keinerlei Angaben über einen Widerruf nach § 312 (Haustürgeschäft), § 312d (Fernabsatzvertrag), § 485 (Teilzeitwohnrechtevertrag) oder § 4 FernUSG. In Ermangelung eines (wirksamen) Widerrufs nach den genannten Bestimmungen kommt die Rückabwicklung beider Verträge nach §§ 357, 346ff. daher hier nicht in Betracht.

***

Fall 4.3

▶**Themen:** Anfechtung der ausgeübten Innenvollmacht; Minderjähriger als Stellvertreter

An einem Donnerstagmorgen im Wintersemester 2008/09 liegt Jurastudent M nach einem exzessiven Ausflug in das Passauer Nachtleben mit den Kopfschmerzen seines Lebens im Bett.* Das Aufstehen und vor allem die Teilnahme am Grundkurs BGB von

---

[97] MüKo/Habersack, 5. A. 2007, § 359 Rn. 75, Palandt/Grüneberg, 67. A. 2008, § 359, Rn. 4.

* Es handelt sich nicht um einen Fall des § 105 II!

Professor W und der Besuch der LL.B.-Vorlesung von Lecturer O sind ihm unmöglich. Da M am Wochenende mit einigen Kommilitonen ins Skigebiet Hochficht fahren möchte, bittet er S, den 15-jährigen Sohn seiner Vermieterin, ihm beim Skiverleih V ein schönes Paar Ski – egal welche Marke, Hauptsache schnell! – zu mieten. Bezahlen werde er bei der Abholung der Ski am morgigen Freitag selbst. Als Höchstbetrag – es ist Monatsende... – will er dem S eine Miete von 20 € nennen, verspricht sich jedoch und nennt so einen Höchstbetrag von 50 €. S einigt sich im Namen des M mit V auf die Miete eines Paars „Race Lion" nebst Stiefeln und Stöcken für 50 €, die M am Freitagmorgen abholen soll. Als M bei V erscheint, klärt sich sein Versprecher auf. M betont, einen Höchstbetrag von 50 € habe er niemals angeben wollen. Stattdessen habe er geglaubt, S gegenüber sei von einem Höchstbetrag von 20 € die Rede gewesen. Unter Hinweis auf seinen Versprecher lehnt er jegliche Bezahlung ab. Darauf erklärt V, er hätte – was zutreffend ist – das Paar Ski am Donnerstag Nachmittag an einen anderen Kunden, der gerade dieses Modell für das Wochenende haben wollte, für 70 € vermieten können. Jetzt werde er das Paar nicht mehr los, was ebenfalls zutreffend ist. M sei daher jedenfalls zum Schadensersatz verpflichtet, und zwar in Höhe von 70 €.

V fragt nach seinen Rechten gegen M.

Lösung

A. Anspruch des V gegen M auf Zahlung der Miete für die Ski gemäß § 535 II

I. Anspruch entstanden

Der Anspruch müsste zunächst entstanden sein. Dies setzt voraus, dass V und M einen wirksamen Mietvertrag i.S.d. § 535 geschlossen haben. Ein Vertrag kommt durch eine Willenseinigung zustande. Erforderlich sind zwei korrespondierende Willenserklärungen i.S.d. §§ 145ff., Antrag und Annahme.

1. Einigung S–V

Hier haben sich S und V auf die Miete eines Paar Ski des Modells „Race Lion" für ein Wochenende zum Preis von 50 € geeinigt. M indes hat keine eigene Willenserklärung abgegeben. Die Willenserklärung des S wirkt jedoch gem. § 164 I 1 für und gegen den M, falls S als Vertreter des M gehandelt hat, §§ 164ff.

2. Wirksame Stellvertretung

a) Zunächst müsste S eine eigene Willenserklärung abgegeben haben, § 164 I 1. M bat den S lediglich, ein Paar Ski zu mieten, „egal welche Marke, Hauptsache schnell". Bei der Auswahl der Ski hatte S demnach völlige Freiheit. Er hat daher eine eigene Willenserklärung abgegeben. Dass S als 15-Jähriger lediglich beschränkt geschäftsfähig ist (§§ 2, 106), hindert die Wirksamkeit der von ihm abgegebenen Willenserklärung nicht, vgl. § 165.

b) S hat die Ski ausdrücklich im Namen des M gemietet, so dass er auch in fremdem Namen handelte, § 164 I 2.

c) Des Weiteren müsste S im Rahmen der ihm zustehenden Vertretungsmacht gehandelt haben. Indem M den S bat, für ihn ein Paar Ski anzumieten, könnte er ihm gegenüber, d.h. durch Erklärung gegenüber dem zu Bevollmächtigenden, eine entsprechende Bevollmächtigung durch Rechtsgeschäft gem. §§ 166 II 1, 167 I Alt. 1 (sog. Innenvollmacht) erteilt haben.

Fraglich ist indes, ob die empfangsbedürftige Bevollmächtigung dem minderjährigen S gem. § 131 II zugehen und damit gem. § 130 I 1 wirksam werden konnte. Dies wäre nach § 131 II 2 zu bejahen, falls die Erteilung der Vollmacht für den minderjährigen S lediglich rechtlich vorteilhaft oder zumindest rechtlich neutral ist. Durch die Bevollmächtigung erhält der Minderjährige die Möglichkeit, Rechte und Pflichten für den Vertretenen zu begründen. Von den rechtsgeschäftlichen Folgen seines Vertreterhandelns ist er dagegen nicht betroffen, vor einer Haftung schützt ihn § 179 III 2. Bei der Erteilung der Vollmacht handelt es sich daher um ein für den minderjährigen S rechtlich neutrales Geschäft, das mit der h.M. als lediglich rechtlich vorteilhaft zu behandeln ist.[98] Die Bevollmächtigung konnte daher dem minderjährigen S gem. § 131 II 2 ohne weiteres zugehen und ist mithin wirksam.

d) Zwischenergebnis: S handelte daher bei Abschluss des Mietvertrages mit Vertretungsmacht, so dass die von ihm abgegebene Willenserklärung für und gegen den M wirkt.

---

[98] Vgl. nur MüKo/EINSELE, 5. A. 2006, § 131 Rn. 5.

3. Zwischenergebnis

Ein wirksamer Mietvertrag zwischen M und V lag damit zunächst vor. Der Anspruch ist somit entstanden.

II. Anspruch erloschen

Möglicherweise ist der Anspruch jedoch erloschen. Dies wäre der Fall, wenn der Mietvertrag nichtig oder unwirksam ist.

1. Nichtigkeit des Mietvertrags infolge wirksamer Anfechtung der auf Abschluss des Vertrages gerichteten Willenserklärung

Der Mietvertrag wäre nichtig, falls die auf Abschluss des Mietvertrages gerichtete Willenserklärung des S, die dem M gem. § 164 I 1 zugerechnet wird, infolge wirksamer Anfechtung gem. § 142 I nichtig ist.

Grundsätzlich kann M als der Vertretene zwar nach § 166 I auch eine ihm zugerechnete, von Willensmängeln behaftete Willenserklärung seines Vertreters (S) anfechten. S hat seinen Willen gegenüber V jedoch fehlerfrei zum Ausdruck gebracht, so dass es insoweit an einem Anfechtungsgrund fehlt.

Die Nichtigkeit des Mietvertrages gem. § 142 I infolge wirksamer Anfechtung der auf Abschluss des Vertrages gerichteten Willenserklärung scheidet daher aus.

2. Unwirksamkeit des Mietvertrages gem. § 177 I infolge wirksamer Anfechtung der Bevollmächtigung

Möglicherweise ist der Mietvertrag jedoch gem. § 177 I unwirksam. Dies wäre der Fall, wenn S als Vertreter ohne Vertretungsmacht gehandelt hätte und M die Genehmigung des Vertrages verweigern würde.

a) „ohne Vertretungsmacht"

Wie oben gezeigt, handelte S bei Vertragsschluss zunächst mit Vertretungsmacht. Die Vertretungsmacht könnte jedoch rückwirkend entfallen sein, falls M die Bevollmächtigung wirksam angefochten hat, so dass diese gem. § 142 I von Anfang an nichtig ist.

(1) Wirksame Anfechtung der Bevollmächtigung

Anmerkung: Da es sich bei der Bevollmächtigung um eine (empfangs-bedürftige) Willenserklärung handelt, muss sie grds. auch nach den allgemeinen Regeln der §§ 119 ff. anfechtbar sein.

Einer Anfechtung bedarf es allerdings dann nicht, wenn die Vollmacht noch nicht gebraucht ist; dann genügt der (*ex nunc* wirkende) Widerruf der Vollmacht (§§ 168 S. 2, 171 II). Etwas anderes gilt nur bei un-widerruflicher Vollmacht.

Bei der Anfechtung einer ausgeübten Vollmacht ist danach zu unter-scheiden, ob es sich um eine Innen- oder um eine Außenvollmacht handelt. Im Falle einer ausgeübten Außenvollmacht ergeben sich keine Besonderheiten; richtiger Anfechtungsgegner nach § 143 III 1 ist der Geschäftsgegner (zum Meinungsstreit hinsichtlich des richtigen Anfech-tungsgegners bei einer gebrauchten Innenvollmacht vgl. u.).

Dagegen ist bei der Anfechtung einer ausgeübten Innenvollmacht problematisch, dass durch die Anfechtung zum einen die **Interessen des Vertreters** berührt werden; er wird der Haftung gem. § 179 I ausgesetzt, da die Anfechtungserklärung des Geschäftsherrn (Vertretenen) zugleich die Verweigerung der Genehmigung nach § 177 I bedeutet. Zwar hat der Vertreter dann gegen den Geschäftsherrn einen Anspruch auf Freistellung gem. § 122 I (falls er den Mangel der Bevollmächtigung nicht gekannt hat, § 122 II); ihn trifft aber das Risiko der Vermögenslosigkeit des Geschäfts-herrn – in diesem Fall bliebe letztlich der Vertreter auf dem Schaden sitzen...

Zum anderen sind die **Interessen des Geschäftspartners** betroffen: Dieser muss sich nun nach § 179 an den *falsus procurator* halten. Bei Vermögenslosigkeit des Vertreters oder falls dieser beschränkt geschäfts-fähig ist und nicht mit der Zustimmung seines gesetzlichen Vertreters gehandelt hat (§ 179 III 2) geht wiederum der Geschäftspartner leer aus.

Deshalb wird die Anfechtung der ausgeübten Vollmacht teilweise grundsätzlich abgelehnt (BROX/WALKER, BGB AT, 32. A., 2008, Rn. 574; BROX, Die Anfechtung bei der Stellvertretung, JA 1980, 449 ff.; PRÖLSS, Vertretung ohne Vertretungsmacht, JuS 1985, 577, 582).

Mit der h.M. ist jedoch davon auszugehen, dass die Anfechtung grds. möglich ist. Die Bevollmächtigung stellt ein vom Vertretergeschäft getrenntes Rechtsgeschäft dar, das bei Vorliegen eines Irrtums selbst-ständig angefochten werden kann (vgl. nur BORK, BGB AT, 2. A, 2006, Rn. 1474ff.; LARENZ/WOLF, 9. A., 2004, § 47 Rn. 35; Palandt/HEINRICHS, 67. A., 2008, § 167 Rn. 3, MüKo/SCHRAMM, 5. A., 2006, § 167, Rn. 110 m.w.N.).

Eine wirksame Anfechtung erfordert einen Anfechtungsgrund und eine Anfechtungserklärung innerhalb der Anfechtungsfrist.

112

(a) Anfechtungsgrund, § 119 I Alt. 2

Als Anfechtungsgrund kommt ein Erklärungsirrtum i.S.d. § 119 I Alt. 2 in Betracht. Ein Erklärungsirrtum liegt vor, wenn der Erklärende die gewählten Erklärungszeichen gar nicht verwenden wollte. Dies ist in erster Linie in den Fällen des Versprechens und Verschreibens durch den Erklärenden gegeben. Hier wollte M den S nur zum Abschluss eines Mietvertrages bevollmächtigen, aus dem er höchstens zu einer Mietzahlung i.h.v. 20 € verpflichtet ist. Infolge eines Versprechers nannte er jedoch einen Höchstbetrag von 50 €. Der Irrtum über den Inhalt des Erklärten war auch ursächlich für die Abgabe der Willenserklärung (§ 119 I a.E.), so dass ein zur Anfechtung berechtigender Erklärungsirrtum gem. § 119 I Alt. 2 vorliegt.

(b) Anfechtungserklärung, § 143

Des Weiteren bedarf es einer Anfechtungserklärung, § 143 I. Dabei muss nicht das Wort „Anfechtung" benutzt werden. Es genügt, wenn der Anfechtende zum Ausdruck bringt, aufgrund eines Willensmangels nicht an dem Geschäft festhalten zu wollen.[99] Indem M unter Hinweis auf seinen Versprecher jegliche Zahlung verweigert, erklärt er konkludent, dass er das Rechtsgeschäft aufgrund seines Irrtums nicht gelten lassen will, §§ 133, 157.

(aa) Problematisch ist jedoch, auf welche Willenserklärung sich die Anfechtungserklärung bezieht. Zwar erklärt M die Anfechtung gegenüber V. Diesem gegenüber hat er jedoch selbst keine Willenserklärung abgegeben. Da S seinen Willen gegenüber V fehlerfrei zum Ausdruck gebracht hat (vgl. o.), kommt die Anfechtung der dem M gemäß § 164 I 1 zugerechneten Willenserklärung des S nicht in Frage. Als anfechtbare Willenserklärung kommt somit nur die aufgrund des Erklärungsirrtums fehlerhafte Bevollmächtigung des S in Betracht.

Im Rahmen der nach §§ 133, 157 angezeigten Auslegung der Anfechtungserklärung gelangt man daher zu dem Schluss, dass sich die Anfechtung auf die gegenüber S erklärte Bevollmächtigung bezieht.

(bb) Fraglich ist jedoch, ob V insoweit der richtige Anfechtungsgegner i.S.d. § 143 II ist. Bei einem Vertrag ist die Anfechtung

---

[99] Vgl. nur BGH NJW 1984, 2279, 2280; MüKo/BUSCHE, 5. A. 2006, § 143 Rn. 2.

gem. § 143 II gegenüber dem anderen Vertragsteil zu erklären. Anders dagegen bei einem einseitigen Rechtsgeschäft, das gegenüber einem anderen vorzunehmen war, wie der Bevollmächtigung: Dort ist nach § 143 III 1 „der andere" der richtige Anfechtungsgegner. Da sich M bei der Bevollmächtigung des S geirrt hat, wäre die Anfechtung nach § 143 III 1 im Grunde diesem gegenüber zu erklären.

Zu bedenken ist allerdings, dass M mit der Anfechtung der Innenvollmacht letztlich auf die Beseitigung der Bindungswirkung der von S gegenüber V abgegebenen Willenserklärung abzielt, d.h. materiell will M das Vertretergeschäft angreifen.

Nicht zuletzt vor diesem Hintergrund ist die Frage, wem gegenüber im Falle einer gebrauchten Innenvollmacht die Anfechtung zu erklären ist, sehr umstritten:

(α) Nach **einer Ansicht**[100] ist der Wortlaut des § 143 III 1 streng zu beachten; für das Erfordernis einer Anfechtung der ausgeübten Innenvollmacht (zumindest auch) gegenüber dem Geschäftsgegner bestehe angesichts fehlender besonderer Vertrauenstatbestände kein hinreichender Grund. Eine „Manipulation am gesetzlichen Ausgleichssystem" sei daher nicht veranlasst.[101]

(β) Eine **andere Ansicht** in der Literatur[102] will den Wortlaut des § 143 III 1 so verstehen, dass die bei Vollmachtserteilung gem. § 167 I bestehende Wahlmöglichkeit – unabhängig davon, wem gegenüber die Vollmacht erteilt wurde – auch für die Person des Anfechtungsgegners bestehe. Demnach bestünde ein Wahlrecht des Anfechtenden hinsichtlich des Anfechtungsgegners.

(γ) Gegen die vorstehenden Ansichten ist jedoch mit der **herrschenden Meinung**[103] einzuwenden, dass, falls es einzig

---

[100] BORK, BGB AT, 2. A., 2006, Rn. 1479; MüKo/SCHRAMM, 5. A., 2006, § 167, Rn. 111. Allerdings soll dem Geschäftsgegner neben seinem Anspruch gegen den vollmachtlosen Vertreter ein Anspruch nach § 122 I analog gegen den Geschäftsherrn zustehen; Vertreter und Geschäftsherr sollen als Gesamtschuldner nebeneinander haften. Dies wäre jedoch eine durch nichts zu rechtfertigende Besserstellung des Geschäftsgegners.

[101] BORK, BGB AT, 2. A., 2006, Rn. 1479.

[102] JAUERNIG, 12. Auflage 2007, § 167 Rn. 11.

[103] Vgl. FLUME AT II, 4. A. 1992, § 52, 5c; HOHLOCH, „Die Dalí-Grafik", JuS 1978, 37 ff.; HÜBNER, AT, 2. A., 1996, Rn. 1248 f.; LEIPOLD, BGB AT, 5. A, 2008, § 24 Rn. 38f.; LIPP, Die beschränkt geschäftsfähige Stellvertreterin (Hausarbeit), JuS 2000, 267; MEDICUS, Bürgerliches Recht, 21. A., 2007, Rn. 96; ders., BGB AT, 9. A.,

zulässig oder aber ausreichend wäre, gegenüber dem Vertreter die Anfechtung zu erklären, der Geschäftsgegner seines bereits entstandenen Anspruchs gegen den Vertretenen entzogen wäre, ohne dass er davon Kenntnis erlangt hätte. Auch wäre es unbillig, den Geschäftsgegner auf den Anspruch aus § 179 II gegen den Vertreter zu verweisen, da dem Geschäftsgegner somit das Risiko der Mittellosigkeit des Vertretenen aufgebürdet würde; auch ginge er in den Fällen des § 179 III 2 leer aus. Deshalb ist dem Geschäftsgegner in analoger Anwendung des § 143 IV ein direkter Anspruch gegen den Vertretenen aus § 122 I (analog) zuzugestehen. Um diesen zu gewährleisten, ist die Anfechtung auch im Falle einer Innenvollmacht, falls diese bereits ausgeübt worden ist, gegenüber dem Geschäftsgegner zu erklären.

Anmerkung: Die ausgeübte Innenvollmacht wird nach der hier vertretenen Ansicht (sehr str.) hinsichtlich der Anfechtung mit der Außenvollmacht, die in jedem Fall – ausgeübt oder nicht – gegenüber dem Geschäftspartner anzufechten ist (§ 143 III 1), gleichgestellt. Das System des § 143 II–IV wird im Interesse einer interessengerechten Lösung in zulässiger Weise durchbrochen.

(δ) Zwischenergebnis zu (b): Ist demnach bei einer ausgeübten Innenvollmacht der Vertragspartner, hier also V, der richtige Anfechtungsgegner, so hat M die Anfechtung gegenüber dem richtigen Anfechtungsgegner erklärt.

(cc) Zwischenergebnis zu (b): Die erforderliche Anfechtungserklärung gegenüber dem richtigen Anfechtungsgegner liegt vor.

(c) Anfechtungsfrist, § 121 I 1

Die Anfechtung erfolgte schließlich auch innerhalb der in den Fällen der §§ 119, 120 zu beachtenden Frist des § 121 I 1: M hat die Anfechtung sofort, nachdem er Kenntnis vom Anfechtungsgrund erlangt hat, und damit jedenfalls unverzüglich i.S.d. § 121 I 1 erklärt.

2006, Rn. 945; RÜTHERS/STADLER, BGB AT, 15. A., 2007, § 30 Rn. 31. Nach LARENZ/WOLF, 9. A., 2004, § 47 Rn. 36 soll es gleich sein, wem gegenüber die Vollmacht angefochten werde. Nach PETERSEN, Die Anfechtung der ausgeübten Innenvollmacht, AcP 201 (2001) 375 ff. soll die Anfechtung sowohl an den Vertreter als auch an den Dritten gerichtet werden müssen; für den Dritten soll dabei auch eine Mitteilung ausreichend sein; ebenso SCHWARZE, Die Anfechtung der ausgeübten (Innen-)Vollmacht, JZ 2004, 588 ff., KÖHLER, BGB AT, 32. A., 2008, § 11, Rn. 28.

(d) Zwischenergebnis zu (1): M hat die dem S gegenüber erklärte Bevollmächtigung wirksam angefochten. Die Vollmacht ist somit gem. § 142 I von Anfang an *(ex tunc)* nichtig.

(2) Zwischenergebnis zu a): Infolge der Rückwirkung der Anfechtung handelte S als Vertreter ohne Vertretungsmacht, so dass die Wirksamkeit seiner Erklärung gem. § 177 I von der Genehmigung des Vertretenen, hier also des M, abhängt.

b) Keine Genehmigung, § 177 I

Indem M die Entgegennahme der Ski verweigert und jegliche Bezahlung ablehnt, erklärt er nicht nur die Anfechtung (vgl.o.), sondern er verweigert zugleich auch die Genehmigung i.S.d. § 177 I.

c) Zwischenergebnis zu 2.

Der Mietvertrag ist damit gem. § 177 I unwirksam.

3. Zwischenergebnis zu II.

Der Anspruch des V gegen M auf Zahlung der Miete i.h.v. 50 € gemäß § 535 II ist erloschen.

III. Ergebnis zu A.

V kann von M nicht die Zahlung der Miete i.h.v. 50 € verlangen.

B. Anspruch des V gegen M auf Zahlung von Schadensersatz gemäß § 122 I

In den Fällen einer Anfechtung nach §§ 142 f., 119 I Alt. 2 ist der Anfechtende, wenn die Erklärung einem anderen gegenüber anzugeben war, diesem nach § 122 I zum Schadensersatz verpflichtet.

I. Inhaber des Anspruchs nach § 122 I

Problematisch ist im Falle der Anfechtung einer gebrauchten Innenvollmacht gegenüber dem Vertragspartner jedoch, wer als „Adressat" der Willenserklärung anzusehen ist. Hält man sich streng an den Wortlaut des § 122 I, so wäre dies der Bevollmächtigte, hier also S. Mit der h.M., nach der die Anfechtung gegenüber dem Geschäftsgegner zu erklären ist, muss jedoch diesem in analoger Anwendung des § 143 IV auch ein direkter Anspruch gegen den Vertretenen aus § 122 I zustehen.

Dieses Ergebnis fügt sich im Übrigen auch in das Ersatzsystem des § 179 ein: Zwar steht dem Grundsatz nach dem Vertragspartner ein Anspruch gem. § 179 I gegen den vollmachtslosem Vertreter zu, diesem wiederum nach § 122 I ein Regressanspruch gegenüber dem Vertretenen. Hier besteht jedoch die Besonderheit, dass diese Anspruchskette „über das Dreieck" wegen § 179 III 2 versperrt ist. Deshalb ist es – trotz § 179 – allein interessengerecht, in V den Anspruchsinhaber zu sehen.

II. Höhe des Anspruchs

Nach § 122 I ist dem Anfechtungsgegner (hier also mit der h.M. dem V) derjenige Schaden zu ersetzen, der diesem dadurch entstanden ist, dass er auf die Gültigkeit der Willenserklärung vertraut hat (negatives Interesse), jedoch nicht über den Betrag des Interesses hinaus, das der andere an der Gültigkeit der Erklärung hat (positives Interesse).

Hätte S nicht im Namen des M erklärt, dass er die Ski für 50 € mietet, so hätte V die Ski am Donnerstagnachmittag für 70 € anderweitig vermieten können. Das negative Interesse beträgt demnach 70 €.

Der Gläubiger ist jedoch bestenfalls so zu stellen, wie er stünde, wenn die angefochtene Erklärung gültig gewesen wäre. In diesem Fall hätte V durch die Vermietung der Ski Mieteinnahmen i.h.v. 50 € gehabt. Der gem. § 122 I ersatzfähige Schaden des V ist demnach auf 50 € begrenzt.

III. Ergebnis zu B.

V kann von M lediglich Schadensersatz i.h.v. 50 € aus § 122 I verlangen.

***

§ 5. Vermischtes (Fälle für das 2. Semester)

Fall 5

▶ **Themen:** Rechtsscheinvollmacht; Haftung des Vertreters ohne Vertretungsmacht; Anfechtung der Willenserklärung des Vertreters; Verschulden bei Vertragsverhandlungen

Sonderbar (S) – eher ein gerissener Verhandlungsstratege als ein Kunstkenner – verkauft des Öfteren Gemälde im Auftrag des Kunsthändlers Vunderbar (V). Zu diesem Zweck hat V dem S eine Urkunde ausgehändigt, in der er diesen zum Bilderverkauf ermächtigt. Nach einer recht unschönen Kontroverse zwischen den Beiden lässt sich V die Urkunde zurückgeben und verschließt sie in seinem Schreibtisch. S soll in Zukunft keine Bilder mehr für ihn verkaufen.

S sinnt auf Rache. Als sich V für einige Wochen im Urlaub befindet, öffnet er mit einem Messer den Schreibtisch des V und nimmt die Vollmachtsurkunde an sich. Dann hängt er im Büro des V dessen Lieblingsbild von der Wand, um es zum tatsächlichen Wert – S will dem V keinen finanziellen Schaden zufügen – zu verkaufen.

Auf eine Zeitungsannonce findet S in dem reichen und schönen Künstlich (K) einen Kaufinteressenten, der den Kauf von Bildern als Imagepflege betreibt, von Kunst jedoch keine Ahnung hat. Zu dem Treffen mit S am 27.4.2009 bringt K daher einen Freund, den Kunstsachverständigen Felix U.N. Fehlbar (F), mit, der das Bild begutachten und die Verhandlungen führen soll.

Nach näherer Begutachtung äußert F, dass es sich um ein Bild von Simson Goldberg, einem Schüler des berühmten Malers Max Liebermann von ca. 1920 handele. Der Wert des Gemäldes sei mit rund 14.000 € anzusetzen. In Wahrheit stammt das Bild jedoch aus der Hand von Liebermann selbst und hat einen Wert von 40.000 €. Dies wissen weder S noch K. Anders dagegen F, der seinem Freund K das Bild günstig verschaffen will und deshalb wider besseres Wissen behauptet, das Bild stamme von Goldberg. S bezweifelt die Richtigkeit der Aussage des F nicht und schließt unter Vorlage der Vollmachtsurkunde im Namen des V mit K einen Kaufvertrag über das Bild zum Preis von 14.000 €. Die Abwicklung des Kaufvertrags soll am 30.4.2009 erfolgen, da K erst noch das

Geld besorgen muss.

Als V am 29.4.2009 wegen einer Erkrankung vorzeitig aus dem Urlaub kommt, klärt sich der wahre Sachverhalt auf. V ist empört und möchte mit alledem nichts zu tun haben. Dennoch verlangt K von V Übergabe und Übereignung des Bildes Zug um Zug gegen Zahlung von 14.000 €. Für den Fall, dass er damit erfolglos bleiben sollte, verlangt er von S Ersatz seines Schadens i.H.v. 1.700 €. K hat nämlich dem F nach Abschluss des Kaufvertrages ein Beratungshonorar i.H.v. 1.000 € gezahlt und sich außerdem einen Rahmen für das Bild für weitere 700 € anfertigen lassen. Für den Rahmen hat er keine Verwendung, falls er das Bild nicht erhält. S ficht seine Erklärung gegenüber K mit der Begründung an, dass F ihn betrogen habe, weshalb er die Sache als erledigt ansehe.

Bestehen die geltend gemachten Ansprüche des K gegen V bzw. S?

Lösung

A. Anspruch des K gegen V gem. § 433 I 1 auf Übergabe und Übereignung des Bildes

Voraussetzung dafür ist zunächst, dass zwischen K und V ein wirksamer Kaufvertrag zustande gekommen ist. Dies erfordert zwei korrespondierende Willenserklärungen im Sinne der §§ 145ff. Antrag und Annahme.

I. K und S haben sich auf den Verkauf des Bildes geeinigt; V selbst hat jedoch keine Willenserklärung abgegeben.

II. Die Willenserklärung des S wirkt jedoch gem. § 164 I 1 für und gegen V, wenn S ihn bei Abschluss des Kaufvertrages wirksam vertreten hat, §§ 164ff.

1. S hat eine eigene Willenserklärung abgegeben und nicht lediglich eine fremde übermittelt.

2. Dies geschah auch im Namen des V, mithin in fremdem Namen, § 164 I 2.

3. Darüber hinaus müsste S mit Vertretungsmacht gehandelt haben.[104]

---

[104] Vgl. zur vorliegenden Fallproblematik BGH NJW 2002, 2325 = JuS 2002, 1123.

a) Zunächst hat V den S rechtgeschäftlich zur Vertretung ermächtigt, § 167 I Alt.1. Die Vertretungsmacht ist jedoch infolge des Widerrufs (§ 168 S. 2) erloschen.

b) Die Vertretungsmacht könnte sich daher allenfalls aus dem Rechtsschein einer Vollmacht ergeben.

aa) Zu denken ist an einen gesetzlichen Rechtsscheinstatbestand nach § 172 I, II. § 172 II schützt das Vertrauen des Geschäftsgegners auf den Fortbestand der Vollmacht, wenn der Vertreter dem Geschäftsgegner eine ihm vom Geschäftsherrn willentlich ausgehändigte Urkunde vorlegt, obwohl die Vollmacht widerrufen worden ist.[105]

(1) S hat dem K die Vollmachtsurkunde vorgelegt. Diese ist ihm jedoch nicht von V willentlich ausgehändigt worden, sondern S hat sie sich eigenmächtig verschafft.

(2) Fraglich ist, ob im Falle einer abhanden gekommenen Vollmachtsurkunde § 172 I analog anzuwenden ist. Dagegen spricht jedoch der eindeutige Wortlaut des § 172 I, der den Rechtsschein an die Aushändigung und damit an eine bewusste Handlung des Vertretenen knüpft.[106] Außerdem steht die Wertung des § 935 entgegen, der den Eigentümer einer abhanden gekommenen Sache schützt.

(3) Ein gesetzlicher Rechtsscheinstatbestand nach § 172 I, II kommt daher nicht in Betracht.

bb) Eine **Duldungsvollmacht** scheidet bereits mangels Kenntnis des V vom Handeln des S aus.[107]

Anmerkung: Von einer Duldungsvollmacht spricht man, wenn der Vertretene es wissentlich geschehen lässt, dass ein anderer für ihn (wiederholt) wie ein Vertreter auftritt und der Geschäftsgegner dieses Dulden nach Treu und Glauben dahin versteht, und auch verstehen darf, dass der als Vertreter Handelnde bevollmächtigt ist (BGH NJW-RR 2004, 1275, 1277). Umstritten ist, ob in der Duldungsvollmacht ein gesetzlich nicht geregelter Fall der Rechtsscheinsvollmacht oder aber eine konkludente Vollmachterteilung zu sehen ist.

---

[105] Palandt/HEINRICHS, 67. A. 2008, § 172 Rn. 3.

[106] BGHZ 65, 13; KÖHLER, BGB AT, 32. A. 2008, § 6 Rn. 12; Palandt/HEINRICHS, 67. A. 2008, § 172 Rn. 2; SCHMIDT, BGB AT, 5. A. 2008, Rn. 327.

[107] Zu den Voraussetzungen der Duldungsvollmacht vgl. BGH NJW-RR 2004, 1275, 1277; Palandt/HEINRICHS, 67. A. 2008, § 172 Rn. 8.

120

cc) Auch eine **Anscheinsvollmacht** kommt nicht in Betracht. Aufgrund ordnungsgemäßer Verwahrung der Urkunde im verschlossenen Schreibtisch ist V ein eventuell gegebener Rechtsscheinstatbestand jedenfalls nicht zurechenbar. Im Übrigen ist S ausweislich des Sachverhalts nur einmal als Vertreter aufgetreten.[108].

> **Anmerkung**: Eine Anscheinsvollmacht liegt nach h.M. vor, wenn der Vertretene das Handeln des Scheinvertreters nicht kennt, er es aber bei pflichtgemäßer Sorgfalt hätte erkennen und verhindern können und der andere Teil nach Treu und Glauben annehmen durfte, der Vertretene dulde und billige das Verhalten des Vertreters, vgl. BGH NJW 1998, 1854, Palandt/HEINRICHS, 67. A. 2008, § 172 Rn. 11. Allerdings ist umstritten, ob sich aus einem solchen Sorgfaltsverstoß eine Vollmacht ergeben kann, oder ob lediglich eine Vertrauenshaftung nach §§ 280 I, 241 II, 311 II *(culpa in contrahendo)* in Betracht kommt. Auf diesen Streit kommt es jedoch nicht an, wenn die Voraussetzungen eines solchen Sorgfaltsverstoßes nicht vorliegen. Eine Anscheinsvollmacht erfordert zunächst das Vorliegen eines objektiven Rechtsscheinstatbestandes, der gegeben ist, wenn ein Verhalten des Vertretenen den objektiven Schluss auf eine Bevollmächtigung des „Vertreters" zulässt. Ob ein solches Verhalten des V vorliegt, kann vorliegend ebenfalls dahinstehen, da wegen der ordnungsgemäßen Verwahrung der Urkunde in dem verschlossenen Schreibtisch dem V ein eventuell gegebener Rechtsscheinstatbestand jedenfalls nicht zurechenbar ist.

c) Zwischenergebnis zu 3.: S handelte somit ohne die erforderliche Vertretungsmacht.

4. Zwischenergebnis zu II: Damit hängt die Wirksamkeit des Vertrages für und gegen V gemäß § 177 I von dessen Genehmigung ab. In der Weigerung, das Bild zu übereignen, liegt gleichzeitig die konkludente Verweigerung der Genehmigung, so dass der Kaufvertrag endgültig unwirksam ist.

III. Ergebnis

K hat gegen V keinen Anspruch auf Übergabe und Übereignung des Bildes aus § 433 I 1.

---

[108] Zum Erfordernis des wiederholten Auftretens BGH NJW 1998, 1854; Palandt/HEINRICHS, 67. A. 2008, § 172 Rn. 11.

B. Anspruch des K gegen S auf Schadensersatz i.H.v. 1.700 € gem. § 179 I

Vorbemerkung: § 179 begründet eine verschuldensunabhängige gesetzliche Garantiehaftung. Ihr liegt der Gedanke zugrunde, dass der Vertreter ohne Vertretungsmacht Vertrauen veranlasst und enttäuscht (BGHZ 39, 51; NJW-RR 2005, 268; Palandt/HEINRICHS, 67. A. 2008, § 179 Rn. 1). Der Vertreter ohne Vertretungsmacht haftet nach Wahl des Geschäftsgegners auf Erfüllung oder Schadensersatz. Die Wahl der Erfüllung macht den Vertreter indes nicht zum Vertragspartner, sie gibt ihm nur tatsächlich dessen Stellung; er kann kraft Gesetzes, nicht aber aus dem Vertrag Erfüllung verlangen und hat die Einrede aus § 320 und die Rechte aus § 323ff. Es wird also ein gesetzliches Schuldverhältnis begründet, dessen Inhalt durch den an sich unwirksamen Vertrag bestimmt wird, vgl. MüKo/SCHRAMM, 5. A. 2006, § 179 Rn. 32).

K könnte jedoch gegen S einen Anspruch auf Zahlung von Schadensersatz i.H.v. 1.700 € gemäß § 179 I haben.

Anmerkung: Hier hat sich K für den Ersatz des negativen Interesses (Vertrauensschaden) entschieden. Nicht wirklich schlau, denn im Rahmen des § 179 I kann der Dritte wahlweise Erfüllung oder Schadensersatz wegen Nichterfüllung (positives Interesse, Erfüllungsschaden!) beanspruchen, falls der Vertreter ohne Vertretungsmacht den Mangel der Vertretungsmacht kennt (bei Unkenntnis § 179 II!). Es handelt sich dabei nach h.M. um ein sog. Wahlschuldverhältnis, §§ 263ff. sind entsprechend anwendbar (vgl. nur RGZ 154, 58, 62; MüKo/SCHRAMM, 5. A. 2006, § 179 Rn. 31 m.w.N.; a.A. Palandt/HEINRICHS, 67. A. 2008, § 179 Rn. 5: Fall der elektiven Konkurrenz). Der Dritte ist an die einmal getroffene Entscheidung gebunden. War dem Vertreter die Erfüllung unmöglich (so verhält es sich hier, denn S ist nicht Eigentümer des Bildes, die Übertragung des Eigentums ist ihm deshalb in rechtlicher Hinsicht subjektiv unmöglich, dies zumal der Kaufgegenstand im vorliegenden Fall abhanden gekommen ist, vgl. insoweit § 935!), so beschränkt sich das Schuldverhältnis entsprechend § 265 auf die Schadensersatzpflicht.

I. Anspruch entstanden?

Der Anspruch müsste zunächst entstanden sein. S hat als Vertreter ohne Vertretungsmacht einen Vertrag geschlossen und V hat die Genehmigung verweigert. Die Voraussetzungen eines Schadensersatzanspruchs nach § 179 I lagen damit vor, so dass der Anspruch entstanden ist.

II. Anspruch erloschen?

> **Vorbemerkung:** Nach § 179 I muss der Vertreter ohne Vertretungsmacht dafür einstehen, dass er ohne Vertretungsmacht gehandelt hat, obwohl er den Mangel der Vertretungsmacht kannte. § 179 greift jedoch nicht, wenn der Vertrag schon aus anderen Gründen nichtig ist, d.h. insbesondere dann, wenn der ohne Vertretungsmacht handelnde Vertreter seine Willenserklärung wirksam angefochten hat. Ein eventuelles Anfechtungsrecht kann der Vertreter bei Inanspruchnahme aus § 179 selbst geltend machen,[109] so dass seine auf Abschluss des Vertrages gerichtete Willenserklärung *ex tunc* entfällt.

Der Anspruch des K gegen S entfällt jedoch rückwirkend, wenn die auf Abschluss des Vertrages gerichtete Willenserklärung des S infolge wirksamer Anfechtung gem. § 142 I von Anfang an nichtig ist; dann nämlich fehlt es rückwirkend an einer Voraussetzung des § 179 I.

Fraglich ist demnach, ob S seine auf Abschluss des Vertrages gerichtete Willenserklärung wirksam angefochten hat,

1. Anfechtungsgrund?

> **Beachte:** Ein etwaiges Anfechtungsrecht kann der Vertreter ohne Vertretungsmacht an Stelle des Vertretenen ausüben (BGH NJW 2002, 1867); gleiches gilt für ein etwaiges Widerrufsrecht gem. § 355 (vgl. BGH NJW-RR 1991, 1075): Der Anspruch aus § 179 I soll den Geschäftspartner nicht besser stellen, als er stünde, wenn der Vertreter mit Vertretungsmacht gehandelt hätte. Dann aber wäre ein Irrtum des Vertreters über § 166 I beachtlich. Vorliegend besteht sowohl eine Regelungslücke als auch eine vergleichbare Interessenlage. Ein etwaiger Irrtum des Vertreters ist daher gem. § 166 I analog zu berücksichtigen.

a) Eigenschaftsirrtum, § 119 II

aa) Die Herkunft des Gemäldes, über die S sich irrt, stellt einen wertbildenden Faktor und damit eine verkehrswesentliche Eigenschaft dar.[110]

> **Verkehrswesentliche Eigenschaften** sind alle Faktoren, die den Wert einer Sache beeinflussen können, nicht aber der Wert oder Marktpreis selbst (st. Rspr., vgl. nur BGHZ 16, 54, 57). Die Herkunft eines Bildes ist ein Faktor, der sich auf den Wert desselben auswirkt und somit eine verkehrswesentliche Eigenschaft.

---

[109] BGH NJW 2002, 1867.

[110] Vgl. nur BGH NJW 1988, 2597.

bb) Gemeinschaftlicher Irrtum?

Allerdings ist fraglich, ob § 119 II anwendbar ist, da hier möglicherweise ein gemeinschaftlicher Irrtum vorliegt. Für diesen Fall war früher umstritten, ob § 119 II anwendbar ist oder ob stattdessen die Grundsätze vom Wegfall der Geschäftsgrundlage vorrangig sind.[111] Mittlerweile kann mit der ganz herrschenden Meinung davon ausgegangen werden, dass § 313 II (Störung der Geschäftsgrundlage) für derartige Fälle eine irrtumsrechtliche *lex specialis* darstellt und § 119 II keine Anwendung findet.[112]

Rechtsgeschichte „live": Nachdem im Rahmen der Schuldrechtsmodernisierung die Grundsätze vom Wegfall der Geschäftsgrundlage (WGG) kodifiziert worden sind (nunmehr: Störung der Geschäftsgrundlage, vgl. § 313), hat nun erstmals ein Obergericht (OLG Hamm, NJW-RR 2006, 65, 66) ausgesprochen, dass in den Fällen des gemeinschaftlichen Irrtums § 313 II als *lex specialis* heranzuziehen ist. Dies entspricht auch der Intention des Gesetzgebers, der diesbezügliche Meinungsstreit kann damit – über fünf Jahre nach Inkrafttreten des Schuldrechtsmodernisierungsgesetzes! – als erledigt betrachtet werden. In einer Klausurlösung sollte er allenfalls kurze Erwähnung (wie oben) finden; eine ausführliche Darstellung ist nicht erforderlich.

---

(1) Es stellt sich daher die Frage, ob auch auf Seiten des K von einem Irrtum auszugehen ist, mithin ob ein gemeinschaftlicher Irrtum vorliegt.

K selbst wusste nicht um die wahre Urheberschaft an dem Gemälde, anders dagegen sein Verhandlungsgehilfe F, dem K die Vorbereitung des Vertrages überlassen hat. Es stellt sich daher die Frage, ob das Wissen des F dem K zuzurechnen ist. In Betracht kommt eine Wissenszurechnung in analoger Anwendung von § 166 I, falls F als Wissensvertreter des K aufgetreten ist.[113]

Wissensvertreter ist, wer nach der Arbeitsorganisation des Geschäftsherrn dazu berufen ist, im Rechtsverkehr als dessen

---

[111] Für den Vorrang des § 119 II z.B. KÖHLER/FRITZSCHE, Anfechtung des Verkäufers wegen Eigenschaftsirrtums, JuS 1990, 16, 20: § 119 II sei anzuwenden, da i.d.R. nur eine Partei Interesse an Anfechtung hat und daher auch mit der Folge des § 122 anfechten solle. In diesem Sinne (wenngleich mit anderer Begründung) auch MüKo/ROTH, 5. A. 2007, § 313, Rn. 138.

[112] Vgl. nur OLG Hamm, NJW-RR 2006, 65, 66; MüKo/KRAMER, 5. A. 2006, § 119 Rn. 117; Palandt/HEINRICHS/ELLENBERGER, 67. A. 2008, § 119 Rn. 30; dies räumt für „bestimmte Fallkonstellationen" nunmehr auch MüKo/ROTH, 5. A. 2007, § 313, Rn. 138 ein.

[113] Vgl. BGHZ 83, 293, 296; Palandt/HEINRICHS, 67. A. 2008, § 166 Rn. 6 m.w.N.

Repräsentant bestimmte Aufgaben in eigener Verantwortung zu erledigen und die dabei anfallenden Informationen zur Kenntnis zu nehmen und ggf. weiterzugeben.[114] Nach der Rechtsprechung des BGH ist ein Verhandlungsgehilfe, dem der Geschäftsherr die Vorbereitung des Vertrages überlassen hat, als Wissensvertreter anzusehen.[115]

Hier hat K dem F die Führung der Vertragsverhandlungen und damit die Vorbereitung des Vertrages überlassen. F war daher Wissensvertreter des K. Sein Wissen ist dem K in analoger Anwendung des § 166 I zuzurechnen.

(2) Aufgrund dieser Wissenszurechnung kann von einem Irrtum auf Seiten des K nicht ausgegangen werden. Lag ein gemeinschaftlicher Irrtum somit nicht vor, so bestehen hinsichtlich der Anwendung des § 119 II keine Bedenken.

cc) **Zwischenergebnis:** Ein Anfechtungsgrund gem. § 119 II liegt vor.

b) **Arglistige Täuschung, § 123 I Alt. 1**

Darüber hinaus kommt eine arglistige Täuschung (§ 123 I Alt. 1) als Anfechtungsgrund in Betracht.

aa) **Widerrechtliche Täuschung des S**

(1) **Täuschung** ist die bewusste Vorspiegelung, Entstellung oder das Verschweigen von Tatsachen zum Zwecke der Erregung oder Aufrechterhaltung eines Irrtums. S ist von F getäuscht worden, indem er einen Irrtum über die Herkunft des Bildes hervorrief.

(2) In Ermangelung gegenteiliger Anhaltspunkte ist auch von der **Widerrechtlichkeit der Täuschung** auszugehen.

bb) **Kausalität**

Der Irrtum war auch **kausal** für die auf Abschluss des Kaufvertrages gerichtete Willenserklärung des S: S hätte – da er keine Schädigungsabsicht gegenüber V hatte – keine entsprechende Willenserklärung abgegeben.

---

[114] BGHZ 117, 104, 106; Palandt/HEINRICHS, 67. A. 2008, § 166 Rn. 6.

[115] BGH NJW 1992, 899; Palandt/HEINRICHS, 67. A. 2008, § 166 Rn. 6a.

cc) Arglist

F handelte auch **arglistig**, d.h. vorsätzlich im Hinblick auf die Täuschungshandlung, Irrtumserregung und Herbeiführung einer Willenserklärung des S.

dd) Kein Ausschluss nach § 123 II

Die Anfechtung nach § 123 I wäre jedoch gem. § 123 II ausgeschlossen, wenn F als Dritter die Täuschung verübt hat und K die Täuschung weder kannte noch kennen musste. Fraglich ist, ob F Dritter i.S.d. § 123 II ist. Der Begriff des Dritten ist eng zu verstehen, die Abgrenzung ist negativ vorzunehmen: Dritter i.S.d. § 123 II ist nicht, wer auf Seiten des Erklärungsgegners steht und maßgeblich am Vertrag mitgewirkt hat.

> **Anmerkung:** Dritter i.S.d. § 123 II ist nicht, wer auf Seiten des Erklärungsgegners steht und maßgeblich am Vertrag mitgewirkt hat (sog. „Lagertheorie"). Dies ist über den Bereich der gesetzlichen und rechtsgeschäftlichen Vertretung hinaus gegeben bei einem vom Erklärungsempfänger beauftragten Verhandlungsführer oder -gehilfen sowie bei einem Beteiligten, dessen Verhalten dem Erklärungsgegner wegen besonders enger Beziehungen zwischen beiden oder wegen sonstiger besonderer Umstände zuzurechnen ist (BGH NJW 2002, 956, 957).

Hier steht F auf Seiten des K und hat als Verhandlungsgehilfe maßgeblich am Vertragsschluss mitgewirkt. Damit ist F nicht Dritter i.S.d. § 123 II 1, ein Ausschluss nach § 123 II kommt daher nicht in Betracht.

ee) Zwischenergebnis: S kann seine auf Abschluss des Vertrages gerichtete Willenserklärung auch gem. § 123 I Alt. 1 anfechten.

2. Anfechtungserklärung, § 143 I

a) Anfechtungserklärung

S hat zu verstehen gegeben, dass er die Sache als erledigt ansieht, weil ihn F betrogen habe. Liegen zugleich – wie hier – die Voraussetzungen für eine Anfechtung nach 119 II vor, so kann der Erklärende grundsätzlich wählen, welches Anfechtungsrecht er ausübt;[116] die Anfechtungserklärung ist ggf. nach §§ 133,157 auszulegen. Zwar muss die Anfechtungserklärung den Anfech-

---

[116] Palandt/HEINRICHS/ELLENBERGER, 67. A. 2008, § 123 Rn. 28.

tungsgrund nicht nennen; auch ist umstritten, ob die Erklärung erkennen lassen muss, auf welchen tatsächlichen Grund die Anfechtung gestützt wird.[117] Wenn aber, wie hier, der tatsächliche Grund genannt wird (S fühlt sich „betrogen"), dann ist dieser zu berücksichtigen. Die Anfechtungserklärung des S ist also so zu verstehen, dass S die Anfechtung wegen arglistiger Täuschung (§ 123 I Alt. 1) erklärt hat.

> **Merke:** Kann der Anfechtende die Anfechtung sowohl auf §§ 119, 120 wie auch auf § 123 stützen, so ist stets an die Möglichkeit der nachträglichen Anfechtung gem. § 123 zu denken (sog. „Doppelnichtigkeit"); u.U. kann dies im Hinblick auf die Regelung des § 122 von Vorteil sein. Auch kann eine Anfechtung, die sich auf § 119 stützt, verfristet (§ 121) sein, eine auf § 123 gestützte dagegen nicht (§ 124).

b) S = Anfechtungsberechtigter?

Fraglich ist, ob S auch anfechtungsberechtigt ist. Bei einer Stellvertretung ist die Anfechtung grundsätzlich durch den Vertretenen, d.h. den Vertragspartner, zu erklären. Dies wäre hier V.

Im vorliegenden Fall geht es jedoch nicht darum, einen Vertrag zwischen Vertretenem und Geschäftspartner zu vernichten, sondern lediglich darum, die Haftung des Vertreters aus § 179 abzuwehren. Daran hat allein S ein Interesse, so dass auch er derjenige ist, der die Anfechtung erklären muss.[118]

3. Anfechtungsgegner, 143 II

Richtiger Anfechtungsgegner ist hier K als der andere Teil des Vertrages, § 143 II.

4. Anfechtungsfrist, § 124 I

Die Jahresfrist des § 124 I ist gewahrt.

5. Ergebnis zu II.

Die Willenserklärung des S ist infolge wirksamer Anfechtung von Anfang an *(ex tunc)* nichtig, § 142 I. Damit ist eine Haftungsvoraussetzung entfallen, so dass der Anspruch gem. § 179 I ebenfalls rückwirkend erloschen ist.

---

[117] Palandt/HEINRICHS, 67. A. 2008, § 143 Rn. 5.

[118] Vgl. BGH NJW 2002, 1867: Ein etwaiges Anfechtungsrecht kann der Vertreter ohne Vertretungsmacht an Stelle des Vertretenen ausüben.

III. Ergebnis zu B.

Ein Anspruch des K gegen S aus § 179 I besteht nicht.

C. Anspruch des K gegen S aus §§ 280 I, 311 III, 241 II

Anmerkung: Die seit der Schuldrechtsmodernisierung in §§ 280 I, 311 II bzw. III (Haftung Dritter), 241 II normierte *culpa in contrahendo* (=Verschulden bei Vertragsverhandlungen, kurz: *c.i.c.*) haben wir RUDOLF VON JHERING (1818 – 1892) zu verdanken – ein bisschen Rechtsgeschichte schadet nie! Er war Vertreter der Interessenjurisprudenz, sein wohl bekanntestes Werk trägt den Titel „Der Zweck im Recht". Die *c.i.c.* wurde von Lehre und Rechtsprechung weiterentwickelt, wobei sich verschiedene Fallgruppen herauskristallisiert haben.[119]

Fallgruppen der *c.i.c.*:[120]
1. Verletzung von Schutzpflichten gegenüber dem anderen Teil während der Vertragsverhandlungen,
2. Verletzung von Aufklärungspflichten,
3. Verhinderung der Wirksamkeit des Vertrages,
4. Grundloser Abbruch von Vertragsverhandlungen,
5. Sachwalterhaftung, z.B. Haftung des Gebrauchtwagenhändlers.

Beachte: Diese gewohnheitsrechtlich anerkannten Fallgruppen sollten durch die Kodifikation der *c.i.c.*, die durch das Schuldrechtsmodernisierungsgesetz erfolgte, weder eingeschränkt noch abgeschafft werden, auch wenn der Gesetzgeber nur einige von ihnen in § 311 II, III aufführt.

I. Anwendbarkeit der §§ 280 I, 311 III, 241 II neben § 179?

Umstritten ist, ob der vollmachtlose Vertreter für schuldhafte Schädigungen, die auf dem Mangel der Vertretungsmacht beruhen,[121] nur nach § 179 einzustehen hat, oder ob ihn aufgrund des in Anspruch genommenen Vertrauens auf den Bestand der Vertretungsmacht auch die Verschuldenshaftung der §§ 280 I, 311 III, 241 II treffen kann.

---

[119] Vgl. insofern MüKo/EMMERICH, 5. A. 2007, § 311 Rn. 55ff.

[120] Vgl. MüKo/EMMERICH, 5. A. 2007, § 311 Rn. 59ff.; MUSIELAK, Grundkurs BGB, 10. A. 2007, Rn. 498ff.

[121] Beachte aber: Für schuldhafte Schädigungen, die *nicht* auf dem Mangel der Vertretungsmacht beruhen, haftet der Vertreter nach den allgemeinen Regeln, also auch nach §§ 280 I, 311 III, 241 II *(culpa in contrahendo)*; dies gilt nach h.M. aber nur dann, wenn er besonderes Vertrauen für sich in Anspruch genommen hat, vgl. insoweit zunächst den Wortlaut des § 311 III 2 (aber Vorsicht: „insbesondere", d.h. es handelt sich nicht um eine abschließende Aufzählung) sowie MüKo/SCHRAMM, 5. A. 2006, § 177 Rn. 57, § 164 Rn. 11 m.w.N.

1. Einerseits wird eine Haftung aus §§ 280 I, 311 III, 241 II nicht ausgeschlossen.[122] § 179 sei ein verschuldensunabhängiger Anspruch, § 280 I hingegen setze Verschulden voraus, das nicht in jedem Fall beim Vertreter ohne Vertretungsmacht vorliege. Im Übrigen erlaube der bei dem Anspruch aus §§ 280 I, 311 III, 241 II zu berücksichtigende § 254 – bei Verschulden des Vertreters – eine wesentlich gerechtere Lösung: Während die Haftung des Vertreters ohne Vertretungsmacht gem. § 179 III 1 schon bei leichter Fahrlässigkeit des Geschäftspartners ausgeschlossen wird, verringert sich der Anspruch des Geschäftspartners lediglich im Umfang des im Rahmen von § 254 zu berücksichtigenden Mitverschuldens.

2. Nach **anderer Ansicht** soll der Vertreter für Mängel der Vertretungsmacht nur nach Maßgabe des § 179 einstehen müssen, auch wenn ihn insoweit ein Verschulden trifft.[123] Die Verschuldenshaftung gem. §§ 280 I, 311 III, 241 II entfalle daneben. Für den Fall der fehlenden Vertretungsmacht eines handelnden Stellvertreters seien §§ 177ff. hinreichend und abschließend; sie stellten eine eigenständig strukturierte Regelung dar, die andere Anspruchsgrundlagen ausschließe.

3. Stellungnahme: Durch die Anwendung der §§ 280 I, 311 III, 241 II würde der Haftungsausschluss des § 179 III 1, der unabhängig von einem etwaigen Verschulden des Vertreters ohne Vertretungsmacht gelten soll, umgangen. Der letztgenannten Ansicht ist daher zuzustimmen. Dagegen spricht auch nicht, dass selbst bei grobem Verschulden des Vertreters keine Abwägung gem. § 254 I stattfindet: Das Gesetz kennt entsprechende Wertungen nach dem Alles-oder-Nichts-Prinzip auch an anderen Stellen (vgl. nur §§ 311a I 2, 839 III).[124] Soweit es um schuldhafte Schädigungen geht, die aus einem Mangel der Vertretungsmacht resultieren, fehlt es an einem schützenswerten Interesse des Geschäftsgegners. Die Haftung des S aus *c.i.c.* scheitert bereits an der Unanwendbarkeit der §§ 280 I, 311 III, 241 II.

---

[122] Bamberger/Roth/HABERMEIER, 2008, § 179 Rn. 31, Staudinger/SCHILKEN, Neubearb. 2005, § 179 Rn. 20; FLUME AT II, 3. A. 1979, § 47, 3a; PRÖLSS, Haftung bei der Vertretung ohne Vertretungsmacht, JuS 1986, 169, 172.

[123] OLG Hamm, MDR 1993, 515; CREZELIUS, Culpa in contrahendo des Vertreters ohne Vertretungsmacht, JuS 1977, 796, 797ff.; MüKo/SCHRAMM, 5. A. 2006, § 177 Rn. 56[133] m.w.N.; auch der BGH NJW 1970, 240 hat in einem *obiter dictum* beide Ansprüche für nicht miteinander vereinbar erklärt.

[124] MüKo/SCHRAMM, 5. A. 2006, § 177 Rn. 56.

> **Merke:** Die bei der Haftung für Schädigungen, die auf dem Mangel der Vertretungsmacht beruhen, zu beachtende Sperrwirkung des § 179 I entfällt im vorliegenden Fall nicht etwa, weil sich der Vertreter ohne Vertretungsmacht (S) infolge wirksamer Anfechtung der Willenserklärung von seiner Haftungspflicht befreien kann. Da §§ 177ff. für die Haftung ein eigenständiges, abschließendes Haftungsregime statuieren, scheidet eine Haftung nach anderen Anspruchsgrundlagen für Schäden, die auf dem Mangel der Vertretungsmacht beruhen, aus, auch wenn *in concreto* keine Umgehung des § 179 III 1 zu erwarten ist.

II. Ergebnis zu C

K hat gegen S keinen Anspruch aus §§ 280 I, 311 III, 241 II.

***

Fall 6

▶ **Themen:** Rechtsfolgen der Unmöglichkeit; das Schicksal der Gegenleistung im Falle der Unmöglichkeit; Gläubigerverzug; Schuldnerverzug

V betreibt ein kleines Antiquariat in Passau, das er jedoch – die Geschäfte laufen schlecht – nicht weiterführen möchte. Der Mietvertrag über die Geschäftsräume läuft zum 30.4.2009 aus. Um noch möglichst viele Bücher abzusetzen, beschließt er, vom 22. bis einschließlich 28.4. einen Räumungsverkauf zu veranstalten.

K, ein Liebhaber alter Bücher, hat davon gehört und begibt sich am 27.4. auf Schnäppchenjagd. Er einigt sich mit V über den Kauf eines von Goethe selbst signierten Exemplars der 1808 in Tübingen verlegten Erstausgabe des „Faust I", dessen Kaufpreis 1.500 € beträgt. Da er an diesem Tag mit dem Mountainbike unterwegs ist, so dass er das kostbare Buch unmöglich sicher transportieren kann, vereinbart er mit V, dass er am nächsten Tag noch einmal innerhalb der Geschäftszeiten vorbeischaut, um das Buch abzuholen.

Am 28.4. erscheint K jedoch bis zum Geschäftsschluss um 18.00 Uhr nicht, weshalb ihn V zum Abholen des Buches auffordern will, jedoch in der Eile die Telefonnummer des K nicht auffinden kann. Da V aber wegen der Räumung der Geschäftsräume im Zugzwang ist, beauftragt er seinen Angestellten E, das von K gekaufte Buch zusammen mit einigen anderen Büchern aus dem Laden vorübergehend in dem kleinen, klimatisierten Lagerraum des V im Bayerischen Wald zwischenzulagern. Als E die Bücher dort auslädt, rutscht ihm der „Faust" auf Grund leichter Unachtsamkeit unter dem Arm weg und fällt in eine Pfütze. Dadurch wird das Buch so stark beschädigt, dass man es nicht mehr retten kann.

Am 30.4.2009 meldet sich K bei V: Er habe das Buch bei V abholen wollen, sei dann aber wegen besonders schwerer Bauchschmerzen ins Krankenhaus eingeliefert worden und noch am selben Tag von seinem Blinddarm befreit worden, was der Wahrheit entspricht.

V begehrt dennoch von K die Bezahlung des Buchs und außerdem die Kosten für den Transport in Höhe von 30 €.

K will sich das nicht bieten lassen. Er verlangt seinerseits von V Schadensersatz i.H.v. 500 €: Zwar hat er glücklicherweise ein anderes Exemplar der Erstausgabe in einem anderen Antiquariat erstehen können, dies aber kostete ihn 2.000 €.

Zu Recht?

Lösung

Vorbemerkung: Der Fall behandelt die Rechtsfolgen der Leistungsbefreiung nach § 275 (Unmöglichkeit) in Bezug auf die Gegenleistung gem. § 326. Ferner erfolgt eine Auseinandersetzung mit der Regelung des § 326 II bzw. des § 446 S. 3, die den Übergang der Preisgefahr beim gegenseitigen Vertrag normiert. Es werden darüber hinaus sowohl Fragen des Schuldner- und Gläubigerverzugs als auch Grundlagen und Umfang von Schadensersatzansprüchen thematisiert.

A. Ansprüche des V gegen K

I. Anspruch des V gegen K auf Zahlung des Kaufpreises aus § 433 II

V könnte gegen K einen Anspruch auf Zahlung des Kaufpreises i.H.v. 1.500 € für den „Faust" aus § 433 II haben.

1. Anspruch entstanden?

Der Anspruch müsste zunächst entstanden sein. Voraussetzung dafür ist ein wirksamer Kaufvertrag zwischen K und V. Ein Vertrag kommt zustande durch zwei korrespondierende Willenserklärungen i.S.d. §§ 145ff. Antrag und Annahme. K und V haben, ohne dass Wirksamkeitshindernisse ersichtlich wären, einen Kaufvertrag geschlossen. Der Anspruch des V auf Zahlung des Kaufpreises ist somit entstanden.

2. Anspruch erloschen?

a) § 326 I 1 Hs. 1

Anmerkung: Nach der Grundregel des § 326 I 1 hat der Verkäufer die Gegenleistungsgefahr bis zur vollständigen Erfüllung seiner Pflichten zu tragen, also bis zur Übereignung der Kaufsache. Das bedeutet, dass er seinen Kaufpreiszahlungsanspruch grundsätzlich einbüßt, wenn die Kaufsache vor ihrer Übereignung an den Käufer zufällig untergeht oder verschlechtert wird (vgl. dazu MUSIELAK, GRUNDKURS BGB, 10. A. 2007, Rn. 505ff.). Hinter diesem Zusammenhang steht die Standardkonstellation des Unmöglichkeitsrechts: Geht der Leistungsgegenstand unter, so wird der Schuldner gem. § 275 frei, verliert jedoch gemäß § 326 I 1 auch seinen Anspruch auf die Gegenleistung

Der Anspruch könnte jedoch gem. § 326 I 1 Hs. 1 erloschen sein. Dazu müsste V gem. § 275 I–III von seiner Pflicht zur Leistung befreit sein. In Betracht kommt hier ein Ausschluss der Leistungspflicht gem. § 275 I, falls die Leistung des Kaufgegenstandes unmöglich geworden ist. Unmöglichkeit im Sinne des § 275 I liegt vor, wenn der Schuldner noch nicht geleistet hat und entweder er oder niemand mehr die Leistung erbringen kann. Der „Faust" ist infolge des Kontakts mit Wasser zerstört worden, so dass niemand mehr die geschuldete Leistung erbringen kann.[125] Es liegt daher ein Fall der nachträglichen objektiven Unmöglichkeit vor.

Anmerkung:[126] § 275 umfasst die **anfängliche** und die **nachträgliche** **Unmöglichkeit**. Der Unterschied wird erst relevant, wenn Schadensersatz statt der Leistung wegen Unmöglichkeit verlangt wird: Im Fall der anfänglichen Unmöglichkeit ergibt sich der Schadensersatzanspruch aus § 311 a II, im Fall der nachträglichen Unmöglichkeit aus §§ 280 I, III, 283.

§ 275 I regelt in Alt. 1 die **subjektive Unmöglichkeit** (Unvermögen) und in Alt. 2 die **objektive Unmöglichkeit**. Der Unterschied wird insbesondere relevant, wenn die Leistung aus einer Gattung geschuldet ist. In einem solchen Fall liegt objektive Unmöglichkeit vor, wenn die gesamte Gattung untergegangen ist oder wenn sich die Gattungsschuld durch Konkretisierung gem. § 243 II in eine Stückschuld gewandelt hat.

---

[125] Die Möglichkeiten moderner Restauratoren, erst kürzlich bei der Rettung der Anna-Amalia-Bibliothek in Weimar wieder einmal unter Beweis gestellt, müssen in diesem Fall leider außer Betracht bleiben.

[126] Vgl. hierzu auch BROX/WALKER, Schuldrecht AT, 32. A. 2007, § 22 Rn. 4ff.

132

> **§ 275 II** betrifft hingegen die faktische Unmöglichkeit. Die Leistung ist in einem solchen Fall zwar theoretisch möglich, aber kann von keinem vernünftigen Gläubiger ernsthaft erwartet werden. Dabei sollte § 275 II auf wirkliche Extremfälle (Beispiel: Ring auf dem Grund eines Sees) beschränkt bleiben und unbedingt von der rein wirtschaftlichen Unmöglichkeit unterschieden werden. Wirtschaftliche Unmöglichkeit liegt vor, wenn die Erbringung der Leistung zwar weniger problematisch ist, als bei der faktischen Unmöglichkeit, aber trotzdem überobligatorische Anstrengungen erfordert, die außerhalb der Opfergrenze liegen. Diese Fälle sind dann nach den Grundsätzen der Störung der Geschäftsgrundlage § 313 zu behandeln.
>
> **§ 275 III** gibt dem Schuldner ein Leistungsverweigerungsrecht im Fall der persönlichen (auch moralischen) Unmöglichkeit. Eine solche liegt vor, wenn dem Schuldner wegen einer Zwangslage aus nicht wirtschaftlichen Gründen das Erbringen der Leistung nicht zuzumuten ist.

Demnach ist V gem. § 275 I von seiner Pflicht zur Leistung befreit und verliert somit grundsätzlich gem. § 326 I 1 Hs. 1 seinen Anspruch auf Gegenleistung, d.h. auf Zahlung des Kaufpreises.

b) § 326 II 1 Alt. 2

> **Vorbemerkung:** Zu § 326 I 1 gibt es mehrere Ausnahmen, so z.B. in § 326 II 1 Alt. 1 und Alt. 2. Einen Übergang der Gegenleistungsgefahr auf den Gläubiger, also eine Ausnahme vom Grundsatz des § 326 I 1, sieht das Gesetz aber auch in § 447 I vor (vgl. dazu Fall 7).

Etwas anderes könnte sich jedoch aus § 326 II 1 Alt. 2 ergeben. Danach behält der Schuldner ausnahmsweise seinen Anspruch auf die Gegenleistung, wenn sich der Gläubiger zu dem Zeitpunkt, in dem der Umstand, aufgrund dessen der Schuldner nicht zu leisten braucht, eintrat, im Annahmeverzug befand und der Schuldner diesen Umstand nicht zu vertreten hat.

> **Anmerkung:** Das Verhältnis von § 326 II 1 Alt. 2 zu § 446 S. 3, der den Übergang der Gegenleistungsgefahr im Kaufrecht betrifft, ist umstritten. Beide Vorschriften sanktionieren den Annahmeverzug des Gläubigers/Käufers mit dem Übergang der Gegenleistungsgefahr auf den Gläubiger, d.h. dieser bleibt trotz Untergangs des Leistungsgegenstands zur Gegenleistung verpflichtet, wenn der Schuldner den Untergang nicht zu vertreten hat (§ 446 S. 3: zufälliger Untergang).
> Nach **einer Ansicht** (BROX/WALKER, Schuldrecht AT, 32. A. 2007, § 22 Rn. 45; MUSIELAK, Grundkurs BGB, 10. A. 2007, Rn. 512) soll § 446 als Sondervorschrift die Gegenleistungsgefahr im Kaufrecht regeln und daher

den allgemeinen Normen vorgehen. Danach wäre § 446 S. 3 für seinen Anwendungsbereich *lex specialis* zu § 326 II 1 Alt. 2. Richtigerweise ist jedoch mit der wohl **h.M.** (vgl. z.B. LORENZ/RIEHM, Lehrbuch zum neuen Schuldrecht, 2002, Rn. 478; MüKo/WESTERMANN, 5. A. 2008, § 446 Rn. 8; Palandt/WEIDENKAFF, 67. A. 2008, § 446 Rn. 17) davon auszugehen, dass § 446 S. 3 lediglich deklaratorischen Charakter hat. Dafür spricht insbesondere der historische Wille des Gesetzgebers, der sich der Begründung des Regierungsentwurfs entnehmen lässt.

aa) Zunächst also müsste sich der Untergang des „Fausts" zu einem Zeitpunkt ereignet haben, in dem sich K im Verzug mit der Annahme der Leistung befand. Der Annahmeverzug richtet sich nach §§ 293ff. Der Gläubiger einer Leistung gerät demnach in Annahmeverzug, wenn er die ihm vom Schuldner am rechten Ort (vgl. § 269) und zur rechten Zeit (vgl. § 271) in rechter Art und Weise angebotene Leistung nicht annimmt.

(1) Hier hatten K und V vereinbart, dass K den „Faust" am 28.4.2009 innerhalb der Geschäftszeiten abholt. Bei dieser Vereinbarung handelt es sich um eine Terminbestimmung nach § 296, so dass es eines tatsächlichen Angebots i.S.d. § 294 nicht bedurfte. K wusste, bis wann er die Kaufsache spätestens abzuholen und damit die ihm obliegende Mitwirkungshandlung vorzunehmen hatte.

(2) Da das Buch am 28.4.2009 bis zum Geschäftsschluss um 18.00 Uhr zur Abholung bereit lag, hat V die Leistung auch am rechten Ort und zur rechten Zeit in rechter Art und Weise angeboten.

Anmerkung: Ist die Leistung nicht mehr möglich, kann kein Gläubigerverzug eintreten (arg.: Wortlaut § 294 „zu bewirken ist"). In diesem Fall ist ein Angebot nicht möglich. Maßgeblicher Zeitpunkt für die Leistungsfähigkeit ist beim tatsächlichen Angebot (§ 294) dessen Vornahme, beim wörtlichen Angebot (§ 295) dessen Zugang, bei Entbehrlichkeit des Angebots (§ 296) der Termin, an dem die Gläubigerhandlung vorzunehmen ist. Soweit die Leistung nach § 275 I unmöglich ist, finden nicht §§ 293ff., sondern §§ 283 und 326 Anwendung, denn dann ist der Schuldner nicht mehr zur Leistung verpflichtet. Handelt es sich bei der vom Schuldner zu erbringenden Leistung um eine **absolute Fixschuld**, so wird die Leistungserbringung mit dem Verstreichen der Leistungszeit unmöglich, § 275 I. Die Leistungshandlung kann zwar nachgeholt werden, der Leistungserfolg hingegen kann nicht mehr herbeigeführt werden. Bei einer **relativen Fixschuld** tritt dagegen mit der Nichtannahme der vom Schuldner zu erbringenden Leistung keine Unmöglichkeit ein.

134

Beachte: Haben die Parteien eine Leistungszeit vereinbart, so kann dies zweierlei Folgen haben:

(1.) Ist nach Art der vereinbarten Leistung die Einhaltung der Leistungszeit so wesentlich, dass die Leistung nur zu diesem Zeitpunkt erbracht und später nicht nachgeholt werden kann, so liegt ein **absolutes Fixgeschäft** vor (Beispiel: Pflicht zur Ermöglichung einer Videoaufnahme des Karnevalszuges in einem bestimmten Jahr; weitere Beispiele bei BROX/WALKER, Schuldrecht AT, 32. A. 2007, § 22 Rn. 6). Die Folgen der Nichterbringung der Leistung zum vereinbarten Zeitpunkt richten sich in diesen Fällen nach dem Unmöglichkeitsrecht (§§ 283, 326 V).

(2.) Ist nach Art der vereinbarten Leistung deren Erbringung auch noch nach dem bestimmten Zeitpunkt möglich, soll jedoch das Geschäft mit der Einhaltung der Leistungszeit „stehen und fallen", so liegt ein **relatives Fixgeschäft** (oder auch einfaches Fixgeschäft) vor. Dies hat zur Folge, dass sich die Ansprüche wegen der Nichtleistung aus §§ 281 I Alt. 1 bzw. 323 I Alt. 1 ergeben, aber eine Nachfristsetzung gem. §§ 281 II bzw. 323 II Nr. 2 entbehrlich ist. In diesem Fall bedarf es auch keiner Mahnung gem. § 286 II Nr. 1.

(3) Da K das Buch am 28.4.2009 bis zum Geschäftsschluss um 18.00 Uhr nicht abgeholt und damit die ihm angebotene Leistung nicht angenomen hat, befand er sich also in dem Zeitpunkt, in dem der „Faust" untergegangen ist, im Annahmeverzug gemäß §§ 293ff.

bb) Weiterhin ist gem. § 326 II 1 Alt. 2 erforderlich, dass der Schuldner, hier also V, den Untergang nicht zu vertreten hat. Das Vertretenmüssen richtet sich nach §§ 276ff. Nach § 276 I 1 hat der Schuldner vorsätzliches und fahrlässiges Handeln zu vertreten, wenn eine strengere oder mildere Haftung nicht bestimmt ist und sich auch nicht aus dem sonstigen Inhalt des Schuldverhältnisses ergibt. Eine Haftung des V für eigenes Verschulden kommt nicht in Betracht. Möglicherweise ist ihm jedoch das Verschulden des E gemäß § 278 S.1 zuzurechnen. Dazu müsste E als Erfüllungsgehilfe des V tätig geworden sein.

(1) Erfüllungsgehilfe ist, wer bei der Erfüllung einer bestehenden Verbindlichkeit mit dem Wissen und Wollen des Schuldners tätig wird.[127] Mit Abschluss des Kaufvertrages trifft den Verkäufer als vertragliche Nebenleistungspflicht gem. § 241 II eine Erhaltungs- und Obhutspflicht hinsichtlich des Schuldgegenstandes.[128] Der

---

[127] Vgl. nur Palandt/HEINRICHS, 67. A. 2008, § 278 Rn. 7.

[128] MüKo/Roth, 5. A. 2007, § 241 Rn. 68.

Annahmeverzug des Gläubigers lässt diese Pflicht unberührt. V war demnach verpflichtet, den „Faust" ordnungsgemäß aufzubewahren. Um dieser Verpflichtung nachzukommen, wollte V das Buch in seinen Lagerraum verbringen. Zur Erfüllung seiner Verbindlichkeit bediente er sich des E, so dass E mit Wissen und Wollen des V zur Erfüllung einer bestehenden Verbindlichkeit tätig geworden ist. E war demnach Erfüllungsgehilfe des V.

(2) Des Weiteren müsste E als Erfüllungsgehilfe den Untergang zu vertreten haben. Auch hier gilt der Haftungsmaßstab des § 276 I 1 Hs. 1, d.h. das Verschulden des E ist zu bejahen bei Vorsatz und jeder Form von Fahrlässigkeit, es sei denn, dass eine mildere Haftung bestimmt ist (§ 276 I 1 Hs. 2). E entglitt der „Faust" nur infolge „leichter Unachtsamkeit", so dass hier lediglich eine Haftung für leichte Fahrlässigkeit in Betracht kommt. Diese wird grundsätzlich von § 276 I 1 erfasst.

(3) Allerdings hat der Schuldner gemäß § 300 I nur Vorsatz und grobe Fahrlässigkeit zu vertreten, wenn sich der Gläubiger, wie hier (vgl. o.), zum Zeitpunkt des Untergangs im Verzug mit der Annahme befindet. Für leichte und für normale Fahrlässigkeit haftet er hingegen nicht.

(4) **Zwischenergebnis:** Aufgrund dieser Haftungsmilderung hat V den Umstand, der zur Leistungsbefreiung führte, nicht zu vertreten.

Anmerkung: § 300 I betrifft nur die Haftung für den Leistungsgegenstand und nur die Leistungsgefahr; die Regelung ist das Gegenstück zur Haftungsverschärfung, die § 287 S. 1 für den Schuldner vorsieht.

---

c) **Zwischenergebnis:** Die Voraussetzungen des § 326 II 1 Alt. 2 liegen vor. V behält als Ausnahme zu § 326 I 1 seinen Anspruch auf Kaufpreiszahlung nach § 433 II.

Anmerkung: Andere Sondervorschriften, die der allgemeinen Norm des § 326 I 1 vorgehen, sind §§ 447 I (Gefahrübergang bei Versendungskauf), § 615 (Annahmeverzug des Dienstberechtigten) und § 645 (Annahmeverzug des Bestellers beim Werkvertrag). Im Zusammenhang mit § 447 ist § 474 II zu beachten, der bestimmt, dass § 447 beim Verbrauchsgüterkauf keine Anwendung findet – es bleibt dann beim Grundsatz des § 326 I.

3. Ergebnis zu I.

V hat gegen K einen Anspruch auf Zahlung von 1.500 € aus § 433 II.

II. Anspruch des V gegen K auf Ersatz der Transportkosten i.H.v. 30 €

1. Anspruch aus § 304

> **Anmerkung:** § 304 gewährt dem Schuldner einen verschuldensunabhängigen Anspruch auf Ersatz der objektiv erforderlichen Mehraufwendungen; der Annahmeverzug als solcher begründet keine Schadensersatzverpflichtung, denn §§ 293ff. betreffen den Fall, dass der Gläubiger eine seinerseits erforderliche Mitwirkung (nämlich die Annahme der Leistung) unterlässt, d.h. gegen eine Obliegenheit verstößt. §§ 293ff. gehen also davon aus, dass der Gläubiger zur Annahme der Leistung nur berechtigt, nicht aber verpflichtet ist (was indes dann nicht zutrifft, wenn die Annahme zugleich als Rechtspflicht ausgestaltet ist, wie z.B. beim Kaufvertrag (§ 433 II) oder beim Werkvertrag (§ 640 I), vgl.u.

a) Der Anspruch auf Ersatz der Transportkosten i.H.v. 30 € ergibt sich – K befand sich im Annahmeverzug (vgl.o.) – aus § 304, wenn es sich bei den Transportkosten um Mehraufwendungen für die Aufbewahrung des geschuldeten Gegenstandes i.S.d. § 304 handelt.

b) Mehraufwendungen sind nur dann nach § 304 ersatzfähig, wenn sie für das erfolglose Angebot, die Aufbewahrung und Erhaltung des geschuldeten Gegenstandes objektiv erforderlich sind.[129] Angesichts der Schließung des Geschäfts und der nahenden Übergabe der Geschäftsräume waren die angefallenen Transportkosten für die Aufbewahrung des Buches objektiv erforderlich. Die Transportkosten sind daher als Mehraufwendungen ersatzfähig.

c) Ergebnis zu 1.: V kann daher von K den Ersatz der Transportkosten nach § 304 verlangen.

2. Anspruch aus §§ 280 I, II, 286 I

> **Vorbemerkung:** Der Gläubiger kann durch die Nichtannahme gleichzeitig in Schuldnerverzug kommen, wenn die An- bzw. Abnahme zugleich als Rechtspflicht ausgestaltet ist, wie z.B. beim Kaufvertrag (§ 433 II) oder beim Werkvertrag (§ 640 I).

---

[129] Vgl. dazu BGH NJW 1996, 1464.

Des Weiteren ist zu prüfen, ob V die Transportkosten auch als Verzögerungsschaden nach §§ 280 I, II, 286 I geltend machen kann.

a) Ein wirksames Schuldverhältnis, nämlich ein Kaufvertrag gem. § 433, liegt vor (vgl. o.).

b) Nach § 280 II hat der Schuldner nur dann einen Anspruch auf Ersatz des Verzögerungsschadens, wenn die zusätzlichen Voraussetzungen des § 286 I vorliegen. K müsste demnach mit einer Leistungspflicht aus dem Kaufvertrag in Verzug gekommen sein, d.h. er müsste die Leistungspflicht trotz Fälligkeit und Mahnung nicht erfüllt haben.

aa) Hierfür ist gem. § 286 I zunächst ein fälliger und durchsetzbarer Anspruch des V erforderlich. Bei einem Kaufvertrag ist die Abnahme gem. § 433 II eine echte Leistungspflicht und keine bloße Obliegenheit.[130] V hat somit gegen K einen Anspruch auf Abnahme des Buches. Da sich die Parteien für die Abholung auf den 28.4.2009 geeinigt haben, war für die Leistung eine Zeit i.S.d. § 271 I bestimmt. Der Anspruch war daher mit Geschäftsöffnung am 28.4.2009 fällig. Einreden des K sind nicht ersichtlich, so dass der Anspruch auch durchsetzbar war.

Anmerkung: Das Bestehen einer dauernden oder aufschiebenden Einrede (§§ 214, 379, 438 IV, 771, 821, 853, 2014f.) schließt den Verzug aus, und zwar auch dann, wenn der Schuldner die Einrede (zunächst) nicht erhebt, BGHZ 48, 250; 104, 11; Palandt/HEINRICHS, 67. A. 2008, § 286 Rn. 12. Der Verzug erfordert einen durchsetzbaren Anspruch, der schon durch das Bestehen der Einrede ausgeschlossen ist, MüKo/ERNST, 5. A. 2007, § 286 Rn. 21. Das gilt auch für die Einrede des nicht erfüllten Vertrags (vgl. nur BGH NJW-RR 2003, 1318) und die Einrede, die gem. § 275 II bzw. III zur Leistungsbefreiung führt (Palandt/HEINRICHS, a.a.O.). Erforderlich ist allerdings, dass der Schuldner die Einrede spätestens im Prozess erhebt; ansonsten muss er sich so behandeln lassen, als wäre er in Verzug geraten (MüKo/ERNST, a.a.O., Rn. 27).

---

bb) Des Weiteren ist grundsätzlich gem. § 286 I erforderlich, dass der Gläubiger den Schuldner nach Eintritt der Fälligkeit gemahnt hat. Eine Mahnung ist eine an den Schuldner gerichtete Aufforderung des Gläubigers, nunmehr die geschuldete Leistung zu erbringen. Eine solche Aufforderung hat V nicht an K gerichtet.

---

[130] Palandt/WEIDENKAFF, 67. A. 2008, § 433 Rn. 43.

Die Mahnung ist jedoch entbehrlich wenn, wie hier, für die Leistung eine Zeit nach dem Kalender bestimmt ist, § 286 II Nr. 1.

cc) Ferner muss die Leistung noch möglich, d.h. nachholbar sein. Dauernde Unmöglichkeit schließt den Schuldnerverzug aus. Hier hätte K seine Leistung, nämlich die Abnahme des Buches während der vereinbarten Leistungszeit noch erbringen können, so dass der Leistungsverzug nicht bereits aus diesem Grunde ausgeschlossen ist.

Anmerkung: Dauernde Unmöglichkeit schließt den Schuldnerverzug aus (BGHZ 84, 248). Vorübergehende, vom Schuldner zu vertretende Leistungshindernisse begründen dagegen Verzug. Der Untergang des „Faust" hätte demnach hier den Leistungsverzug des K *ex nunc* beendet, da die Annahme des Buches von da an nicht mehr möglich ist. Die Transportkosten sind indes schon vorher angefallen, so dass die Unmöglichkeit einem Anspruch aus §§ 280 I, II, 286 I nicht entgegenstünde.

---

dd) Allerdings kommt der Schuldner nach § 286 IV nur dann in Verzug, wenn die Leistung infolge eines Umstands unterbleibt, den er zu vertreten hat. Was der Schuldner zu vertreten hat, bestimmt sich nach §§ 276–278.[131] Hier musste sich K wegen einer akuten Erkrankung, die er nicht selbst verschuldet hat, ins Krankenhaus begeben. Er hat den Eintritt des Verzugs demnach nicht gem. §§ 286 IV, 276 I zu vertreten, so dass der Leistungsverzug aus diesem Grunde zu verneinen ist.

c) Ergebnis zu 2.: Ein Anspruch gem. §§ 280 I, II, 286 ist somit nicht gegeben.

B. Ansprüche des K gegen V

Anspruch auf Schadensersatz, §§ 280 I, III, 283 S.1, 275 IV

Fraglich ist, ob K einen Anspruch auf Schadensersatz aus §§ 280 I, III, 283 S.1, 275 IV i.H.v. 500 € gegen V hat.

I. Schuldverhältnis

Die Parteien haben sich wirksam auf einen Kaufvertrag geeinigt (vgl. o.). Ein Schuldverhältnis liegt demnach vor.

---

[131] Palandt/HEINRICHS, 67. A. 2008, § 286 Rn. 39.

II. Befreiung von der Leistungspflicht nach § 275 I–III

V ist nach § 275 I von seiner aus dem Kaufvertrag resultierenden Verpflichtung zur Übergabe und Übereignung des „Faust" (§ 433 I 1) befreit (vgl.o.).

III. Pflichtverletzung

Anmerkung: Die Pflichtverletzung ist die zentrale Voraussetzung für einen Schadensersatzanspruch. Sie ist gegeben, wenn der Schuldner von seinem durch das Schuldverhältnis begründeten Pflichtenprogramm abweicht (LORENZ/RIEHM, Lehrbuch zum neuen Schuldrecht, 2002, Rn. 172). Eine Pflichtverletzung ist stets gegeben, wenn der Schuldner seine leistungsbezogenen Pflichten (§ 241 I) nicht oder nicht ordnungsgemäß erbringt. Darüber hinaus kommt die Verletzung nichtleistungsbezogener Nebenpflichten (vgl. § 241 II) in Betracht.

Weiterhin bedarf es nach § 280 I 1 einer Pflichtverletzung. In den Fällen der §§ 280 I, III, 283 S. 1 genügt zur Bejahung der Pflichtverletzung der Nichterhalt der Leistung infolge des Verlusts des Erfüllungsanspruchs, der mit der Unmöglichkeit einhergeht.[132] Eine hiervon zu unterscheidende Pflichtverletzung muss nicht mehr festgestellt werden.

Anmerkung: Nach anderer Ansicht soll die Pflichtverletzung nicht schon im Eintritt der Unmöglichkeit, sondern darin liegen, dass der Schuldner mit der Herbeiführung der hierfür maßgeblichen Umstände einen Sorgfaltsverstoß begangen hat (KÖHLER/LORENZ, Prüfe Dein Wissen, Schuldrecht I, 19. A. 2005, Fall 58; HUBER/FAUST, Schuldrechtsmodernisierung, 2002, Kap. 3, Rn. 121). Diese verhaltensbezogene Auffassung generiert jedoch Probleme mit der Beweislast: Der Gläubiger des Schadensersatzanspruchs müsste im Rahmen der Pflichtverletzung beweisen, warum dem Schuldner die Leistung unmöglich geworden ist. Dies führt zu Überschneidungen mit der Beweislastumkehr des § 280 I 2, und somit zu Widersprüchen.

IV. Vertretenmüssen, § 280 I 2

Anmerkung: Aus der negativen Formulierung des § 280 I 2 („Dies gilt nicht, ...") folgt (ebenso wie bei § 311a II 2), dass der Schuldner die Beweislast hinsichtlich des Vertretenmüssens trägt. Er muss die Tatsachen vortragen, die geeignet sind, die Vermutung seines Verschuldens zu widerlegen. Es handelt sich hierbei um eine Ausnahme zu dem

---

[132] CANARIS, Die Reform des Rechts der Leistungsstörung, JZ 2001, 499, 512; MüKo/ERNST, 5. A. 2007, § 283 Rn. 4.

Grundsatz, wonach vor Gericht grundsätzlich der Kläger (Gläubiger) sämtliche anspruchsbegründenden, d.h. für ihn günstigen Tatsachen vorzutragen und zu beweisen hat.

Außerdem ist für einen Schadensersatzanspruch gem. §§ 280 I, III, 283 S. 1 erforderlich, dass der Schuldner die Pflichtverletzung zu vertreten hat. Das Vertretenmüssen des Schuldners wird nach § 280 I 2 vermutet. Aufgrund des Annahmeverzugs hat V gem. § 300 I nur Vorsatz und grobe Fahrlässigkeit zu vertreten (vgl.o.). Da E als Erfüllungsgehilfe des V nur leicht fahrlässig handelte (vgl.o.), hat er den Untergang nicht gem. §§ 276 I, 278 zu vertreten.

V. Ergebnis

K hat demnach keinen Schadensersatzanspruch gem. §§ 280 I, III, 283 S. 1 gegen V.

Literaturhinweise: KÖHLER/LORENZ, Prüfe Dein Wissen, Schuldrecht I, 19. A. 2005, Fälle 58ff.; MUSIELAK, Grundkurs BGB, 10. A. 2007, Rn. 439ff. (Schuldnerverzug) bzw. Rn. 461ff. (Kapitel Gläubigerverzug).

***

Fall 7

▶ **Themen:** Gefahrtragung beim Versendungskauf; Konkretisierung bei der Gattungsschuld; Stellvertretendes commodum; Drittschadensliquidation

▶ **Übersicht: 7** (Skizze zur Drittschadensliquidation)

Der Aachener Galerist K entdeckt bei dem ebenfalls in der alten Kaiserstadt ansässigen Antiquitätenhändler V das serienmäßig hergestellte Gemälde „Kaiserdom zu Aachen", das V zu einem Einkaufspreis von 2.000 € erworben hatte und nun für 5.000 € zum Kauf anbietet. K kauft das Gemälde zum Zwecke der geschäftsmäßigen Weiterveräußerung, da ihm ein Kunde seiner Galerie für ein solches Gemälde einen Preis von 10.000 € geboten hat. Auf Bitten des K erklärt sich V bereit, das Gemälde dem K in seine Galerie, die sich am anderen Ende der Stadt befindet, zu liefern. Er übergibt das Kunstwerk daher seinem Angestellten A, damit dieser es mit einem Lieferwagen zu K bringe. Auf der Fahrt kommt es zu einem Unfall, bei dem das Gemälde zerstört wird. V verlangt von K gleichwohl Zahlung des Kaufpreises. K weigert sich jedoch zu zahlen; es könne ja wohl nicht sein, dass er am Ende auf dem Schaden sitzen bleibe.

Kann V von K Zahlung des Kaufpreises für das Gemälde verlangen, wenn der Unfall

1. von einem anderen Autofahrer (B),
2. von A leicht fahrlässig verschuldet wurde?

Lösung

Frage 1: Anspruch V gegen K auf Zahlung des Kaufpreises i.H.v. 5.000 € gem. § 433 II?

I. Anspruch entstanden?

Voraussetzung für einen Anspruch des V gegen K aus § 433 II wäre das Vorliegen eines Kaufvertrages zwischen V und K. Die beiden haben sich gem. §§ 145ff. über den Abschluss eines solchen geeinigt. Darüber hinaus sind Wirksamkeitshindernisse nicht ersichtlich, so dass der Anspruch gem. § 433 II zunächst wirksam zur Entstehung gelangt ist.

II. Anspruch erloschen?

1. § 326 I 1 Hs. 1

Möglicherweise ist der Anspruch des V auf Zahlung des Kaufpreises gem. § 326 I 1 Hs. 1 erloschen.

a) Befreiung von der Leistungspflicht gem. § 275 I–III

Dazu müsste V gem. § 275 I–III von seiner Pflicht zur Leistung befreit sein. In Betracht kommt hier ein Ausschluss der Leistungspflicht gem. § 275 I wegen nachträglicher Unmöglichkeit. Dazu müssten dem V Übereignung und Übergabe des Gemäldes unmöglich geworden sein. Das Gemälde wurde bei dem Unfall vollständig zerstört, so dass er es nicht mehr – wie es § 433 I 1 von ihm verlangt – übereignen und übergeben kann.

aa) Gattungsschuld

Fraglich ist jedoch, wie sich die Tatsache auswirkt, dass das Gemälde serienmäßig hergestellt wird und der V demnach die Lieferung aus der Gattung schuldet. Grundsätzlich wäre dem V die Leistung dann erst bei vollständigem Untergang der Gattung unmöglich.

142

bb) Konkretisierung, § 243 II

Etwas anderes könnte sich jedoch aus § 243 II ergeben; V wäre nicht zur Leistung aus der Gattung verpflichtet, wenn sich das Schuldverhältnis gem. § 243 II bereits auf das verladene Gemälde beschränkt hätte.

Exkurs: Der Schuldner einer Gattungsschuld schuldet nach § 243 I nur eine Sache mittlerer Art und Güte aus der Gattung. Unmöglichkeit kann daher nur dann eintreten, wenn die gesamte Gattung (oder im Falle einer Vorratsschuld der gesamte Vorrat) untergeht. Hat der Schuldner aber das zur Leistung seinerseits Erforderliche getan, so wird die Gattungsschuld nach § 243 II zur Stückschuld; der Schuldner schuldet nur noch das konkret ausgewählte Stück. Geht dieses unter, so wird er von seiner Leistungspflicht nach § 275 I frei. Die Konkretisierung bewirkt also den **Übergang der Sachgefahr** auf den Gläubiger.

Was das nach § 243 II „seinerseits Erforderliche" ist, richtet sich nach dem Inhalt der Schuld, insbesondere danach, ob eine Hol-, Bring- oder Schickschuld vereinbart ist, vgl. Brox/Walker, Schuldrecht AT, 32. A. 2007, § 8 Rn. 1ff., Musielak, Grundkurs BGB, 10. A. 2007, Rn. 188 f.

Dazu müsste V das seinerseits zur Leistungserbringung Erforderliche getan haben. V hat hier zunächst eine Sache der geschuldeten Qualität – i.d.R. „mittlerer Art und Güte" (§ 243 I) – aus der Gattung ausgewählt und sie zum Gegenstand der Leistung gemacht. Problematisch erscheint, ob auf Seiten des Schuldners weitere Handlungen erforderlich sind, damit Konkretisierung der Gattungsschuld eintritt. Dies richtet sich nach der Parteivereinbarung hinsichtlich Ort und Zeit der Übergabe, so dass in diesem Zusammenhang insbesondere die von den Parteien vereinbarte Art der Schuld eine besondere Bedeutung gewinnt.

Exkurs: Im Falle einer **Holschuld** hat der Schuldner die geschuldete Leistungshandlung an seinem Wohnsitz oder an seiner gewerblichen Niederlassung (vgl. § 269 II) vorzunehmen; dort soll auch der Leistungserfolg eintreten. Der Gläubiger muss sich also die Leistung beim Schuldner „abholen". Leistungs- und Erfolgsort[133] liegen somit beim Schuldner. Haben die Vertragsparteien nichts anderes vereinbart und ist

---

[133] Zur Wiederholung: Der **Leistungsort** ist derjenige Ort, an dem der Schuldner die Leistungshandlung vorzunehmen hat. Leistungshandlungen sind diejenigen Handlungen, die auf Seiten des Schuldners erforderlich sind, damit der mit dem Schuldverhältnis bezweckte Erfolg eintreten kann. Beim Kaufvertrag besteht der Erfolg der vom Verkäufer zu erbringenden Leistung in dem Erwerb des Besitzes und des Eigentums der Kaufsache durch den Käufer. Der Ort, an dem dieser Erfolg eintritt, ist der **Erfolgsort** (Musielak, Grundkurs BGB, 10. A. 2007, Rn. 190).

auch sonst nichts anderes aus den Umständen oder der Natur des Schuldverhältnisses ersichtlich, so ist von einer Holschuld als dem gesetzlichen Regelfall auszugehen (vgl. § 269 I).

Bei Vereinbarung einer **Bringschuld** muss der Schuldner die dem Gläubiger geschuldete Leistung (z.b. Ware, Geld) an dessen (Wohn-) Sitz erbringen. Leistungs- und Erfolgsort fallen am Sitz des Gläubigers zusammen. Der Schuldner hat das seinerseits Erforderliche i.S.d. § 243 I erst getan, wenn die Leistung am Ort des Gläubigers *bewirkt* wird; er trägt die Leistungsgefahr und die Preisgefahr auch während des Transports zum Gläubiger. Insofern ist die Bringschuld für den Schuldner ungünstig.

Bei einer **Schickschuld** wiederum ist der Schuldner zur Absendung des Gutes an den Gläubiger verpflichtet. Der Erfüllungsort liegt am Wohnsitz des Schuldners; der Leistungserfolg tritt aber erst ein, wenn das betreffende Gut am Wohnsitz des Gläubigers eingetroffen ist, der Erfolgsort liegt also am Wohnsitz des Gläubigers. Nur bei der Schickschuld fallen demnach Leistungs- und Erfolgsort auseinander.

Bei einer *Geldschuld* ist die Auslegungsregel des § 270 zu beachten. Bei Geldschulden handelt es sich demnach grundsätzlich um eine **qualifizierte Schickschuld**: Der Schuldner hat das Geld im Zweifel auf seine Gefahr und auf seine Kosten dem Gläubiger an dessen Wohnsitz zu übermitteln (§ 270 I); das Geld „reist" auf Gefahr des Schuldners. Regelmäßiger Leistungsort auch für Geldschulden bleibt also der Wohnsitz des Schuldners z.Zt. der Entstehung des Schuldverhältnisses (§§ 269 I, 270 IV). Die rechtzeitige Absendung genügt; § 270 I belastet den Schuldner nur mit der Gefahr des Verlustes, nicht der Verzögerung.

Literaturhinweis: MUSIELAK, GRUNDKURS BGB, 10. A. 2007, Rn. 181ff.

Im vorliegenden Fall erklärt sich V auf Bitten des K bereit das Gemälde in die Galerie des K am anderen Ende der Stadt zu liefern. Folglich haben die beiden eine Schickschuld vereinbart und V war neben der Auswahl des Gemäldes zu dessen Absendung verpflichtet. Mit Übergabe des Gemäldes an die Transportperson A hat V mithin alles seinerseits Erforderliche getan, so dass sich in diesem Zeitpunkt das Schuldverhältnis auf das im Lieferwagen des V befindliche Gemälde beschränkt.

b) Zwischenergebnis

Dieses Gemälde ist bei dem Unfall zerstört worden, so dass V den geschuldeten Gegenstand nicht mehr leisten kann. Er ist daher grundsätzlich gem. § 275 I von seiner Pflicht zur Leistung befreit und verliert gem. § 326 I 1 Hs. 1 seinen Anspruch auf Gegenleistung, d.h. auf Zahlung des Kaufpreises.

144

Anmerkung: Nach der Grundregel des § 326 I 1 hat der Verkäufer die Gegenleistungsgefahr bis zur vollständigen Erfüllung seiner Pflichten zu tragen, also bis zur Übereignung der Kaufsache. Das bedeutet, dass er seinen Kaufpreiszahlungsanspruch grundsätzlich einbüßt, wenn die Kaufsache vor ihrer Übereignung an den Käufer zufällig untergeht oder verschlechtert wird (vgl. dazu MUSIELAK, Grundkurs BGB, 10. A. 2007, Rn. 505ff.). Hinter diesem Zusammenhang steht die Standardkonstellation des Unmöglichkeitsrechts: Geht der Leistungsgegenstand unter, so wird der Schuldner gem. § 275 frei, verliert jedoch gemäß § 326 I 1 auch seinen Anspruch auf die Gegenleistung.

Zu § 326 I 1 gibt es jedoch mehrere Ausnahmen, die zu einem Übergang der Gegenleistungsgefahr auf den Gläubiger führen, so dass dieser die Gegenleistung erbringen muss, ohne seinerseits die Leistung zu erhalten, so z.B. in § 326 II 1 Alt. 1 und Alt. 2 (vgl.o. Fall 6).

Einen Übergang der Gegenleistungsgefahr auf den Gläubiger, also eine Ausnahme vom Grundsatz des § 326 I 1, sieht das Gesetz aber auch in § 447 I vor. Hier wird für den Fall des Versendungskaufs der Zeitpunkt des Gefahrübergangs nach vorn verlagert: Entgegen der in § 326 I 1 zum Ausdruck kommenden Grundregel geht hier die Gefahr nicht erst mit der vom Verkäufer geschuldeten Übereignung der Kaufsache auf den Käufer über, sondern schon mit der Auslieferung an eine Transportperson, d.h. der Verkäufer behält entgegen § 326 I 1 seinen Anspruch auf die Gegenleistung, also den Kaufpreis, wenn die Kaufsache auf dem Transport ohne sein Verschulden untergeht oder verschlechtert wird.

2. Fortbestand des Zahlungsanspruchs gem. § 447 I?

Der Zahlungsanspruch des V gegen K könnte jedoch aufgrund § 447 I weiter bestehen. § 447 I bestimmt, dass die Gegenleistungsgefahr (Preisgefahr) beim Versendungskauf bereits mit Übergabe der Sache an die Transportperson auf den Gläubiger übergeht.

Exkurs: Ein **Versendungskauf** ist ein Kaufvertrag, bei dem der Verkäufer im Rahmen einer Nebenpflicht für die Versendung der Ware an einen anderen Ort als den Erfüllungsort (=Leistungsort i.S.d. § 269) zu sorgen hat.

Der Versendungskauf setzt i.d.R. voraus, dass die Versendung vom Leistungsort vorgenommen wird (h.M.), dies kann jedoch auch anders vereinbart werden (BGH NJW 1991, 915; Palandt/WEIDENKAFF, 67. A. 2008, § 447 Rn. 13). § 447 I ändert nichts an der Übergabepflicht (§ 433 I 1). Der Verkäufer kann nicht am Ort seiner Niederlassung erfüllen, denn der Käufer ist dort nicht anwesend.

Nach § 447 I geht jedoch die Gegenleistungsgefahr (Preisgefahr) beim Versendungskauf bereits mit Übergabe der Sache an die Transportperson auf den Käufer über; im Falle zufälligen Unterganges bleibt dieser also entgegen § 326 I zur Gegenleistung verpflichtet, obwohl der Verkäufer von seiner Verpflichtung zur Lieferung befreit ist.

In diesem Zusammenhang ist zu berücksichtigen:

- § 447 I regelt nur die Gefahr des *zufälligen* Unterganges.
- § 447 I setzt eine **Schickschuld** voraus; bei einer Bringschuld ist er unanwendbar, da dann Erfüllungsort der Wohnort des Gläubigers ist und die Sache nicht an einen anderen Ort als den Erfüllungsort versendet wird.
- § 447 I gilt nach h.M. auch für den Versand innerhalb desselben Ortes (Platzgeschäft).
- Bei Versand durch eigene Leute des Schuldners ist umstritten, ob § 447 I anwendbar ist (dazu sogleich).
- Im Falle eines Verbrauchsgüterkaufs ist § 447 gem. § 474 II unanwendbar; umstritten ist, ob § 474 II durch Individualvereinbarung abbedungen werden kann (dazu unten Fall 8).

Beachte: Warenschulden im kaufmännischen Verkehr sind in der Regel Schickschulden, so dass ein Versendungskauf vorliegt (BGH NJW 1991, 915 m.w.N.).

Demnach bliebe der Käufer K im Falle des zufälligen Untergangs des Gemäldes entgegen § 326 I 1 Hs. 1 zur Zahlung des Kaufpreises verpflichtet, obwohl er das Gemälde nie erhält.

Anmerkung: Ein Rücktritt des K gem. § 326 V muss in diesem Fall in teleologischer Reduktion der Vorschrift ausgeschlossen sein, soll nicht die Gefahrtragungsregel des § 447 I völlig leer laufen, vgl. DAUNER-LIEB, Das neue Schuldrecht, Fälle und Lösungen, 2002, Fall 14; LETTL, Übungsklausur – Bürgerliches Recht: Schwierigkeiten beim Versendungskauf, JuS 2004, 314, 315.

Dazu müsste § 447 I anwendbar und seine Voraussetzungen müssten erfüllt sein.

a) Anwendbarkeit des § 447 I

Der Anwendbarkeit des § 447 I könnte die Regelung des § 474 II entgegenstehen, wonach § 447 im Falle eines Verbrauchsgüterkaufs keine Anwendung findet. Fraglich ist jedoch, ob es sich hier um einen Verbrauchsgüterkauf i.S.d. § 474 I handelt. K erwirbt das Gemälde in Ausübung seiner geschäftlichen Tätigkeit (Erwerb „zur geschäftlichen Weiterveräußerung"), so dass er nicht als Verbraucher (§ 13) sondern als Unternehmer (§ 14 I) auftritt. Folglich handelt es sich im vorliegenden Fall nicht um einen Verbrauchsgüter-

146

kauf i.S.d. § 474 I, so dass auch der Ausschluss des § 474 II nicht greift.

Des Weiteren ist fraglich, ob die Versendung innerhalb einer Ortschaft, d.h. einer Stadt oder Gemeinde, hier also der wunderschönen Stadt Aachen, unter § 447 I fällt. Dagegen könnte sprechen, dass darin gerade keine Versendung an einen anderen Ort liegt. Allerdings ist nach dem Gesetz einzig relevant die Versendung „nach einem anderen Ort als den Erfüllungsort (=Leistungsort i.S.d. § 269!). Der Erfüllungsort liegt bei einem Versendungskauf (Schickschuld!) am Wohn- bzw. Geschäftssitz des Schuldners, der Erfolgsort am Wohn- bzw. Geschäftssitz des Gläubigers. Der Begriff des „anderen Ortes" ist demnach räumlich, nicht aber politisch zu verstehen.[134] Daher fällt auch die Versendung innerhalb einer Ortschaft, der sog. „Platzkauf", unter die Regelung des § 447 I.[135]

b) Voraussetzungen des § 447 I

Fraglich ist sodann, ob die Voraussetzungen des § 447 I erfüllt sind.

aa) Versendungskauf

Zunächst muss es sich bei dem in Rede stehenden Rechtsgeschäft um einen Versendungskauf handeln. Ein Versendungskauf ist ein Kaufvertrag, bei dem der Verkäufer im Rahmen einer Nebenpflicht für die Versendung (=Absendung) der Ware an einen anderen Ort als den Erfüllungsort zu sorgen hat[136]; es handelt sich hierbei um eine Schickschuld. Auf Wunsch des K erklärt sich V zur Lieferung des Gemäldes in sein Atelier bereit. Demnach ist die Lieferung als Nebenpflicht des V in dem Vertrag mit K vereinbart worden. Mithin liegt ein Versendungskauf vor.

> **Vorsicht:** Enthält der Klausursachverhalt eine Vereinbarung zwischen Verkäufer und Käufer, wonach die Kaufsache dem Käufer geliefert werden soll, so ist bei der Annahme einer Bringschuld äußerste Zurückhaltung geboten. Eine solche ist nämlich mit einer erheblichen Ausweitung des Haftungsrisikos für den Verkäufer verbunden (dieser würde das Transportrisiko tragen!) und daher in der Regel nicht interessengerecht. In den meisten Fällen wird daher von der Vereinbarung einer Schickschuld

---

[134] OETKER/MAULTZSCH, Vertragliche Schuldverhältnisse, 3. A. 2007, § 2 Rn 394 m.w.N. (Fn. 777).

[135] Vgl. nur Palandt/WEIDENKAFF, 67. A. 2008, § 447 Rn. 12.

[136] Palandt/WEIDENKAFF, 67. A. 2008, § 447 Rn. 6.

auszugehen sein, bei der der Verkäufer lediglich die ordnungsgemäße Versendung übernimmt. Eine Ausnahme ist in der Regel bei solchen Kaufsachen gegeben, bei denen es einer umfangreichen Installation, Montage o.ä. bedarf. In derartigen Fällen kann eine Bringschuld als üblich angesehen werden.

bb) Auslieferung an die Transportperson

Des Weiteren ist erforderlich, dass V die Kaufsache zur Beförderung an die zur Ausführung der Versendung bestimmte Person (=Transportperson) ausgeliefert hat. Auslieferung erfordert die Übergabe der Sache an die Transportperson. V hat das Gemälde seinem Angestellten A zum Zwecke der Ausführung der Versendung übergeben. Fraglich ist allerdings, ob die Übergabe an den Angestellten (A) des V[137] – also nicht an einen externen Dienstleister, wie z.B. die Post oder ein sonstiges Transportunternehmen – als Auslieferung an den Beförderer i.s.d. § 447 I genügt.

Problemaufriss: § 447 I spricht von Auslieferung an „Spediteur, Frachtführer oder sonstige zur Ausführung der Versendung bestimmte Person oder Anstalt". Grundsätzlich kommen Angestellte des Verkäufers als „sonstige zur Ausführung der Versendung bestimmte Person" in Betracht, allerdings nennt § 447 I ausdrücklich nur selbstständige Transportpersonen.

Die Frage, ob § 447 I bei Durchführung des Transports durch eigene Angestellte des Verkäufers Anwendung findet, ist umstritten.[138]

(1) Nach **einer Ansicht** ist § 447 I auch in dem Fall, dass der Transport mit eigenen Leuten durchgeführt wird, anzuwenden.[139] Da der Transport bei einem Versendungskauf nicht geschuldet werde, seien die eigenen Leute des Verkäufers auch nicht seine Erfüllungsgehilfen, weshalb § 278 nicht zur Anwendung komme.[140] Daraus sei zu folgern, dass die Gefahr mit der Übergabe der

---

[137] Mit dieser Auslieferung tritt zwar die Konkretisierung i.S.d. § 243 II ein. Zu beachten ist jedoch, dass darin noch keine Übergabe i.S.d. § 929 S.1 und damit auch keine Erfüllung der Verpflichtung gem. § 433 I 1 liegt.

[138] Ausführliche Darstellung des Meinungsstreits bei BRAUKMANN/SCHIEDER, Streitfragen Schuldrecht, 2007, 33ff.

[139] Vgl. z.B. RGZ 96, 258, 259; Bamberger/Roth/FAUST, 2. A. 2007, § 447 Rn. 9; Erman/GRUNEWALD, 12. A. 2008, § 447 Rn. 10.

[140] Erman/GRUNEWALD, 12. A. 2008, § 447 Rn. 10.

Kaufsache an die Transportperson immer auf den Käufer über-geht, ohne Unterschied, wer den Transport durchführt.

(2) Nach **anderer Ansicht** ist § 447 I auf den Selbsttransport nicht anwendbar.[141] Der Wortlaut des § 447 I, der den Spediteur bzw. Frachtführer erwähnt, deute darauf hin, dass lediglich die Ausliefe-rung an selbstständige Transporteure, nicht aber an verkäuferei-genes Personal, die Anwendung des § 447 I rechtfertige. Im Übri-gen verlasse die Kaufsache mit ihrer Übergabe an eine dem Ver-käufer zugehörige Transportperson nicht die Einflusssphäre des Verkäufers. Auf dem Verlassen der Einflusssphäre aber basiere § 447 I, der den Verkäufer dann entlasten wolle, wenn sich die Sa-che nicht mehr in seinem Macht- und Verantwortungsbereich be-finde. Ein etwaiges Verschulden des Angestellten soll dem Ver-käufer über § 278 zugerechnet werden.[142]

(3) Die **h.M.** differenziert dagegen wie folgt: Grundsätzlich soll § 447 I auch im Falle des Transports durch das Personal des Ver-käufers anwendbar sein. Eine Ausnahme soll jedoch gelten, wenn den verkäufereigenen Transporteur ein Verschuldensvorwurf trifft (Wertung des § 278).[143] Dafür spricht, dass der Verkäufer im Falle einer Schickschuld unabhängig davon, ob es sich bei der Trans-portperson um einen externen Dienstleister oder um eigenes Per-sonal handelt, mit der Auslieferung der Kaufsache an den Beförde-rer das von ihm Geschuldete getan hat. Eine Einbeziehung eige-ner Leute vermag daran nichts zu ändern und ist nicht geeignet, sein Haftungsrisiko über das von ihm geschuldete Absenden der Ware hinaus auszuweiten.

(4) Stellungnahme: Die erste Ansicht benachteiligt den Käufer unangemessen, da eine Verschuldenszurechnung nicht stattfindet. Die unter (2) dargestellte Ansicht verkennt, dass es auf das Ver-lassen der Einflusssphäre des Verkäufers nicht ankommt.

Hinter der Regelung des § 447 I steht vielmehr die Wertung, dass das Haftungsrisiko des Verkäufers durch die Übernahme des an

---

[141] Palandt/WEIDENKAFF, 67. A. 2008, § 447 Rn. 12; MEDICUS, Bürgerliches Recht, 21. A. 2007, Rn. 275; WERTENBRUCH, Gefahrtragung beim Versendungskauf nach neuem Schuldrecht, JuS 2003, 625, 626f.

[142] Palandt/WEIDENKAFF, 67. A. 2008, § 447 Rn. 12.

[143] Vgl. nur OETKER/MAULTZSCH, Vertragliche Schuldverhältnisse, 3. A. 2007, § 2 Rn. 406[802] m.w.N.; MüKo/WESTERMANN, 5. A. 2008, § 447 Rn. 16f.; MUSIELAK, Grundkurs BGB, 10. A. 2007, Rn. 512.

sich nicht geschuldeten Transports nicht ausgeweitet werden soll. Des Weiteren ist zu berücksichtigen, dass ein etwaiges Verschulden verkäufereigenen Personals nach dem Grundsatz des § 278 dem Verkäufer zuzurechnen ist. Selbst wenn er den Transport freiwillig übernimmt, muss er dennoch dafür einstehen, dass dieser von ihm selbst (§ 276) bzw. von eingeschalteten Erfüllungsgehilfen (§ 278) sorgfältig durchgeführt wird, da ihn auch insofern Sorgfaltspflichten gem. § 241 II treffen.[144]

Dagegen spricht auch nicht, dass der Verkäufer bei einer Schickschuld den Transport nicht schuldet. Ihn trifft nämlich jedenfalls die vertragliche Nebenpflicht (§ 241 II), die Kaufsache vor Schäden zu schützen. Eine Verletzung dieser Pflicht auf dem Transport durch eigene Leute hat der Verkäufer gem. § 278 zu vertreten.[145]

Erreicht somit einzig die dritte Ansicht eine differenzierte, sachgerechte Lösung, so ist ihr zu folgen.

cc) Zwischenergebnis zu b)

Demnach genügt in der Regel die Übergabe an einen mit dem Transport betrauten, geeigneten Angestellten des Verkäufers, hier also den A. Da diesen hinsichtlich des Untergangs kein Verschulden trifft, ist auch keine Ausnahme von der grundsätzlichen Anwendbarkeit des § 447 I zu treffen.

c) Rechtsfolge

Die Gefahr des zufälligen[146], also nicht vom Verkäufer verschuldeten, Untergangs ist somit mit der Übergabe des Gemäldes auf den Käufer (K) übergegangen.

d) Zufälliger Untergang

A trägt keine Schuld an dem Unfall und damit an der Zerstörung des Gemäldes. Mithin ist der Untergang der geschuldeten Ware zufällig.

3. Zwischenergebnis zu II.

Der Anspruch des V auf Zahlung des Kaufpreises i.h.v. 5.000 € gem. § 433 II ist nicht erloschen.

---

[144] BRAUKMANN/SCHIEDER, Streitfragen Schuldrecht, 2007, 35.

[145] So die überzeugende Begründung bei MUSIELAK, Grundkurs BGB, 10. A. 2007, Rn. 512[148].

[146] Palandt/WEIDENKAFF, 67. A. 2008, § 447 Rn. 15.

150

III. Anspruch durchsetzbar?

Möglicherweise stehen dem Anspruch des V jedoch Rechte des K entgegen, die die Durchsetzung des Anspruchs auf Zahlung des Kaufpreises hindern.

> **Anmerkung:** Die Einrede ergibt sich je nachdem, ob man den an die Stelle der Hauptleistungspflicht getretenen Anspruch aus § 285 als „Surrogat" der Hauptleistung und wie diese als synallagmatische Pflicht behandelt aus § 320 (h.M., vgl. nur BGHZ 26, 339; 73, 144; MüKo/EMMERICH, 5. A. 2007, vor § 320 Rn. 29; Palandt/GRÜNEBERG, 67. A. 2008, Einf. v. § 320 Rn. 17) oder aus § 273, falls man von einem nicht synallagmatischen Anspruch ausgeht.

1. Einrede des nicht erfüllten Vertrages, §§ 320, 285 i.V.m. §§ 823 I, 7 I StVG

K beruft sich gegenüber V auf die Einrede des nicht erfüllten Vertrages gem. § 320. Fraglich ist, ob ihm eine solche Einrede zusteht. Dies ist der Fall, wenn K von V im Rahmen eines Anspruchs auf Herausgabe des stellvertretenden *commodums* (§§ 285, 275 IV) die Abtretung der dem V gegen B zustehenden Schadenersatzansprüche gem. § 823 I, § 7 I StVG verlangen kann.

a) Anspruch K gegen V aus §§ 285 i.V.m. §§ 823 I, 7 I StVG

Fraglich ist jedoch zunächst, ob V wegen der Zerstörung des Gemäldes ein Schadensersatzanspruch gemäß § 823 I bzw. § 7 I StVG gegen B zusteht, da die Voraussetzung beider Tatbestände, die unproblematisch gegeben sind, auch den Eintritt eines Schadens erfordern.

aa) Schaden des V

Zwar ist V zum Zeitpunkt des Unfalls noch Eigentümer, aber rein rechnerisch hat er keinen Vermögensschaden erlitten: Er kann trotz Leistungsstörung wegen § 447 I den vollen Kaufpreis verlangen.

bb) Schaden des K

K hat hingegen zwar einen Schaden, denn wegen § 447 I bleibt er zur Gegenleistung verpflichtet, aber keinen Anspruch gegen B.

cc) Lösung

Dieses Auseinanderfallen von Anspruch und Schaden könnte aber über die **Grundsätze von der Drittschadensliquidation** ausgeglichen werden.

Problemaufriss: Andernfalls wäre der Schädiger weder dem einem noch dem anderen Vertragsteil zum Ersatz verpflichtet; dies aber würde eine ungerechtfertigte Entlastung des Schädigers bedeuten. Der Inhaber des Ersatzanspruchs muss deshalb den Schaden des Geschädigten („Dritten") geltend machen können, d.h. der Schaden wird zum Anspruch gezogen. Die Drittschadensliquidation ist gesetzlich nicht geregelt (Ausnahme: §§ 425 I, 421 I 2 HGB, lesen!), aber seit langem in Rechtsprechung und Literatur anerkannt.

Fallgruppen der Drittschadensliquidation:

Mittelbare Stellvertretung: Der „mittelbare Stellvertreter" handelt gerade nicht als Stellvertreter i.S.d. §§ 164ff. im Namen eines Anderen (=Geschäftsherr), sondern im eigenen Namen, jedoch im Auftrag und für Rechnung des Anderen. Die Rechtswirkungen treffen nur den mittelbaren Stellvertreter; der Geschäftsherr aber trägt die wirtschaftlichen Folgen (z.B. bei einem Auftrag wegen §§ 667, 670).

Obhutsfälle: Jemand schließt als berechtigter Besitzer einer fremden Sache einen Vertrag, der hinsichtlich der Sache eine Obhutspflicht begründet (Bsp.: Mieter oder Entleiher gibt fremde Sache einem anderen zur Reparatur oder Verwahrung) und dort wird die Sache beschädigt; der Mieter/Entleiher kann dann bei Verletzung der Obhutspflicht den Schaden des Eigentümers geltend machen.

Obligatorische Gefahrentlastung: Schaden und Anspruch fallen infolge einer gesetzlichen Gefahrtragungsregel auseinander (wie in diesem Fall). Zu den Fallgruppen vgl. Palandt/HEINRICHS, 67. A. 2008, vor § 249 Rn. 112ff.

Es ist anerkannt, dass eine **zufällige Schadensverlagerung** durch ein Auseinanderfallen von Rechtsposition (Eigentum des Verkäufers) und Risikotragung (Gefahrübergang auf den Käufer) für den Schädiger keine Entlastung bringen darf. § 447 I soll einzig den Verkäufer gegenüber der starren Regelung des § 326 I privilegieren, nicht aber einen Drittschädiger entlasten.[147] Der Verkäufer kann daher im eigenen Namen einen Ersatzanspruch gegen den Schädiger (hier B) geltend machen und ist sodann verpflichtet, den so erlangten Anspruch als Surrogat des Leistungsgegenstandes gem. § 285 an den Käufer herauszugeben.

Problematisch ist hierbei, dass V, wie bereits oben festgestellt, wegen der Gefahrtragungsregel des § 447 I keinen eigenen Scha-

---

[147] Vgl. nur OETKER/MAULTZSCH, Vertragliche Schuldverhältnisse, 3. A. 2007, § 2 Rn. 412 m.w.N.

den hat. Nach h.M.[148] kann der Verkäufer in einem solchen Fall den Schaden des Käufers geltend machen, d.h. „der Schaden wird zum Anspruch gezogen."

> **Anmerkung:** Im Gegensatz dazu wird beim Vertrag mit Schutzwirkung zugunsten Dritter der „Anspruch zum Schaden gezogen", d.h. der Geschädigte erhält, obwohl nicht selbst Vertragspartner, einen vertraglichen Anspruch gegen den Schädiger.

Mithin hat hier V einen Anspruch gegen B auf Ersatz des Schadens in Höhe des Kaufpreises (5.000 €) und des entgangenen Gewinns (5.000 €), d.h. in Höhe von insgesamt 10.000 €.[149]

dd) Zwischenergebnis: K kann von V gem. §§ 285, 275 IV die Abtretung der dem V gegen B zustehenden Ansprüche aus § 823 I bzw. § 7 I StVG i.H.v. 10.000 € verlangen.

> **Anmerkung:** Sollte der Anspruchsinhaber die Ansprüche bereits realisiert haben, so geht der Anspruch auf Herausgabe des Erlöses.

b) Voraussetzungen des § 320

aa) Gegenseitigkeitsverhältnis

Ein etwaige Verpflichtung des Verkäufers zur Herausgabe des Erlangten aus § 285 steht im Gegenseitigkeitsverhältnis zu der Verpflichtung des Käufers zur Kaufpreiszahlung. Die synallagmatische Verknüpfung der beiderseitigen Leistungspflichten endet nicht, wenn an ihre Stelle Ersatzpflichten nach den §§ 281–283 treten oder wenn der Gläubiger an Stelle des Schadensersatzes das stellvertretende commodum nach § 285 verlangt.[150] Folglich steht auch hier der Anspruch des K auf Abtretung des Schadens-

---

[148] RGZ 62, 331, 334; BGHZ 40, 91, 100; OETKER/MAULTZSCH, Vertragliche Schuldverhältnisse, 3. A. 2007, § 2 Rn. 409ff.; Palandt/HEINRICHS, 67. A. 2008, vor § 249 Rn. 117 m.w.N.

[149] Nach a.A. (LOOSCHELDERS, Schuldrecht Allgemeiner Teil, 6. A. 2008, Rn. 946) ist der Schaden „wertend" zu ermitteln (=normativer Schaden), da die interne Gefahrentlastung nach § 447 I den Schädiger nicht betreffe; Verkäufer könne daher allein seinen eigenen Schaden geltend machen = dieser beträgt aber bei entsprechend wertender Außerachtlassung des § 447 wegen § 326 I 1 nur 3.000 €, d.h. Verkaufspreis (5.000 €) abzüglich Einkaufspreis (2.000 €). Dann aber fehlt es m.E. bereits an der Notwendigkeit der Drittschadensliquidation, da der Verkäufer ja einen eigenen Schaden hätte.

[150] So Rspr. und h.M., vgl. nur BGHZ 26, 339; 73, 144; MüKo/EMMERICH, 5. A. 2007, vor § 320 Rn. 29; Palandt/GRÜNEBERG, 67. A. 2008, Einf. v. § 320 Rn. 17; OETKER/MAULTZSCH, Vertragliche Schuldverhältnisse, 3. A. 2007, § 2 Rn. 412.

ersatzanspruchs gegen B im Gegenseitigkeitsverhältnis zum Kaufpreisanspruch des V.

bb) Gegenforderung vollwirksam und fällig

Die Kaufpreisforderung des V ist vollwirksam und fällig, vgl. § 271 I; eine Vorleistungspflicht des K wurde nicht vereinbart.

cc) Eigene Vertragstreue des K

Anzeichen dafür, dass sich K vom Vertrag lösen möchte, sind nicht ersichtlich.

dd) Nichterfüllung durch den anderen Teil

Die Gegenleistung steht noch aus. Bislang hat V seine Ansprüche gegen B nicht an K abgetreten.

ee) Kein Ausschluss nach Treu und Glauben

Anhaltspunkte für einen Ausschluss nach Treu und Glauben sind nicht ersichtlich.

2. Zwischenergebnis zu III.

Dem Zahlungsanspruch des V steht eine Einrede des K gem. §§ 320, 285 I i.V.m. § 823 I, § 7 I StVG i.H.v. 10.000 € gegenüber.

IV. Ergebnis

Der Anspruch auf Zahlung des Kaufpreises i.H.v. 5.000 € gem. § 433 II ist zum gegenwärtigen Zeitpunkt nicht durchsetzbar. V kann lediglich Leistung Zug-um-Zug gegen Abtretung der ihm gegen B zustehenden Schadenersatzansprüche gem. § 823 I, § 7 I StVG verlangen, § 322.

Anmerkung: Hätte V den Schadensersatzanspruch gegen B bereits realisiert, so würde K die Aufrechung (§§ 387ff.) i.H.v. 5.000 € erklären, was zum Erlöschen der Forderung des V gem. § 389 führt. Sodann könnte K Zahlung der ausstehenden 5.000 € verlangen.

154

Frage 2: Ändert sich bei Anwendung des § 447 I etwas, wenn der Angestellte A die Zerstörung des Gemäldes verschuldet hat?

I. Anspruch entstanden?

V und K haben einen Kaufvertrag geschlossen; Wirksamkeitshindernisse sind nicht ersichtlich (s.o.). Der Anspruch ist mithin entstanden.

II. Anspruch erloschen?

1. Anspruch erloschen nach § 326 I 1 Hs. 1?

V kann den geschuldeten Gegenstand, das zerstörte Gemälde, nicht mehr leisten. Er ist daher grundsätzlich gem. § 275 I von seiner Pflicht zur Leistung befreit und verliert gem. § 326 I 1 Hs. 1 seinen Anspruch auf Gegenleistung (s.o.).

2. Fortbestand des Zahlungsanspruchs gem. § 447 I?

a) Der Kaufpreisanspruch des V könnte gem. § 447 I fortbestehen. Die Voraussetzungen des § 447 I sind erfüllt (s.o.).

b) Allerdings ist fraglich, ob hier überhaupt ein Fall der „Gefahr" i.S.d. § 447 I gegeben ist. Diese bezeichnet den *zufälligen* Untergang. Zufall liegt wiederum vor, wenn keine Seite den Untergang zu vertreten hat. Nach h.M.[151] muss sich der Verkäufer das Verschulden eines Erfüllungsgehilfen gem. § 278 zurechnen lassen.[152] Erfüllungsgehilfe ist, wer bei der Erfüllung einer bestehenden Verbindlichkeit mit dem Willen des Schuldners tätig wird.[153] A hat auf Anweisung des V die diesem obliegende Lieferung des Bildes an K übernommen. Demnach handelte er als Erfüllungsgehilfe des V i.S.d. § 278. Folglich muss sich V das (leicht) fahrlässige und damit schuldhafte (§ 276 I 1, II) Verhalten des A gem. § 278 S. 1 zurechnen lassen. V hat daher den Unfall und somit den Untergang des Gemäldes gem. §§ 278, 276 I 1 zu vertreten.

---

[151] Zu demselben Ergebnis gelangen im Übrigen auch die Vertreter der Ansicht, wonach § 447 I bei der Durchführung des Transports mit eigenen Leuten keine Anwendung findet, vgl. nur Palandt/WEIDENKAFF, 67. A. 2008, § 447 Rn. 12.

[152] Eine andere Ansicht will hier die Verletzung einer fortdauernden eigenen Leistungstreupflicht des Verkäufers annehmen. Dieser habe alles zu unterlassen, was den Eintritt des Leistungserfolges gefährden könne, vgl. Staudinger/KÖHLER, Neubearb. 2005, § 447 Rn. 30.

[153] Vgl. nur Palandt/HEINRICHS, 67. A. 2008, § 278 Rn. 7.

c) Zwischenergebnis zu 2: § 447 ist somit nicht anzuwenden, es bleibt bei der Grundregel des § 326 I 1 Hs. 1.

3. Zwischenergebnis zu II.

Der Kaufpreiszahlungsanspruch des V ist gem. § 326 I 1 Hs. 1 erloschen.

III. Ergebnis zu Frage 2

V hat gegen K keinen Anspruch auf Zahlung des Kaufpreises gem. § 433 II.

***

Fall 8

▶ **Themen:** Konkretisierung der Gattungsschuld; Annahmeverzug; Verbrauchsgüterkauf

Die Zerstörung des Gemäldes (vgl. Fall 11) bleibt an jenem Tag nicht die einzige Enttäuschung für K. Einige Tage zuvor hatte er bei dem Heinsberger[154] Obsthändler O telefonisch eine Kiste Äpfel zum Preis von 20 € bestellt; O hatte sich sofort mit dem Geschäft einverstanden erklärt. Die Äpfel waren eigentlich zur Verköstigung der Gäste seiner nächsten Vernissage gedacht, dann jedoch hatte sich K entschlossen, das Obst für einen Geburtstagskuchen für seine Frau zu verwenden.

Zunächst hatten K und O vereinbart, dass K die Kiste Äpfel selbst abholen würde. Aufgrund terminlicher Schwierigkeiten bat K den O dann aber einen Tag später, ihm die Ware zuzusenden. O war damit einverstanden, wies K aber darauf hin, dass er das Transportrisiko nicht übernehme. K erwiderte, dies sei für ihn angesichts des Entgegenkommens des O selbstverständlich. Die Kiste Äpfel sollte an die Adresse des K, unter der er sowohl seine Galerie betreibt als auch wohnt, geliefert werden. O wusste weder von den Absichten des K zur Verwendung der Äpfel noch von dem Betrieb einer Galerie unter der Lieferadresse des K.

---

[154] Heinsberg, Kreisstadt in NRW, ca. 42.000 Einwohner, 35 km nördlich von Aachen am südwestlichen Rand des Rurtals gelegen; Zentrum eines bedeutenden Obstanbaugebietes.

Die Kiste Äpfel wird auf dem Transportweg ohne Verschulden des von O sorgfältig gewählten Speditionsunternehmens oder eines Dritten zerstört.

Kann O von K Zahlung des Kaufpreises für die Kiste Äpfel verlangen?

Lösung

O könnte gegen K einen Anspruch auf Zahlung des Kaufpreises i.H.v. 20 € aus § 433 II haben.

I. Anspruch entstanden?

O hat den telefonisch erklärten Antrag des K auf Abschluss eines Kaufvertrages sofort (§ 147 I 2) angenommen, so dass ein wirksamer Kaufvertrag zwischen O und K zustande gekommen ist. Der Anspruch auf Zahlung des Kaufpreises ist entstanden.

II. Anspruch erloschen?

1. § 326 I 1

Der Anspruch könnte jedoch gem. § 326 I 1 erloschen sein.

a) Dafür müssten die Voraussetzungen des § 275 I bzgl. der Hauptleistungspflicht des O erfüllt sein. Bei der Verpflichtung zur Übereignung einer Kiste Äpfel handelte es sich ursprünglich um eine Gattungsschuld. Sie könnte jedoch infolge einer Konkretisierung gem. § 243 II zu einer Stückschuld geworden sein. Dafür müsste O alles getan haben, um den K in Annahmeverzug zu bringen. Insbesondere müsste die Leistungshandlung am richtigen Ort vorgenommen worden sein, § 269 I. Ursprünglich war eine Holschuld zwischen O und K vereinbart. Diese wurde jedoch nachträglich übereinstimmend zu einer Schickschuld abgeändert. Jedoch hat O durch Übergabe der Kiste Äpfel an ein sorgfältig ausgewähltes Speditionsunternehmen auch hierfür das seinerseits Erforderliche getan, § 243 II. Konkretisierung trat ein.

b) Dies hat zur Folge, dass der Untergang der Kiste Äpfel unter § 275 I fällt. Somit greift grundsätzlich § 326 I 1.

2. § 447 I

Möglicherweise ist jedoch § 447 I als Ausnahme zu § 326 I 1 einschlägig.

a) Versendungskauf i.S.d. § 447 I

O hat sich nachträglich zur Versendung der Äpfel bereit erklärt, aber ausdrücklich die Übernahme des Transportrisikos abgelehnt. Die ursprünglich vereinbarte Holschuld ist somit in eine Schickschuld umgewandelt worden. Es handelt sich daher um einen Versendungskauf i.S.d. § 447 I.

b) Anwendbarkeit des § 447

§ 447 ist jedoch nicht einschlägig, falls § 474 II greift, der bestimmt, dass § 447 im Geltungsbereich der §§ 474ff. keine Anwendung findet.

aa) Dies setzt voraus, dass es sich um einen Verbrauchsgüterkauf nach § 474 I handelt, d.h. K müsste Verbraucher i.s.d. § 13 von O als Unternehmer i.s.d. § 14 I eine bewegliche Sache gekauft haben.

(1) Bei den Äpfeln handelt es sich um bewegliche Sachen i.s.d. § 90.

(2) O handelte beim Verkauf der Äpfel in seiner Eigenschaft als Obsthändler, mithin als Unternehmer i.s.d. § 14 I.

(3) Fraglich ist, ob K als Verbraucher gem. § 13 zu qualifizieren ist. Zunächst beabsichtigte K, die Äpfel zur Verköstigung der Gäste seiner Ausstellung zu benutzen. Er entschloss sich dann aber später, die Äpfel für den Geburtstagskuchen seiner Frau zu verwenden. Es stellt sich somit die Frage, ob der Verbraucherbegriff des § 13 objektiv oder subjektiv zu bestimmen ist.

Für einen subjektiven Verbraucherbegriff spricht zunächst der Gedanke der Privatautonomie. Dies würde jedoch erhebliche Rechtsunsicherheit verursachen. Auch bestünde die Gefahr, dass der zwingende Charakter des Verbraucherschutzes ausgehöhlt würde. Folglich ist einer objektiven, typisierenden Bestimmung der Verbrauchereigenschaft zu folgen.

Entscheidend ist damit nicht der Wille des Handelnden, sondern der durch Auslegung (§§ 133, 157) zu ermittelnde Inhalt des Rechtsgeschäfts; erforderlichenfalls sind die Begleitumstände des Rechtsgeschäfts einzubeziehen.[155] Eine solche objektive, typisierende Bestimmung sorgt auch insoweit für Beweiserleichterung,

---

[155] Allgemeine Meinung, vgl. nur OLG Celle ZGS 2007, 354, 355; Palandt/HEIN-RICHS/ELLENBERGER, 67. A. 2008, § 13 Rn. 4.

158

als die erkennbaren äußeren Umstände glaubhafter nachzuvollziehen sind, als innere Einstellungen.

> **Merke:** Über die Zuordnung zum privaten oder unternehmerischen Bereich entscheidet nicht der innere Wille des Handelnden, sondern der durch Auslegung (§§ 133, 157) zu ermittelnde Inhalt des Rechtsgeschäfts. Entscheidend ist das konkrete Auftreten des Käufers gegenüber dem Verkäufer und wie dieser es unter Berücksichtigung der konkreten Lebens- und Berufssituation des Käufers verstehen konnte. Tritt er also nach den Gesamtumständen als Privatperson auf, so ist er Verbraucher i.S.d. § 13 selbst dann, wenn er den Kaufgegenstand zu einem späteren Zeitpunkt gewerblich nutzt. Im Falle eines sog. *dual use* kommt es darauf an, welche Nutzung überwiegt (OLG Celle ZGS 2007, 354, 355; str., vgl. die Literaturnachweise bei Palandt/HEINRICHS/ELLENBERGER, 67. A. 2008, § 13 Rn. 4). Abzustellen ist auf eine Beurteilung *ex ante*. Bleiben Zweifel, sind die Schutzvorschriften des Verbraucherrechts nicht anzuwenden.
>
> **Beachte:** Die Beweislast für das Vorliegen der Voraussetzungen einer Norm trägt derjenige, der sich auf ihren Schutz beruft (BGH NJW 2007, 2619); im Falle des § 13 also der Käufer, der seine Schutzbedürftigkeit als Verbraucher ins Feld führt.

Hier hat K eine Kiste Äpfel gekauft. Bei derartig geringen Mengen ist typischerweise davon auszugehen, dass die Äpfel für den privaten Gebrauch bestimmt sind.[156] K trat somit als Verbraucher i.S.d. § 13 auf.

bb) Zwischenergebnis: Handelt es sich demnach um einen Verbrauchsgüterkauf i.S.d. § 474 I, so kommt § 474 II grundsätzlich zur Anwendung.

c) § 474 II wirksam abbedungen?

Möglicherweise haben die Parteien § 474 II jedoch wirksam abbedungen.

aa) K hat dem von O verlangten Haftungsauschluss für Transportrisiken ausdrücklich zugestimmt.

bb) Allerdings ist mit Blick auf § 475 I umstritten, ob § 474 II überhaupt abdingbar ist.

(1) Einer Ansicht[157] zufolge soll § 475 I ausweislich seines Wortlautes ergeben, dass sich ein Unternehmer auf Abweichungen von

---

[156] Bei größeren Mengen sähe dies sicherlich anders aus; der kistenweise Verkauf von Äpfeln ist jedoch auch in Verbrauchermärkten wie z.B. Aldi oder Lidl häufig.

[157] OETKER/MAULTZSCH, Vertragliche Schuldverhältnisse, 3. A. 2007, § 2, Rn. 545; so wohl auch BGH NJW 2003, 3341.

den Vorschriften *dieses* Untertitels nicht berufen könne. Hierzu zählt auch § 474 II.

(2) Eine **andere Ansicht**[158] stellt dagegen auf eine systematische Überlegung ab: § 475 I steht erst hinter § 474 II. Unterstellt man dieser Einordnung Sinnhaftigkeit, läge der Sinn der Regelung des § 475 I darin, eben nur die nachfolgenden Regelungen zu erfassen.

(3) **Stellungnahme:** Die zweite Ansicht wird durch die Entstehungsgeschichte der §§ 474ff. bestärkt. §§ 475ff. dienen der Umsetzung einer Europäischen Richtlinie, die Regelung des § 474 II ist dagegen originär deutsches Recht.[159] Zwar steht es dem deutschen Gesetzgeber frei, bei der Umsetzung von Europäischen Vorgaben über den vorgeschriebenen Mindestschutz hinauszugehen. Jedoch war bei Schaffung der Regelung des § 475 I 1 der Wille des Gesetzgebers, dass § 475 I 1 Normen betreffen sollte, „deren Inhalt durch die Umsetzung der Verbrauchsgüterkaufrichtlinie bestimmt ist.“[160] Darunter fällt aber, wie eben gezeigt, § 474 II gerade nicht.

(4) **Zwischenergebnis:** § 474 II ist folglich abdingbar.

cc) **Zwischenergebnis zu c):** Die Parteien haben § 474 II wirksam abbedungen.

d) **Zwischenergebnis zu 2.:** Somit bleibt es, trotz Vorliegen eines Verbrauchergeschäfts, bei der Anwendung des § 447.

3. Zwischenergebnis zu II.

Der Anspruch auf Zahlung des Kaufpreises i.H.v. 20 € ist nicht gemäß § 326 I 1 erloschen.

III. Ergebnis

O kann von K Zahlung der 20 € gem. § 433 II verlangen.

***

---

[158] CANARIS, Schuldrechtsmodernisierung 2002, 2002, XXXIV; MüKo/LORENZ, 5. A. 2008, § 474 Rn. 32, § 475 Rn. 5; vgl. auch BT-Drs. 14/6040, 244.

[159] LORENZ, Leistungsgefahr, Gegenleistungsgefahr und Erfüllungsort beim Verbrauchsgüterkauf, JuS 2004, 105, 106.

[160] BT-Drs. 14/6040, 244.

Fall 9

▶ **Themen:** Schadensersatz wegen anfänglicher Unmöglichkeit; Stellvertretung; Rechtsscheinsvollmacht nach § 172 I, II i.V.m. § 171 I; Kalkulationsirrtum; Eigenschaftsirrtum; Garantie

Kunstexperte V betreibt einen Kunsthandel. Für gewöhnlich leitet er die Geschäfte der Galerie selbst; von Zeit zu Zeit muss er jedoch zu längeren Einkaufsreisen ins Ausland. Währenddessen betreibt sein Bekannter S, ebenfalls ein Kunstfachmann, die Geschäfte. In der Vollmachtsurkunde, die V dem S ausgehändigt hat, wird S „zur Vornahme von Beratungen und Verkäufen, einschließlich individueller Vereinbarungen und Sonderkonditionen" ermächtigt. Als S wiederholt schlechte Geschäfte macht, widerruft V die Vollmacht. S soll nur noch beratend tätig sein. Allerdings vergisst er, sich die Vollmachtsurkunde zurückgeben zu lassen.

Als V wieder einmal auf Geschäftsreise ist, erscheint K im Ladengeschäft. Dieser interessiert sich für das Bild einer weißgekleideten Dame auf einer Gartenbank mit der Signatur „Liebermann 1925". Auf die Frage des K nach dem Preis schaut S in die Preisliste und nennt sodan 10.000 € als Kaufpreis. K ist einverstanden, besteht jedoch auf einer „Echtheitsgarantie". S legt dem K die Vollmachtsurkunde vor und entgegnet, auf die Echtheit des Bildes könne K sich unter allen Umständen verlassen. Zusätzlich übergibt er dem K eine von ihm unterschriebene Erklärung, die als Urheber des Bildes den Maler Max Liebermann* nennt und in der es weiter heißt, das Gemälde sei „garantiert ein Original aus der Hand des Künstlers", wofür die Galerie „in jedem Fall einstehen" werde. K zahlt in bar und nimmt das Bild mit nach Hause.

Von der Echtheit überzeugt, will K den Wert des Bildes abklären lassen. Dazu wendet er sich an einen Experten, der – zutreffend – erklärt, dass das Bild „Gartenbank unter dem Kastanienbaum im Wannseegarten", das Max Liebermann im Jahre 1925 geschaffen hat, im Original zwar 300.000 € wert sei. Bei dem von K erstandenen Bild handele es sich aber leider nur um eine geschickte Fälschung, was für Kunstfachleute erkennbar sei.

K will das gekaufte Bild nicht mehr und verlangt von V Schadensersatz i.H.v. 300.000 €. V weigert sich jedoch, die geforderte

---

* Max Liebermann (1847-1935), deutscher Maler, zunächst dem Naturalismus und Realismus, später dem Impressionismus folgend.

Summe zu zahlen. Vielmehr erklärt er die Anfechtung des Kaufvertrags: S hatte nämlich aus Versehen in eine alte Preisliste geblickt. Die aktuelle Preisliste hätte einen Preis von 44.000 € enthalten. Auch seien S und K selbst schließlich beide davon ausgegangen, dass es sich um ein Original handele.

Besteht ein Anspruch des K auf Schadensersatz in Höhe von 300.000 €? Vorschriften des HGB sind nicht zu prüfen.

(BGH NJW 1993, 2103)

Lösung

Anspruch auf Schadensersatz statt der Leistung gem. §§ 437 Nr. 3, 434, 311a II 1

Der Anspruch des K auf Schadensersatz statt der Leistung in Höhe von 300.000 € gegen V könnte sich aus §§ 437 Nr. 3, 434, 311a II 1 ergeben.

Vorbemerkung: Bei anfänglicher Unmöglichkeit gewährt § 311a II dem Gläubiger wahlweise Aufwendungsersatz (§ 284) oder Schadensersatz statt der Leistung, d.h. den Ersatz des positiven Interesses, wenn der Schuldner das Leistungshindernis kannte oder fahrlässig nicht kannte. Auf Kauf- und Werkverträge ist § 311a II aufgrund der Verweisungen in § 437 Nr. 3 und § 634 Nr. 4 anwendbar, bei Mietverträgen wird die Bestimmung durch § 536a verdrängt. Die Haftung nach § 311a II knüpft an eine bei Begründung des Vertragsverhältnisses begangene (= „vorvertragliche") Pflichtverletzung an, nämlich die Abgabe eines nach § 311a I wirksamen Leistungsversprechens trotz Vorliegens eines Leistungshindernisses (CANARIS, Die Reform des Rechts der Leistungsstörungen, JZ 2001, 499, 507). Dagegen erfasst § 280 I nur die Verletzung von Pflichten aus bereits bestehenden Schuldverhältnissen. § 311a II ist daher eine selbstständige, nicht mit § 280 I verknüpfte Anspruchsgrundlage. Aus diesem Umstand erklärt sich auch, warum § 311a II in Abschnitt 2 des dritten Buches („Schuldverhältnisse aus Verträgen", §§ 311ff.) geregelt ist: Die Abgabe eines Leistungsversprechens ist naturgemäß dem Vertragsrecht zuzuordnen. § 311a II gilt denn auch nur für Verträge, die eine Leistungspflicht begründen (vgl. GIESELER, Die Strukturen des Leistungsstörungsrechts beim Schadensersatz und Rücktritt, JR 2004, 133, 135ff.).

Beachte: § 311a II erfasst grundsätzlich nur die Fälle der anfänglichen Unmöglichkeit der Leistung. Wird die Leistung, wie hier, tatsächlich erbracht, allerdings unbehebbar mangelhaft, so findet § 311a über den Verweis in § 437 Nr. 3 Anwendung. Nach h.M. gilt hier die Besonderheit, dass sich das in § 311a II bezeichnete Leistungshindernis (= anfängliche

162

Unmöglichkeit) allein auf die Unmöglichkeit der Nacherfüllung bezieht (vgl. nur BROX/WALKER, Schuldrecht BT, 32. A. 2007, § 4 Rn. 99; Jauernig/BERGER, 12. A. 2007, § 437 Rn. 6). Der Anwendungsbereich des § 311a II wird damit erweitert auf die Fälle, in denen der Verkäufer zwar (mangelhaft) geliefert hat, die Nacherfüllung in Bezug auf die mangelhafte Sache aber von Anfang an nach § 275 I unmöglich ist (Fälle der sog. „anfänglichen qualitativen Unmöglichkeit"); vgl. Palandt/GRÜNEBERG, 67. A. 2008, § 311a Rn. 4).

A. Wirksamer Kaufvertrag

Dies setzt zunächst einen wirksamen Kaufvertrag gem. § 433 zwischen K und V voraus.

I. Einigung

Ein solcher erfordert eine entsprechende Einigung, d.h. zwei korrespondierende Willenserklärungen i.S.d. §§ 145ff., Antrag und Annahme.

1. Einigung nur zwischen S und K

S und K haben sich auf den Verkauf des Bildes mit der Signatur „Liebermann 1925" zum Preis von 10.000 € geeinigt.

2. Wirksame Stellvertretung

V selbst hat keine eigene Willenserklärung abgegeben. Die Willenserklärung des S wirkt jedoch gem. § 164 I 1 für und gegen V, wenn die Voraussetzungen einer wirksamen Stellvertretung gegeben sind.

a) Gegen die **Zulässigkeit der Stellvertretung** bestehen keine Bedenken. Es liegt eine **eigene Willenserklärung** des S vor; diese wurde als unternehmensbezogenes Geschäft auch den Umständen nach **in fremdem Namen** (im Namen des Geschäftsinhabers V) abgegeben, § 164 I 2.

b) Schwierigkeiten bereitet allein das Vorliegen hinreichender **Vertretungsmacht**. Zwar hat V eine entsprechende rechtsgeschäftliche Vollmacht erteilt (§ 167 I). Diese ist jedoch durch Widerruf erloschen (§ 168 S. 1). Ein Widerruf ist auch dann möglich, wenn das zugrundeliegende Schuldverhältnis fortbesteht (wie hier das zwischen V und S bestehende Auftrags- oder Arbeitsverhältnis), § 168 S. 2. Damit fehlt es an der erforderlichen Vertretungsmacht.

c) Die Vertretungsmacht könnte sich jedoch aus (gesetzlichem) **Rechtsschein** ergeben, nämlich aus § 172 I, II i.V.m. § 171 I: Demnach ist die Vorlage einer ausgehändigten Vollmachtsurkunde (im Original) als besondere Mitteilung der Bevollmächtigung zu behandeln, aus der sich gem. § 171 I entsprechende Vertretungsmacht ergibt. Dies ist hier geschehen. Die Urkunde ist auch nicht zurückgegeben oder für kraftlos erklärt (vgl. § 176) worden, § 172 II. Dass K von dem Erlöschen der Vertretungsmacht Kenntnis hatte oder davon hätte Kenntnis haben müssen (§ 173) ist nicht ersichtlich.

Anmerkung: Der BGH NJW 1988, 697ff. hält hinsichtlich §§ 171ff. folgendes fest: Die §§ 171 bis 173 sind Anwendungsfälle des allgemeinen Rechtsgrundsatzes, dass derjenige, der – durch besonderen Kundgebungsakt – einem gutgläubigen Dritten gegenüber (wissentlich) den Rechtsschein einer Vollmacht setzt, im Verhältnis zu dem Dritten an diese Kundgabe gebunden ist (=gesetzliche Rechtsscheinshaftung des Vertretenen, vgl. dazu auch BGH NJW 1985, 730). Auch wenn im Einzelfall die Voraussetzungen der §§ 171 bis 173 nicht erfüllt sind, kann die nicht wirksam erteilte Vollmacht dem Geschäftsgegner gegenüber aus Gründen der Rechtsscheinhaftung als wirksam zu behandeln sein, sofern dem Rückgriff auf das allgemeine Prinzip gesetzgeberische Wertungen nicht entgegenstehen.

---

d) Demnach hat S den V bei der Abgabe des Verkaufsangebots wirksam vertreten, so dass ihm dieses auch zugerechnet werden kann (§ 164 I). Da der Antrag von K angenommen worden ist, ist eine Einigung zwischen K und V grundsätzlich zu bejahen.

II. Nichtigkeit des Kaufvertrages gem. § 142 I

Allerdings ist der Kaufvertrag gemäß § 142 I von Anfang an nichtig, falls V die auf den Abschluss des Vertrages gerichtete Willenserklärung wirksam angefochten hat.

1. Zulässigkeit der Anfechtung, Anfechtungserklärung

Gegen die Zulässigkeit der Anfechtung bestehen keine Bedenken. V als Anfechtungsberechtigter hat die Anfechtung gegenüber K als dem richtigen Anfechtungsgegner erklärt, § 143 I, II. Die Anfechtung erfolgte auch unverzüglich, d.h. ohne schuldhaftes Zögern, und somit fristgemäß, vgl. § 121 I.

2. Anfechtungsgrund

Fraglich ist, ob ein Anfechtungsgrund gegeben ist. In Betracht kommen hier mehrere Anfechtungsgründe.

a) Irrtum über Preisliste als Irrtum i.S.v. § 119 I Alt. 1?

Ein Anfechtungsgrund könnte sich zunächst aus § 119 I Alt. 1 ergeben. Dann müsste sich S, auf den es nach § 166 I ankommt, bei der Abgabe seiner Willenserklärung dergestalt geirrt haben, dass er eine Erklärung diesen Inhalts überhaupt nicht abgeben wollte, d.h. S müsste sich mit anderen Worten bereits über den äußeren Erklärungstatbestand geirrt haben (Inhaltsirrtum). S irrte im vorliegenden Fall aber gerade nicht darüber, was er erklärte. Als er das Angebot über 10.000 € abgab, wollte er gerade dies erklären. Er hat also nicht etwas anderes erklärt als das, was er erklären wollte. Vielmehr hat er sich lediglich über die Aktualität der verwendeten Preisliste geirrt. Die Heranziehung der Liste ist jedoch der der Erklärung vorangehenden Phase der Willensbildung zuzuordnen. Ein derartiger Irrtum bei der Berechnung des Preises stellt einen unbeachtlichen Motivirrtum dar, der nicht unter § 119 I Alt. 1 fällt.[161] Ein Anfechtungsgrund nach § 119 I Alt. 1 liegt demnach nicht vor.

> **Anmerkung:** Ein sog. **offener Kalkulationsirrtum**, der nach allgemeiner Meinung ohnehin nicht zur Anfechtung berechtigt (vgl. nur Palandt/Heinrichs/Ellenberger, 67. A. 2008, § 119 Rn. 19 m.w.N.), liegt nicht vor. Eine fehlerhafte Kalkulation ist nicht zum Gegenstand von Vertragsverhandlungen gemacht worden. S hat sich lediglich verschaut, nicht aber verrechnet.

b) Fehlvorstellung über den Preis als Eigenschaftsirrtum i.S.d. § 119 II?

Da sich S aber letztlich über den Preis des Bildes geirrt hat, könnte auch ein Anfechtungsgrund nach § 119 II erwogen werden. Hierfür müsste der Preis des Bildes eine verkehrswesentliche Eigenschaft sein. Verkehrswesentliche Eigenschaften einer Sache i.S.d. § 119 II sind alle wertbildenden Faktoren, d.h. die rechtlichen und tatsächlichen Verhältnisse oder Merkmale, die infolge ihrer Beschaffenheit und Dauer auf die Wertschätzung von Einfluss sind. Der Preis ist nach st. Rspr. jedoch gerade kein wertbildender

---

[161] Vgl. BGHZ 139, 177; zum Kalkulationsirrtum vgl. Waas, Der Kalkulationsirrtum zwischen Anfechtung und unzulässiger Rechtsausübung – BGHZ 139, 177, JuS 2001, 14ff. sowie die dort besprochene Entscheidung des BGH, NJW 1998, 3192ff.

Faktor, sondern nur der Ausdruck der Summe aller wertbildenden Faktoren, demnach also gerade keine Eigenschaft.[162] Somit scheidet eine hierauf gründende Anfechtung ebenfalls aus.

c) Urheberschaft des Bildes als Eigenschaft (§ 119 II)?

Legt man die soeben ausgeführte Definition der Eigenschaft als wertbildender Faktor zu Grunde, so ergibt sich, dass es sich bei der Urheberschaft bei einem Kunstwerk um einen für die Wertbildung maßgeblichen Umstand handelt. S hat sich somit über eine Eigenschaft des Bildes geirrt.

d) Zwischenergebnis: Ein Anfechtungsgrund ist somit gegeben.

3. Kein Ausschluss der Anfechtung?

Jedoch könnte dem V eine Anfechtung nach § 119 II aufgrund einer durchgreifenden Konkurrenz zu §§ 434ff. verwehrt sein. Die Anfechtung gem. § 119 II ist ausgeschlossen, soweit die §§ 434, 435, 437 anwendbar sind, also ab Gefahrübergang.[163] Ein derartiger Ausschluss scheidet hier jedoch aus: Eine Konkurrenz von Anfechtung und Sachmängelgewährleistung ist hier nicht zu besorgen, da die Mängelgewährleistungsansprüche dem Käufer, nicht aber dem anfechtenden Verkäufer zustehen.

Nach der Rechtsprechung[164] ist aber auch dem Verkäufer eine Anfechtung wegen Rechtsmissbräuchlichkeit (§ 242) verwehrt, wenn er sich auf diesem Wege seinen Gewährleistungspflichten zu entziehen sucht. Hier könnte sich V durch eine Anfechtung gem. § 119 II wegen Irrtums über den Urheber des Bildes dem Gewährleistungsanspruch des K aus §§ 437 Nr. 3, 434, 311a II 1 entziehen. Die Anfechtung ist daher rechtsmissbräuchlich und deshalb nach § 242 ausgeschlossen.

4. Zwischenergebnis

Eine Nichtigkeit des Kaufvertrages infolge wirksamer Anfechtung scheidet somit aus.

---

[162] Vgl. nur BGHZ 16, 54, 57; Palandt/HEINRICHS/ELLENBERGER, 67. A. 2008, § 119 Rn. 27.
[163] Palandt/WEIDENKAFF, 67. A. 2008, § 437 Rn. 53.
[164] Vgl. nur BGH NJW 1988, 2597; OLG Oldenburg NJW 2005, 2556; Palandt/HEINRICHS/ELLENBERGER, 67. A. 2008, § 119 Rn. 28.

III. Störung der Geschäftsgrundlage

Fraglich ist, ob V wegen des dem S unterlaufenen Irrtums über die Preisliste einen Anspruch auf Vertragsanpassung oder gar ein Rücktrittsrecht wegen Störung der Geschäftsgrundlage hat, § 313 II. Bei der Verwendung von Preislisten handelt es sich indes um Umstände, die allein in den Risikobereich des Verkäufers, hier also des V, fallen. Daher wird die „Richtigkeit" der Preisliste nicht zur Geschäftsgrundlage, ein Fall des § 313 II liegt also nicht vor.[165]

B. Sachmangel bei Gefahrübergang

Des Weiteren ist gem. §§ 437, 434 ein Sachmangel bei Gefahrübergang erforderlich.

Anmerkung: Seit Inkrafttreten des Schuldrechtsmodernisierungsgesetzes (1.1.2002) gilt der „subjektiv-objektive Fehlerbegriff". Demnach steht der subjektive Wille der Vertragsparteien hinsichtlich der Beschaffenheit stets im Vordergrund. Die Beurteilung, ob ein Sachmangel vorliegt, hat sich daher grundsätzlich an ihren Vorstellungen und Vereinbarungen zu orientieren (vgl. § 434 I 1 bzw. S. 2 Nr. 1). Nur falls die Parteien keine entsprechende Vereinbarung getroffen haben, ist auf die in § 434 I 2 Nr. 2 genannten objektiven Kriterien zurückzugreifen.

Literaturhinweis: Zum Begriff des Sachmangels OETKER/MAULTZSCH, Vertragliche Schuldverhältnisse, 3. A. 2007, § 2 Rn. 47; EMMERICH, Schuldrecht BT, 11. A. 2006, § 4 II Rn. 7–12.

I. In Betracht kommt ein Sachmangel nach § 434 I 1. Danach ist der Kaufgegenstand mangelhaft, wenn er bei Gefahrübergang nicht die vertraglich vereinbarte Beschaffenheit aufweist, d.h. wenn die Ist-Beschaffenheit nicht der Soll-Beschaffenheit entspricht

V, vertreten durch S, und K haben sich darüber geeinigt, dass ein Originalgemälde aus der Hand von Max Liebermann verkauft werden soll; darin liegt eine Beschaffenheitsvereinbarung i.S.v. § 434 I 1.[166]

Anmerkung: Der Begriff der Beschaffenheit ist im Gesetz ganz bewusst nicht definiert, da der Gesetzgeber die Parteien eines Kaufvertrages insoweit nicht behindern wollte. Beschaffenheit ist mit dem tatsächlichen Zustand der Kaufsache gleichzusetzen (Palandt/WEIDENKAFF, 67. A., 2008, § 434 Rn. 10). Das umfasst zum einen die der Sache unmittelbar

---

[165] Vgl. LG Bremen, NJW 1992, 915; mit Anm. HABERSACK, JuS 1992, 548ff.

[166] Vgl. BGH NJW 1995, 1673; Palandt/WEIDENKAFF, 67. A. 2008, § 434 Rn. 92f.

physisch anhaftenden Eigenschaften (z.B. neu oder gebraucht, Größe, Alter, Höchstgeschwindigkeit) aber auch die sog. Umweltbeziehungen der Sache (=alle tatsächlichen, rechtlichen, sozialen und wirtschaftlichen Beziehungen zur Umwelt), soweit sie ihren Ursprung in der Sache selbst haben. Zum Begriff der „Beschaffenheit" vgl. Berger, Der Beschaffenheitsbegriff des § 434 Abs. 1 BGB, in: JZ 2004, 276-283

Problematisch ist allerdings, ob eine derartige Beschaffenheitsvereinbarung von der Rechtsscheinvollmacht gem. § 172 I, II i.V.m. § 171 I gedeckt ist. Dies ist nur dann der Fall, wenn die ursprünglich von V dem S erteilte Vollmacht eine entsprechende Ermächtigung enthielt.

Im Hinblick auf die erhebliche wirtschaftliche Bedeutung wird man die Bevollmächtigung zu „Verkäufen einschließlich Sonderkonditionen" so auffassen müssen, dass darin auch eine Ermächtigung zu Beschaffenheitsvereinbarungen liegt. Somit kann im Ergebnis eine Vereinbarung der Beschaffenheit dahin angenommen werden, dass Max Liebermann Urheber des verkauften Bildes ist.

Bei dem Bild handelt es sich nicht um ein Original aus der Hand Max Liebermanns. Die tatsächliche Beschaffenheit weicht somit negativ von der vertraglich vereinbarten Sollbeschaffenheit ab.

II. Der Sachmangel lag auch im Zeitpunkt des Gefahrübergangs, d.h. bei Übergabe der Sache (§ 446 S. 1), vor.

Anmerkung: Die Gefahr geht i.d.R. mit der Übergabe (§ 446 S.1), oder bereits vorher mit Eintritt des Annahmeverzugs (§ 446 S.3) über; für den Versendungskauf gilt § 447. Gefahrübergang in § 434 meint den Übergang der „Preisgefahr" („Gegenleistungsgefahr"): Vom Abschluss des Kaufvertrages an trägt zunächst der Verkäufer die Preisgefahr, was bedeutet, dass er den Kaufpreis nicht erhält, falls die Kaufsache untergeht. Ist die Preisgefahr aber übergegangen (§§ 446 S.1, 3, 447) und geht die Kaufsache nun unter, ohne dass der Verkäufer den Untergang zu vertreten hat, so muss der Käufer den Kaufpreis entrichten, obwohl er die Kaufsache nicht mehr bekommt und (mangels Vertretenmüssens des Verkäufers) auch keinen Schadensersatzanspruch hat.

III. Zwischenergebnis: Ein Sachmangel i.S.d. § 434 I 1 ist demnach gegeben.[167]

---

[167] Vgl. BGHZ 63, 369, 371 NJW 1993, 2103 m.w.N.: Bei entsprechender Vereinbarung begründet die Lieferung eines unechten Bildes einen Sachmangel (i.S.d. § 434 I 1); es handelt sich nicht um ein *aliud*.

C. Anfängliches Leistungshindernis

> **Anmerkung:** Es muss sich um ein bereits bei Vertragsschluss vor-
> liegendes Leistungshindernis handeln, das den Schuldner nach § 275 von
> seiner Leistungspflicht befreit. Gleichgültig ist, welcher der drei Tatbe-
> stände des § 275 vorliegt. Der praktisch wichtigste Anwendungsfall des
> § 311a II ist der Fall der anfänglichen qualitativen Unmöglichkeit: Das
> verkaufte Kfz hat nicht, wie zugesichert, eine Laufleistung von 75.000 km,
> sondern von 175.000 km (vgl. Palandt/GRÜNEBERG, 67. A. 2008, § 311a
> Rn. 4).

Des Weiteren müsste ein anfängliches Leistungshindernis
vorliegen. Nach h.M. gilt, sofern § 311a II über den Verweis des
§ 437 Nr. 3 zur Anwendung kommt, die Besonderheit, dass sich
das in § 311a II bezeichnete Leistungshindernis allein auf die
Unmöglichkeit der Nacherfüllung bezieht.[168] Das verkaufte Bild ist
kein Original und kann auch nie eines werden. Die Nachbesserung
ist daher **für jedermann unmöglich**, es liegt also ein Fall des
§ 275 I vor.

D. Zu vertretende Unkenntnis

> **Anmerkung:** Gemäß § 311a II 2 besteht keine Verpflichtung zum Scha-
> densersatz, wenn der Schuldner das Leistungshindernis bei Vertrags-
> schluss nicht kannte und seine Unkenntnis auch nicht zu vertreten hatte.
> Der Beweis dafür, dass er seine Unkenntnis nicht zu vertreten hat, obliegt
> dem Schuldner: Durch die negative Formulierung („gilt nicht, wenn...")
> wird eine Beweislastumkehr zu seinen Lasten statuiert. Für das
> Vertretenmüssen gelten §§ 276ff. (BGH NJW 2005, 2852; OLG Karlsruhe
> NJW 2005, 989; Palandt/GRÜNEBERG, 67. A. 2008, § 311a Rn. 9). Der
> Schuldner hat demnach grds. Vorsatz und Fahrlässigkeit zu vertreten. Hat
> er ein Beschaffungsrisiko übernommen oder eine **Garantie** gegeben, so
> haftet er nach § 276 I 1 verschuldensunabhängig.

I. Schließlich dürfte V das Leistungshindernis bei Vertragsschluss
weder gekannt haben noch dürfte er seine Unkenntnis zu vertreten
haben, § 311a II 2. Das Vertretenmüssen des Schuldners wird
gem. § 311a II 2 vermutet. Einen Versuch, diese Vermutung zu
widerlegen, hat der insoweit beweispflichtige V bislang nicht
unternommen.[169]

---

[168] Vgl. nur BROX/WALKER, Schuldrecht BT, 33. A. 2008, § 4 Rn. 99.

[169] Bedient sich der Schuldner beim Vertragsschluss eines Vertreters, so kommt es
nach § 166 I hinsichtlich der Kenntnis bzw. des „Kennenmüssen" der Unmöglichkeit
auf die Person des Vertreters, hier also des S, an, vgl. MüKo/ERNST, 5. A. 2006,

II. Die Exkulpation ist dem V indes ohnehin verwehrt, falls er verschuldensunabhängig für die vereinbarte Beschaffenheit einzustehen hat.

1. Dies wäre der Fall, wenn in der Aussage, es handele sich um
ein „Original aus der Hand des Künstlers", wofür er „in jedem Fall
einstehen" werde, ein **Garantieversprechen i.s.d. § 276 I 1** zu
sehen ist.

Anmerkung: Von einer Garantie spricht man, wenn der Schuldner für den
Eintritt eines Erfolges oder für sonstige Umstände verschuldensunabhängig haften will. Eine Garantie kann ausdrücklich oder stillschweigend übernommen werden. Für eine Garantieübernahme müssen
konkrete Anhaltspunkte vorliegen. Die Reichweite der Garantieübernahme ist im Einzelfall durch Auslegung (§§ 133, 157) zu ermitteln. Im
Kaufvertragsrecht liegt eine Garantie i.s.d. § 276 I 1 vor, wenn der
Schuldner durch eine Erklärung, die Vertragsinhalt geworden ist, den
Bestand einer bestimmten Eigenschaft der Kaufsache zusichert und für
alle Folgen ihres Fehlens gegenüber dem Gläubiger – ohne dass es auf
ein Vertretenmüssen ankommt – einstehen will (vgl. § 463 a.F.). Die
gesetzlichen Rechte des Käufers bleiben unberührt, vgl. § 443 I.

Literaturhinweis: Speziell zur Echtheitsgarantie (Echtheitszertifikat) beim
Verkauf von Kunstwerken vgl. BERGER, Kaufrechtliche Mängelrechte und
Kunsthandel, KUR 2003, 137.

Bei einem Kaufvertrag ist ein Garantieversprechen anzunehmen,
wenn der Schuldner durch eine Erklärung, die Vertragsinhalt
geworden ist, den Bestand einer bestimmten Eigenschaft der
Kaufsache zusichert und für alle Folgen ihres Fehlens gegenüber
dem Gläubiger verschuldensunabhängig einstehen will.[170] S hat
dem K zugesichert, dass das Gemälde eine bestimmte Eigenschaft, nämlich die Urheberschaft Max Liebermanns, aufweist.
Zwar sind an eine Zusicherung der Echtheit im Kunsthandel
angesichts der hier häufig bestehenden Zweifel an der Echtheit
strenge Anforderungen zu stellen. S hat jedoch versichert, dass
die Galerie „in jedem Fall", d.h. unabhängig von einem etwaigen

---

§ 311a Rn. 59. Hätte sich V des S bereits im Vorfeld des Vertragsschlusses zur
Feststellung der Echtheit des Gemäldes (= Sicherstellung hinreichender Kenntnis
bezüglich der Leistungsmöglichkeit) bedient, so müsste er sich ein etwaiges
Verschulden des S gem. § 278 zurechnen lassen.

[170] Palandt/HEINRICHS, 67. A. 2008, § 276 Rn. 29; MüKo/GRUNDMANN, 5. A. 2006,
§ 276 Rn. 173ff.

Verschulden, für die vereinbarte Beschaffenheit einstehen werde. In dieser Erklärung liegt ein Garantieversprechen i.S.d. § 276 I 1.

III. Fraglich ist jedoch, ob eine derartige Echtheitsgarantie von der Rechtsscheinvollmacht des § 172 I gedeckt ist. Im Hinblick auf die erhebliche wirtschaftliche Bedeutung wird man die Bevollmächtigung zu „Verkäufen einschließlich Sonderkonditionen" jedoch so auffassen müssen, dass davon auch eine Ermächtigung zur Erteilung einer Echtheitsgarantie umfasst wird.

IV. Zwischenergebnis

Die Echtheitsgarantie begründet eine verschuldensunabhängige Haftung. Das Vertretenmüssen i.s.d. §§ 311a II 2, 276 ist somit zu bejahen.

Anmerkung: Hat der Schuldner seine Unkenntnis von der Unmöglichkeit nicht zu vertreten, und kann er dies auch beweisen, so steht dem Gläubiger der Anspruch aus § 311a II nicht zu. Eine analoge Anwendung des § 122 – von CANARIS, Zur Bedeutung der Kategorie der Unmöglichkeit für das Recht der Leistungsströnungen, in: Schulze/Schulte-Nölke (Hrsg.), Die Schuldrechtsreform vor dem Hintergrund des Gemeinschaftsrechts, 2001, 43, 64f. im Rahmen der Diskussion über das Schuldrechtsmodernisierungsgesetz vorgeschlagen (vgl.a. Die Reform des Rechts der Leistungsstörungen, JZ 2001, 499, 507; zustimmend SCHULZE/EBERS, Streitfragen im neuen Schuldrecht, JuS 2004, 265, 271 f.) – ist abzulehnen: Zwar mag es zutreffend sein, dass der Irrtum über die Leistungsfähigkeit in der Regel einen Eigenschaftsirrtum (§ 119 II) begründet und der Gläubiger entsprechend schutzwürdig ist.

Obwohl es im Anwendungsbereich des § 311a II 2 häufig darum geht, dass sich der Schuldner geirrt hat, besteht jedoch i.E. kein Anfechtungsrecht: Der Irrtum ist i.d.R. Motivirrtum. Soweit – wie hier, § 119 II grundsätzlich in Betracht kommt, ist die Ausübung des Anfechtungsrechts wegen des Vorrangs der Sachmängelhaftung als rechtsmissbräuchlich ausgeschlossen. Eine die Vertrauenshaftung nach § 122 auslösende vergleichbare Sachlage ist somit nicht gegeben. Es wäre widersprüchlich, dem Schuldner einerseits den Schutz des § 119 zu versagen, ihm aber andererseits die Pflichten des § 122 aufzuerlegen. Eine Analogie zu § 122 in den Fällen der anfänglichen Unmöglichkeit würde eine Garantiehaftung des Schuldners auf den Vertrauensschaden begründen, was vom Gesetzgeber nicht gewollt ist: Nach § 311a II 2 soll der Schuldner nur haften, wenn er das Scheitern des Vertrages zu vertreten hat, vgl. Bamberger/Roth/GEHRLEIN, 2003, § 311a Rn. 12; Palandt/GRÜNEBERG, 67. A. 2008, § 311a Rn. 15, REISCHL, Grundfälle zum neuen Schuldrecht, JuS 2003, 250, 256 f.; WINDEL, Systematisierungsversuche zu § 311a, JR 2004, 265, 270.

E. Rechtsfolge: Schadensersatz statt der Leistung

Liegen somit alle Voraussetzungen eines Anspruchs aus § 311a II 1 vor, so kann K von V Schadensersatz statt der Leistung verlangen.

> **Anmerkung:** Gem. § 311a II 1 hat der Schuldner bei Vorliegen der Voraussetzungen Schadensersatz statt der Leistung zu erbringen. Er hat den Gläubiger so zu stellen, wie dieser bei ordnungsgemäßer Leistungserbringung stünde (positives Interesse). Der Inhalt der Ersatzpflicht bestimmt sich nach §§ 249ff.; Naturalrestitution ist – der Natur des Schadensersatzes statt der Leistung entsprechend – nicht möglich, der Ersatz kann lediglich in Geld verlangt werden, § 251.

Die **Schadensermittlung** erfolgt nach der **Differenzhypothese**, d.h. durch Vergleich der realen Vermögenslage mit der hypothetischen Lage bei ordnungsgemäßer Erfüllung.

I. Im Grundsatz muss der Schuldner die (mangelhafte) Ware behalten, d.h. er muss sich vom Wert der mangelfreien Ware (300.000 €) den Wert der tatsächlich gelieferten Ware (d.h. den „Restwert" der Fälschung = 44.000 €) anrechnen lassen (sog. **kleiner Schadensersatz**), vgl. § 311a II 1.

II. Ist aber die Pflichtverletzung – wie hier – **erheblich**, so hat der Gläubiger ein **Wahlrecht**: Statt des kleinen Schadensersatzes kann er die mangelhafte Leistung zurückgeben und als Schaden den Wert der geschuldeten Leistung verlangen (**großer Schadensersatz**, § 281 I 3 i.V.m. § 311a II 3); hier also die verlangten 300.000 €.

III. Jedoch weckt die auffällige Differenz dieses Betrags zum vereinbarten Kaufpreis Zweifel an der Richtigkeit dieses Ergebnisses. Eine denkbare Abhilfe läge in einer Übertragung der zur Ersatzfähigkeit von Mangelfolgeschäden entwickelten **Lehre von der Reichweite der Beschaffenheitsvereinbarung**, d.h. über die Lehre, dass eine Beschaffenheitsvereinbarung nicht vor jedem denkbaren Schaden schützen soll. Der BGH[171] hat diesen – von der Vorinstanz in der Tat erwogenen – Gedanken ausdrücklich verworfen, da das BGB eine Ausgrenzung derartiger Fälle aus dem Schutz des § 434 I 1 nicht kenne. Sie ist letztlich wohl auch deshalb nicht geboten, weil sich die auffällige Differenz zum

---

[171] BGH NJW 1993, 2103, 2104.

Kaufpreis nur daraus erklärt, dass es dem K gelungen war, ein äußerst günstiges Geschäft abzuschließen. Da dessen Wirksamkeit aber nicht zur Diskussion steht, muss sich der damit geschaffene und vom Recht anerkannte Vermögensvorteil auch bei der Leistungsstörung widerspiegeln.

F. Ergebnis

K kann von V Zahlung von 300.000 € aus §§ 437 Nr. 3, 434, 311a II 1 verlangen.

Anmerkung: Hat der Gläubiger, der Schadensersatz statt der ganzen Leistung verlangt, eine quantitativ oder qualitativ unvollständige Leistung erhalten, muss er diese nach den Vorschriften über den Rücktritt (§§ 346ff.) zurückgeben, § 311a II 2 i.V.m. § 281 V. V kann daher Leistung Zug um Zug verlangen, §§ 348, 320.

***

Fall 10

▶ **Themen:** Schadensersatzanspruch nach § 280 I; Haftungsmaßstab bei Gefälligkeitsverhältnissen; Ergänzende Vertragsauslegung (§ 242)

E will einen nicht kaskoversicherten, wertvollen Lamborghini Countach LP400S, dessen Eigentümer und Halter er ist, verkaufen. Einen Tag vor dem alles entscheidenden Verkaufsgespräch, er selbst hat keine Zeit, bittet er seinen Freund F, den Wagen noch einmal in eine Werkstatt zu bringen, da der Motor unrund läuft. Anschließend möge F ihm den Wagen zurückbringen. F, der nicht um die fehlende Kaskoversicherung weiß, ist die Bedeutung des nahenden Termins bewusst, so dass er schließlich zusagt und dem E versichert, dass dieser sich „voll und ganz" auf ihn verlassen könne.

Nach Durchführung der Arbeiten bezahlt F die Werkstattrechnung und begibt sich auf den Rückweg. Kurz darauf kehrt er um und fährt erneut zur Werkstatt, da der Motor beim Anfahren noch immer leicht stottert. Als F anschließend das Fahrzeug endgültig zurückfährt, kommt es infolge einer leicht fahrlässigen Unachtsamkeit des F zu einem schweren Verkehrsunfall, bei dem der Wagen einen Totalschaden erleidet.

Kann E von F Ersatz des ihm entstandenen Schadens am Fahrzeug aus § 280 I und/oder § 823 I verlangen?

(OLG Frankfurt NJW 1998, 1232)

Lösung

Vorbemerkung: § 280 I ist die zentrale Anspruchsnorm des Schadens-
ersatzrechts. Nach dieser Vorschrift hat der Schuldner Schadensersatz zu
leisten, wenn er eine aus einem Schuldverhältnis resultierende Pflicht
schuldhaft verletzt. „Schuldverhältnis" bezeichnet dabei nicht nur rechtsgeschäftliche, d.h. vertragliche Schuldverhältnisse, sondern auch
gesetzliche und rechtsgeschäftsähnliche („quasivertragliche") Schuldverhältnisse. Aus § 280 I kann der Gläubiger lediglich **Schadensersatz
neben der Leistung** verlangen (z.B. für die bei einwandfreier Ausführung
der geschuldeten Malerarbeiten zerstörte Ming-Vase). Von einem
Schadensersatz neben der Leistung spricht man, weil der Gläubiger in
diesem Fall nicht auf die weiterhin mögliche ordnungsgemäße Erfüllung
durch den Schuldner verzichtet. Ersatz für Verzögerungsschäden kann
der Schuldner nur unter den zusätzlichen Voraussetzungen der
§§ 280 II, 286 verlangen; hierbei handelt es sich ebenfalls um einen
Schadensersatz neben der Leistung. Für einen Anspruch auf **Schadensersatz statt der Leistung** (hier verzichtet der Gläubiger auf die ordnungsgemäße Erfüllung durch den Schuldner, sein Schadensersatzanspruch ist
auf das positive Interesse gerichtet, d.h. er ist so zu stellen, wie er bei
ordnungsgemäßer Erfüllung stünde) müssen die weiteren Voraussetzungen der §§ 280 III und 281, 282 oder 283 gegeben sein.

A. Schadensersatzanspruch des E gegen F aus § 280 I

E könnte gegen F wegen der Zerstörung des Wagens ein
Schadensersatzanspruch gem. § 280 I zustehen. Dies setzt
voraus, dass F schuldhaft eine Pflicht aus einem Schuldverhältnis
verletzt hat.

I. Schuldverhältnis

Hier könnte ein vertraglich begründetes Schuldverhältnis, nämlich
ein Auftrag gemäß §§ 662ff. vorliegen.

Anmerkung: Unter einem Schuldverhältnis versteht man die Sonderverbindung zwischen (mindestens) zwei Personen, kraft derer die eine
(=Gläubiger) berechtigt ist, von der anderen (=Schuldner) eine Leistung
zu fordern, vgl. § 241 I 1; Palandt/HEINRICHS, 67. A. 2008, Einl. v. § 241
Rn. 3. Aus einem Schuldverhältnis können Leistungs-, Rücksichtnahme-
(vgl. § 241 II) und Gestaltungspflichten resultieren. Durch das Schuldverhältnis werden grds. nur die an ihm Beteiligten berechtigt und verpflichtet.

Der Anspruch des Gläubigers auf die Leistung besteht als relatives Recht nur gegenüber dem Schuldner (sog. Relativität der Schuldverhältnisse).[172] Zu unterscheiden sind:

(1.) Rechtsgeschäftliche Schuldverhältnisse werden durch Vertrag (§ 311 I) oder ausnahmsweise – z.b. bei Stiftung (§ 82), Auslobung (§ 657), Gewinnzusagen (§ 661a) oder Vermächtnis (§§ 1939, 2147) – durch einseitiges Rechtsgeschäft begründet. Einzelne vertragliche Schuldverhältnisse sind im BGB besonders geregelt (z.b. Kauf, Tausch, Darlehen, Schenkung, Miete, Pacht); im Übrigen gilt der Grundsatz der Vertragsfreiheit, Art. 2 I GG, § 311 I.

(2.) Gesetzliche Schuldverhältnisse entstehen, wenn bestimmte gesetzlich festgelegte Voraussetzungen vorliegen, nach denen jemand eine Leistung fordern kann. Gesetzliche Schuldverhältnisse werden insbesondere begründet in den Fällen der Geschäftsführung ohne Auftrag (§§ 677ff.), der ungerechtfertigten Bereicherung (§§ 812ff.) oder bei unerlaubten Handlungen (§§ 823ff.).

(3.) Rechtsgeschäftsähnliche („quasivertragliche") Schuldverhältnisse: Um ein gesetzliches Schuldverhältnis handelt es sich auch, soweit aus der Anbahnung eines Vertrages (vgl. § 311 II, 3) ein (vorvertragliches) Schuldverhältnis mit Pflichten nach § 241 II (Achtung: keine Hauptleistungspflichten!) entsteht. Bei Verletzung dieser Pflichten haftet der Schuldner unter den Voraussetzungen aus *culpa in contrahendo* (§§ 280 I, 241 II, 311 II).

Kein Schuldverhältnis stellt hingegen das bloße Gefälligkeitsverhältnis dar, da es gerade dadurch gekennzeichnet ist, dass sich die Parteien nicht rechtlich binden wollen; hier fehlt es den Parteien also am Rechtsbindungswillen (Erklärungswille), dazu sogleich.

Dann müsste E dem F einen Auftrag erteilt haben und F müsste den Auftrag angenommen haben, vgl. § 662; dieser Einigung dürften keine Wirksamkeitshindernisse entgegenstehen. Fraglich ist, ob sich die Parteien über die Merkmale des Auftrags geeinigt haben. Eine Einigung setzt zwei korrespondierende Willenserklärungen i.s.d. §§ 145ff. voraus, Antrag und Annahme.

---

[172] Hierin liegt der grundlegende Unterschied zu den *absoluten Rechten* (Herrschaftsrechten), deren Haupterscheinungsform die dinglichen Rechte sind. Während das dingliche Recht gegenüber jedermann wirkt, verpflichtet das Forderungsrecht nur den Schuldner, nur durch ihn kann es verletzt werden, vgl. Palandt/HEINRICHS, 67. A. 2008, Einf. § 241 Rn. 5.

175

1. Antrag

Der Antrag könnte in der Bitte des E an F zu sehen sein, den Wagen in der Werkstatt überprüfen zu lassen. Dazu müsste diese Bitte alle Merkmale einer wirksamen Willenserklärung erfüllen. Eine Willenserklärung ist eine auf Herbeiführung eines **bestimmten Rechtserfolges** gerichtete private Willensäußerung, deren Rechtsfolgen eintreten, weil sie **gewollt** sind. Hierbei ist zwischen dem objektiven (äußeren) und dem subjektiven (inneren) Tatbestand zu unterscheiden.

a) Objektiver Tatbestand
aa) Verlautbarung des Willens nach Außen

Anmerkung: Die Verlautbarung des Willens nach außen kann erfolgen

(1.) ausdrücklich: Im Regelfall erfolgt die Verlautbarung des Willens durch ausdrückliche Erklärung („Hiermit nehme ich Ihr Angebot vom 16. Februar 2006 an"). Zum Teil verlangt das Gesetz eine solche ausdrückliche Erklärung, vgl. z.B. § 48 I HGB für die Erteilung einer Prokura oder § 700 II zur Vereinbarung einer atypischen Verwahrung für Wertpapiere;

(2.) durch schlüssiges („**konkludentes**") **Verhalten**, d.h. durch ein bestimmtes Verhalten, das unmittelbar etwas anderes als die Kundgabe eines bestimmten Geschäftswillens bezweckt (z.B. das Einsteigen in einen Linienbus), zugleich aber einen Rückschluss auf den Willen erlaubt;

(3.) *ausnahmsweise* **durch Schweigen**: Im Einzelfall kann auch Schweigen ein Erklärungszeichen beinhalten, wenn das bloße Nichtstun kraft Parteiabrede oder aufgrund Auslegung mit einem Erklärungswert verknüpft wird (sog. „beredtes Schweigen") oder bei gesetzlicher Anordnung.

Die Bitte des E an F erfolgte ausdrücklich und ist darauf gerichtet, dass F für E unentgeltlich die Durchführung der erforderlichen Reparaturmaßnahmen organisiert.

bb) Nach außen erkennbarer Rechtsbindungswille

Weiterhin muss sich das Verhalten des Erklärenden aus der Sicht eines objektiven Beobachters in der Rolle des Erklärungsempfängers als **Äußerung eines auf die Herbeiführung einer bestimmten Rechtsfolge gerichteten Willens** (Rechtsbindungswillen) darstellen. Es muss also erkennbar sein, dass die bezeichneten Rechtsfolgen als rechtsverbindlich gewollt sind. Anderenfalls zielt die Äußerung lediglich auf eine bloße Gefälligkeit ab.

Unterscheide:

(1.) Sog. Gefälligkeitsverträge (besser: unentgeltliche Verträge)
• Voraussetzung: Rechtsbindungswille
• Beispiele: Schenkung (§§ 518ff.), Leihe (§§ 598ff.), Auftrag (§§ 662ff.), unentgeltliche Verwahrung (§§ 688, 690). Diesen Verträgen ist gemeinsam: Fremdnützigkeit und Unentgeltlichkeit; gesetzliche Haftungsmilderung dennoch nur bei Leihe (§ 599), Schenkung (§ 521), unentgeltlicher Verwahrung (§ 690),
• Folge: Primär- und Sekundärpflichten; ggf. Haftung aus § 280 I, da schuldrechtliche Sonderverbindung.

(2.) Gefälligkeitsverhältnisse mit rechtsgeschäftlichem Charakter, § 311 II Nr. 3
Kommen als Schuldverhältnis i.S.d. § 280 I in Betracht; begründen zwar keine ggf. einklagbare Leistungspflicht, da es insoweit am Rechtsbindungswillen fehlt. Aber bei Durchführung treffen den Gefälligen Sorgfaltspflichten gem. § 241 II (Sekundärpflichten). Es stellt sich hier also die Frage, ob auf der Sekundärebene der Rechtsbindungswille zu bejahen ist. Entscheidend ist hierbei nicht der innere Wille des Gefälligen, sondern wie sich sein Verhalten bei Würdigung aller Umstände des Einzelfalls aus der Sicht eines sorgfältigen Empfängers darstellt (vgl. BGHZ 21, 106ff.).

(3.) Bloße Gefälligkeitsverhältnisse
• Beispiele: Beaufsichtigung von Nachbarskindern (BGH NJW 1968, 1874), Gefälligkeitsfahrt außerhalb von Fahrgemeinschaften (BGHZ 30, 46; BGH NJW 1992, 498); weitere Beispiele bei Palandt/Heinrichs, 67. A. 2008, Einl. v. § 241 Rn. 9;
• Folge: weder Primär- noch Sekundärpflichten; ggf. Haftung nur aus §§ 823ff.; bei Gefälligkeitsfahrten im Straßenverkehr daneben auch §§ 7, 18 StVG.

Abgrenzung: Für die Abgrenzung ist der **Rechtsbindungswille** der Beteiligten maßgeblich. Entscheidend ist dabei nicht der innere Wille, sondern es kommt darauf an, wie sich das Verhalten der Beteiligten unter Berücksichtigung aller Umstände des Einzelfalls einem objektiven Betrachter darstellt (objektiver Empfängerhorizont). Hierbei sind nach einer Grundsatzentscheidung des BGH (BGHZ 21, 102 = NJW 1956, 1313) insbesondere die folgenden objektiven Merkmale zu berücksichtigen:

(1.) wirtschaftliche und rechtliche Bedeutung der Angelegenheit, insbesondere für den Begünstigten,
(2.) Art, Grund und Zweck der Gefälligkeit,
(3.) Interessenlage,
(4.) Wert der anvertrauten Sache,
(5.) die dem Leistenden erkennbare Gefahr, in die der Empfänger durch eine fehlerhafte Ausführung geraten kann,
(6.) das Haftungsrisiko für den Leistenden.

Zur Vertiefung vgl. Musielak, Grundkurs BGB, 10. A. 2005, Rn. 44ff.

Rechtsbindungswille ist der Wille einer Partei, ihre Erklärung als rechtlich wirksam und bindend abzugeben. Ob der Rechtsbindungswille gegeben ist, ist gem. §§ 133, 157 durch Auslegung der Willenserklärung unter Berücksichtigung aller Umstände des Einzelfalls zu ermitteln.[173]

Anmerkung: Dem Wortlaut nach geht § 133 von der Existenz einer Willenserklärung aus. Existenz und Inhalt einer Willenserklärung lassen sich jedoch nicht voneinander trennen, so dass nicht nur die Frage, welchen Inhalt eine Willenserklärung hat, sondern auch die Frage, ob überhaupt eine Willenserklärung vorliegt, durch Auslegung gem. §§ 133, 157 festzustellen ist, vgl. BGHZ 21, 102, 106 f.

Die wirtschaftliche Bedeutung der Angelegenheit für E, der Wert der Sache (wertvoller Pkw, unversichert!), die Bezahlung der Werkstattrechnung durch F, die selbstständige Kontrolle der Werkstattarbeiten durch F sprechen insgesamt dafür, dass E eine rechtliche Bindung wollte. Ein Rechtsbindungswille des E war also bei Zugrundelegung eines objektiven Empfängerhorizonts erkennbar.[174]

b) Subjektiver Tatbestand

Der äußere Tatbestand der Willenserklärung war auch getragen vom Willen des E. Der innere (subjektive) Tatbestand einer Willenserklärung ist somit gegeben.

c) Zwischenergebnis

E hat dem F einen Auftrag i.S.d. § 662 erteilt.

2. Annahme

Diesen Auftrag könnte F angenommen haben, indem er sich bereit erklärte, den Wagen zur Durchführung der Arbeiten in die Werkstatt zu bringen.

---

[173] Da die Erklärung des E unter Umständen zu einem Vertragsschluss führt, richtet sich ihre Auslegung entgegen dem Wortlaut des § 133 nicht allein nach dem wahren Willen des E, sondern auch nach dem Verständnis eines objektiven Empfängers (§ 157), da sich nur so die schutzwürdigen Belange des Empfängers (= F) berücksichtigen lassen; vgl. LARENZ/WOLF, AT, 9. A. 2004, § 28 Rn. 4ff. Etwas anderes gilt nur, wenn der Empfänger nicht schutzwürdig ist, weil er richtig erkennt, was der Erklärende gewollt hat oder dies jedenfalls bei Anwendung der ihm zumutbaren Sorgfalt hätte erkennen können.

[174] So auch das OLG Frankfurt NJW 1998, 1232.

a) Objektiver Tatbestand

aa) Verlautbarung des Willens nach Außen

F hat sich ausdrücklich damit einverstanden erklärt, dem E unentgeltlich Hilfe zu leisten.

bb) Nach außen erkennbarer Rechtsbindungswille

Fraglich ist indes, ob F aus der Sicht eines objektiven Empfängers eine rechtlich verbindliche Erklärung abgegeben hat. Die Erklärung des F muss erkennen lassen, dass die bezeichneten Rechtsfolgen als rechtsverbindlich gewollt sind. Ob der Rechtsbindungswille gegeben ist, ist gem. §§ 133, 157 durch Auslegung unter Berücksichtigung aller Umstände des Einzelfalls zu ermitteln.

Für das Vorliegen eines Rechtsbindungswillens auch auf Seiten des F sprechen die gleichen Argumente wie oben beim Antrag: Die wirtschaftliche Bedeutung der Angelegenheit für E, um die F wusste, der Wert des Sportwägelchens, die Bezahlung der Werkstattrechnung durch F, die selbstständige Kontrolle der Werkstattarbeiten durch F (Zurückfahren nach Feststellung eines weiterhin vorhandenen Mangels!) lassen für einen objektiven Betrachter letztlich nur den Schluss zu, dass auch F sich rechtlich binden wollte. Darüber hinaus ist zu berücksichtigen, dass F gegenüber E noch einmal explizit auf seine Zuverlässigkeit hingewiesen hat („Kannst Dich auf mich verlassen!" o.ä.). Unter Berücksichtigung aller Umstände des Einzelfalls ist somit aus der Sicht eines objektiven Betrachters in der Rolle des Erklärungsempfängers ein Rechtsbindungswille auch auf Seiten des F zu bejahen.

b) Subjektiver Tatbestand

Auch der subjektive Tatbestand ist gegeben.

> **Anmerkung**: Selbst wenn dem F das Erklärungsbewusstsein fehlen sollte, so führt dies nach der Theorie von der Erklärungsfahrlässigkeit (h.M.) lediglich zur Anfechtbarkeit der Willenserklärung nach § 119 I analog. Daher ist dies für den Vertragsschluss nicht von Bedeutung.

3. Keine Wirksamkeitshindernisse

Hindernisse, die der Annahme eines wirksamen Vertrages entgegenstehen könnten, sind nicht ersichtlich.

4. Zwischenergebnis

E und F haben sich wirksam auf einen Auftrag i.S.d. § 662 geeinigt. F ist hieraus zur unentgeltlichen Geschäftsbesorgung verpflichtet (=echtes Leistungsversprechen, § 241 I). Ein Schuldverhältnis liegt demnach vor.

II. Pflichtverletzung des F

Anmerkung: Die Pflichtverletzung ist die zentrale Voraussetzung für einen Schadensersatzanspruch nach § 280 I. Sie ist gegeben, wenn der Schuldner von seinem durch das Schuldverhältnis begründeten Pflichtenprogramm abweicht (LORENZ/RIEHM, Lehrbuch zum neuen Schuldrecht, 2002, Rn. 172). Eine Pflichtverletzung ist stets gegeben, wenn der Schuldner seine leistungsbezogenen Pflichten (§ 241 I) nicht oder nicht ordnungsgemäß erbringt. Darüber hinaus kommt die Verletzung nichtleistungsbezogener Nebenpflichten (vgl. § 241 II) in Betracht.

F müsste eine sich für ihn aus dem Schuldverhältnis ergebende Pflicht verletzt haben. In Betracht kommt hier die Verletzung der Schutzpflicht (§ 241 II). Hierbei handelt es sich um eine vertragliche Nebenpflicht, wonach sich jede Partei bei Abwicklung des Schuldverhältnisses so zu verhalten hat, dass Körper, Leben, Eigentum und sonstige Rechtsgüter des anderen Teils nicht verletzt werden. F hat infolge seiner Unachtsamkeit bei der Rückfahrt den Wagen, mithin das Eigentum des E, beschädigt. Eine Pflichtverletzung ist somit zu bejahen.

III. Vertretenmüssen des F, § 280 I 2

Außerdem ist für einen Schadensersatzanspruch gem. § 280 I erforderlich, dass der Schuldner die Pflichtverletzung zu vertreten hat. Das Vertretenmüssen des Schuldners wird nach § 280 I 2 vermutet.

Anmerkung: Dies folgt aus der negativen Formulierung des § 280 I 2 („Dies gilt nicht, ..."). Damit trägt der Schuldner (ebenso wie bei § 311a II 2) die Beweislast hinsichtlich des Vertretenmüssens. Er muss die Tatsachen vortragen, die geeignet sind, die Vermutung seines Verschuldens zu widerlegen. Es handelt sich hierbei um eine Ausnahme zu dem Grundsatz, wonach vor Gericht grundsätzlich der Kläger (Gläubiger) sämtliche anspruchsbegründenden, d.h. für ihn günstigen Tatsachen vorzutragen und zu beweisen hat.

1. Fraglich ist zunächst, welcher **Haftungsmaßstab** für die Haftung des Beauftragten bei Nicht- oder Schlechtausführung des Auftrages bzw. bei der Verletzung anderer Pflichten anzulegen ist.

a) Grundsätzlich hat der Schuldner Vorsatz und Fahrlässigkeit zu vertreten, § 276 I 1.

b) Denkbar wäre, den Beauftragten bei Nicht- oder Schlechtausführung des Auftrages und bei der Verletzung anderer Pflichten in entsprechender Anwendung der §§ 521, 599, 690 nur für Vorsatz und grobe Fahrlässigkeit haften zu lassen.

> **Hinweis**: Grobe Fahrlässigkeit liegt vor, wenn die im Verkehr erforderliche Sorgfalt des § 276 I, 2 in besonders schwerem Maße verletzt worden ist. Dies ist zu bejahen, wenn schon einfachste, völlig naheliegende Überlegungen nicht angestellt werden und dasjenige nicht beachtet wird, was im gegebenen Fall jedem verständigen Menschen einleuchten musste, Palandt/HEINRICHS, 67. A. 2008, § 277 Rn. 5.

aa) Zum einen wird die **Ansicht** vertreten, dass im Rahmen von Gefälligkeitsverhältnissen in analoger Anwendung der §§ 521, 599, 690 eine allgemeine Haftungsmilderung auf Vorsatz und grobe Fahrlässigkeit anzunehmen ist.[175] Für eine Analogie sprechen im vorliegenden Fall die Unentgeltlichkeit der Tätigkeit des F und der Umstand, dass die genannten Vorschriften für andere, ebenfalls unentgeltliche Vertragstypen eine Haftungsmilderung vorsehen.

bb) Der **BGH** und die **wohl h.L.** gehen indes zu Recht davon aus, dass es bereits an einer ungewollten Regelungslücke fehlt, die Voraussetzung für eine Analogie wäre. Die besagten Vorschriften enthalten keinen allgemeinen Rechtsgedanken. Es handelt sich vielmehr um nicht verallgemeinerungsfähige Ausnahmevorschriften, die im Übrigen auch keine einheitliche Regelung enthalten:[176] §§ 521, 599 sehen die Haftung des Schenkers bzw. Verleihers für Vorsatz und grobe Fahrlässigkeit vor, § 690 statuiert als Haftungsmaßstab für die unentgeltliche Verwahrung die Sorgfalt in eigenen Angelegenheiten. Für den Auftrag und die

---

[175] Vgl. ENNECCERUS/LEHMANN, 15. A. 1958, § 27 Nr. 6, 121; HOFFMANN, Der Einfluß des Gefälligkeitsmoments auf das Haftungsmaß, AcP 167 (1967) 394, 395f.

[176] BGHZ 21, 102, 110.

Geschäftsführung ohne Auftrag ist darüber hinaus überhaupt keine Haftungsmilderung vorgesehen.[177]

Insofern kommt eine allgemeine Haftungsmilderung im Rahmen von Gefälligkeitsverhältnissen analog §§ 521, 599, 690 nicht in Betracht; vielmehr hat die Beurteilung des Haftungsmaßstabes bei Gefälligkeitsverhältnissen **nach den Umständen des Einzelfalles** zu erfolgen.

c) Vertraglich vereinbarte Haftungsbeschränkung?

Möglicherweise haben die Parteien jedoch einen milderen Haftungsmaßstab „bestimmt" (vgl. § 276 I 1), d.h. vertraglich vereinbart.

aa) Eine ausdrückliche Vereinbarung entsprechenden Inhalts wurde nicht getroffen.

bb) In Betracht kommt daher allenfalls eine konkludent vereinbarte Haftungsbeschränkung.

(1) Im Grundsatz gilt, dass die Unentgeltlichkeit als solche noch nicht die Annahme eines Haftungsausschlusses rechtfertigt, d.h. der Auftragnehmer haftet auch für einfache Fahrlässigkeit. Ebenso wenig führt die Freundschaft zwischen E und F zu einer anderen Beurteilung.[178] Die Annahme einer stillschweigend vereinbarten Haftungsbeschränkung auf Vorsatz und grobe Fahrlässigkeit kommt grds. nur bei Hinzutreten besonderer Umstände im Einzelfall in Betracht.[179]

(2) Nach Ansicht des **OLG Frankfurt/Main** sind für die Annahme einer konkludent vereinbarten Haftungsbeschränkung allein die Umstände des Falles maßgeblich.[180] Im konkreten Fall wäre demnach zu berücksichtigen, dass ausschließlich E ein Interesse an der Überführung des Pkw hat, F hingegen aus dem Rechtsgeschäft keinerlei Vorteile erwachsen; außerdem, so das

---

[177] BGHZ 21, 102, 110; 30, 46; BGH BB 1964, 100; NJW 1992, 2474, 2475; Jauernig/MANSEL, 12. A. 2007, § 241 Rn. 26; Palandt/SPRAU, 67. A. 2008, § 662 Rn. 11; zum Verschuldensmaßstab des Beauftragten vgl.a. MüKo/SEILER, 5. A. 2009, § 662 Rn. 55ff.

[178] Noch nicht einmal innerfamiliäre Gefälligkeiten genügen insofern, vgl. BGHZ 41, 79, 81.

[179] Vgl. nur BGHZ 21, 102, 110f.; BGHZ 76, 32, 35; BGH NJW 1992, 2474, 2475; NJW 2003, 578, 579.

[180] OLG Frankfurt/Main NJW 1998, 1232.

OLG Frankfurt/Main sei jede Überführungsfahrt mit einem gewissem Schädigungsrisiko belastet. Infolgedessen sei von einer stillschweigend vereinbarten Haftungsbeschränkung hinsichtlich etwaiger Sachschäden auf Vorsatz und grobe Fahrlässigkeit (soweit Schäden nicht von der Kfz-Haftpflichtversicherung des Halters oder der Kaskoversicherung gedeckt sind) auszugehen.

Hinweis: Grund für die Einschränkung auf Schäden, die nicht durch Versicherungsschutz gedeckt sind: „Wenn sich der Beklagte bei der Auftragserteilung an ihn dieser versicherungsrechtlichen Situation bewusst gewesen wäre, wäre aufgrund der seinerzeitigen Freundschaft zwischen den Parteien mit großer Wahrscheinlichkeit ein entsprechender Haftungsverzicht vereinbart worden" (OLG Frankfurt a.a.O.).

---

(3) Demgegenüber genügen aus der Sicht des **BGH** die Umstände des Falls alleine nicht, um einen stillschweigend vereinbarten Ausschluss der Haftung für leichte Fahrlässigkeit anzunehmen. Hierfür ist nach Auffassung des BGH ferner erforderlich, dass die Parteien die Frage der Haftung bedacht haben.[181] Dies überzeugt insoweit, als in derartigen Fällen das Verhalten der Parteien nicht zwingend den Rückschluss auf einen bestimmten Willen erlaubt.

(4) Demnach bleibt für die Annahme einer stillschweigend vereinbarten Haftungsbeschränkung kein Raum; dem Fall ist kein Anhalt dafür zu entnehmen, dass E und F den Haftungsfall bedacht haben.

cc) Zwischenergebnis: Ein konkludenter Ausschluss der Haftung für leichte Fahrlässigkeit ist daher nicht gegeben.

c) Daher ist an dieser Stelle zu prüfen, ob sich die offensichtliche Regelungslücke im Wege einer **ergänzenden Vertragsauslegung** auf der Grundlage des § 242 schließen lässt.

Exkurs: Während es im Rahmen der Auslegung gem. §§ 133, 157 darum geht, festzustellen, ob ein bestimmtes Verhalten als Willenserklärung aufzufassen ist und welchen Inhalt die Erklärung hat, dient die **ergänzende Vertragsauslegung** auf der Grundlage des § 242 dem Zweck, Lücken der rechtsgeschäftlichen Regelung zu schließen. Sie knüpft dabei an den im Vertrag enthaltenen Regelungsplan der Parteien an und versteht diesen als eine Rechtsquelle, aus der unter Berücksichtigung von Treu und Glauben und der Verkehrssitte Regelungen für offen gebliebene Punkte abgeleitet werden können.

---

[181] Vgl. BGHZ 152, 391, 396 = NJW 2003, 578, 579.

(1.) Der Vertrag muss also zunächst eine **Regelungslücke**, eine „planwidrige Unvollständigkeit" enthalten. Sie ist i.d.R. darauf zurückzuführen, dass die Parteien an einen regelungsbedürftigen Punkt nicht gedacht haben oder dass sie eine Regelung für nicht erforderlich hielten.

(2.) Grundlage für die Ergänzung des Vertragsinhalts ist dann der **hypothetische Parteiwille**: Es ist folglich darauf abzustellen, was die Parteien im Zeitpunkt des Vertragsschlusses bei angemessener Abwägung ihrer Interessen nach Treu und Glauben als redliche Vertragsparteien vereinbart hätten, wenn sie den nicht geregelten Fall bedacht hätten.

Ausführlich zur ergänzenden Vertragsauslegung: MUSIELAK, Grundkurs BGB, 10. A. 2007, Rn. 358ff., SCHIMMEL, Zur ergänzenden Auslegung von Verträgen, JA 2001, 339.

aa) Dazu müsste der Vertrag eine **Regelungslücke**, eine „planwidrige Unvollständigkeit", enthalten. Eine solche liegt vor, wenn die Vertragsparteien über ein bestimmtes Lebensverhältnis eine abschließende Vereinbarung getroffen, dabei aber nicht alle Fragen geregelt haben, sei es, dass sie diese bewusst in der Erwartung offen ließen, dass sie sich darüber einig werden würden, sei es, dass sie an einen bestimmten Fall nicht gedacht haben.[182]

Die Parteien haben sich über einen Punkt des Vertrages, nämlich die Frage einer Haftungsbeschränkung auf Vorsatz und Fahrlässigkeit, keine Gedanken gemacht, obwohl dies angesichts der Haftungsrisiken notwendig gewesen wäre. Der Vertrag ist somit lückenhaft.

bb) Es fehlt an einer Regelung des dispositiven Rechts, die vorrangig zur Ausfüllung der Lücke heranzuziehen wäre.

cc) Im Rahmen der somit angezeigten ergänzenden Vertragsauslegung ist darauf abzustellen, was die Parteien im Zeitpunkt des Vertragsschlusses bei angemessener Abwägung ihrer Interessen nach Treu und Glauben als redliche Vertragsparteien vereinbart hätten, wenn sie den nicht geregelten Fall bedacht hätten (**Rückgriff auf den hypothetischen Parteiwillen**). Hier ist davon auszugehen, dass F, wäre die Rechtslage vorher besprochen worden, eine Haftungsbeschränkung auf grobe Fahrlässigkeit verlangt hätte und E dies billigerweise nicht hätte ablehnen können.

---

[182] BGH LM § 157 (D) Nr. 1.

dd) Auch im Wege der ergänzenden Vertragsauslegung kann eine Haftungsbeschränkung jedoch nur ausnahmsweise bejaht werden. Voraussetzung hierfür ist, dass der Geschädigte sich dem ausdrücklichen Ansinnen einer solchen Haftungsfreistellungsvereinbarung billigerweise nicht hätte versagen können. In diesem Zusammenhang sind die versicherungsrechtlichen Gegebenheiten von wesentlicher Bedeutung.[183]

Eine Haftungsbeschränkung auf Vorsatz und grobe Fahrlässigkeit kommt nach der Rechtsprechung in Betracht, wenn (1.) der Leistungsempfänger ein **besonderes Interesse** an der Tätigkeit hat und (2.) für den Leistenden ein **derart hohes Haftungsrisiko** besteht, dass die Durchführung ohne Haftungsausschluss oder Versicherung durchweg **unvernünftig** wäre.[184]

Hier lag es gerade im Interesse des E, dass F den Wagen in die Werkstatt fährt (Zeitmangel, nahender Verkaufstermin), außerdem besteht im Straßenverkehr, wenn – wie hier – keine Versicherung greift, ein derart hohes Haftungsrisiko, dass die Durchführung ohne Haftungsausschluss oder Versicherung durchweg unvernünftig wäre. E hätte sich daher dem ausdrücklichen Ansinnen einer solchen Haftungsfreistellungsvereinbarung billigerweise nicht versagen können.

ee) Im Ergebnis ist somit eine Haftungsbeschränkung auf Vorsatz und grobe Fahrlässigkeit anzunehmen.

2. Konkretes Ausmaß des Verschuldens

Das Verhalten des F war lediglich leicht fahrlässig.

3. Zwischenergebnis

Infolge der Haftungsbeschränkung auf Vorsatz und grobe Fahrlässigkeit hat F die Pflichtverletzung nicht zu vertreten.

IV. Ergebnis

E hat keinen Anspruch gegen F auf Schadensersatz aus § 280 I.

---

[183] BGHZ 152, 391, 396 = NJW 2003, 578, 579.

[184] BGH VersR 1980, 384, 385; LG Aachen, NJW-RR 1987, 800; LG Bonn, NJW-RR 1994, 797, 798.

B. Anspruch auf Schadensersatz gem. § 823 I

Die Voraussetzungen eines Schadensersatzanspruchs aus unerlaubter Handlung sind insoweit unproblematisch zu bejahen, als das Handeln des F kausal war für die Verletzung eines durch § 823 I geschützten Rechtsguts, nämlich des Eigentums des E, diese Rechtsgutsverletzung die Rechtswidrigkeit indiziert und Rechtfertigungsgründe nicht ersichtlich sind.

Problematisch erscheint einzig die Frage, ob dem F Verschulden vorzuwerfen ist. An sich ist das Verschulden zu bejahen, F handelte (leicht) fahrlässig, § 276 I. In der Rechtsprechung ist jedoch anerkannt, dass ein vertraglicher Haftungsausschluss auch auf das Deliktsrechtsrecht durchschlägt, wenn und soweit er andernfalls wirkungslos wäre.[185]

Gerade dies ist hier der Fall: Andernfalls würde F nämlich bei Beschädigung des Fahrzeugs aus § 823 I stets auch für leichte Fahrlässigkeit haften, obwohl vertraglich ein anderer Haftungsmaßstab vorgesehen ist. Aus diesem Grund haftet F auch im Rahmen des § 823 I nur für grobe Fahrlässigkeit, die hier aber nicht vorliegt.

Daher hat E auch aus § 823 I keinen Anspruch auf Schadensersatz.

***

Fall 11

▶ **Themen:** Fehlerhafte Montage als Sachmangel; Gewährleistungsausschluss in Allgemeinen Geschäftsbedingungen

Venditore (V) hat sich seit Anfang 2009 auf den Vertrieb hochwertiger italienischer Kaffeemaschinen spezialisiert. In der Start-up-Phase seines Unternehmens bietet er das Modell „Diavolo nero CONFORTÉVOLE", einen Kaffeevollautomaten, der durch nur einen Fingertipp, ohne die Tasse oder das Glas zu verschieben, in einem Durchgang gleich zwei Cappuccini oder köstlichen Latte Macchiato zaubert, zum Supersonderpreis von nur 1.399 € an. Der aufstrebende Junganwalt Klaghuber (K), der soeben eine Kanzlei im edlen „Stadtturm" bezogen hat, bestellt am

---

[185] Vgl. RGZ 66, 363; BGHZ 56, 140, 145; 93, 23, 29; NJW 1992, 2474, 2475; NJW-RR 2005, 172; s. auch Palandt/Sprau, 67. A. 2008, Einf. § 823 Rn. 5.

16.2.2009 im Ladengeschäft des V den besagten Kaffeevollautomaten, kostenfreie Lieferung und Montage durch einen Mitarbeiter des V inklusive. Auf einem deutlich sichtbar aushängenden Schild, auf das V den K zuvor mit der Bitte um Kenntnisnahme hinweist, steht unter der Überschrift „Allgemeine Geschäftsbedingungen" u.a.:

„§ 5. *Der Verkäufer übernimmt keinerlei Haftung oder Gewährleistung für Schäden, die aus unsachgemäßer Montage herrühren.*"

Kurz darauf liefert V's Mitarbeiter M, der bis zu diesem Zeitpunkt über zehn Jahre einwandfreie Arbeit geleistet hat, den Kaffeevollautomaten, stellt ihn im Wintergarten der Kanzlei auf und führt die notwendigen Installationsarbeiten durch. Beim Anschluss der Maschine an die Wasserzufuhr vergisst er allerdings, da er in Gedanken bei seiner neuen Freundin weilt, aus Unachtsamkeit die vom Hersteller vorgesehene zweite Schelle an dem unter Druck stehenden Verbindungsschlauch zwischen Wasseranschluss und Kaffeemaschine anzubringen. Kurzzeitig geht die Sache gut. Doch Ende April 2009 löst sich der Schlauch, was bei Anbringung der zweiten Schelle nicht geschehen wäre. Das Wasser schießt heraus und beschädigt ein an der anderen Seite des Wintergartens hängendes Bild des Berliner Künstlers Bodo Reiter. Die fachgerechte Restaurierung des Gemäldes kostet 2.000 €. V verweigert unter Hinweis auf seine Allgemeinen Geschäftsbedingungen jegliche Zahlung.

Kann K von V Ersatz des ihm entstandenen Schadens verlangen?

Lösung

A. §§ 437 Nr. 3, 434, 280 I 1

Vorbemerkung: Soweit der Schaden – wie hier – aus der Mangelhaftigkeit der verkauften Sache folgt, ist § 280 I nicht unmittelbar, sondern nur über §§ 433, 434, 437 Nr. 3 anzuwenden (str. dann, wenn der Verkäufer eine nicht leistungsbezogene Nebenpflicht verletzt, vgl. etwa Bamberger/Roth/FAUST, 2. A. 2007, § 437 Rn. 138ff.). Ist die Kaufsache mangelhaft, so ist gleichzeitig das Merkmal der Pflichtverletzung aus § 280 I erfüllt, denn bei Lieferung einer mangelhaften Sache hat der Schuldner stets auch seine aus dem Kaufvertrag resultierende Pflicht zur Lieferung einer mangelfreien Sache (vgl. § 433 I 2) verletzt.

K könnte gegen V einen Anspruch auf Ersatz der Restaurierungskosten i.H.v. 2.000 € gem. §§ 437 Nr. 3, 434, 280 I 1 haben.

I. Wirksamer Kaufvertrag

Zunächst müssten K und V einen Kaufvertrag gem. § 433
geschlossen haben. K und V haben sich durch zwei korrespondierende Willenserklärungen i.S.d. §§ 145ff., Antrag und Annahme, in dem Laden des V über den Abschluss eines Vertrages
geeinigt. Fraglich ist allerdings, ob es sich dabei um einen Kauf-
oder Werkvertrag handelt. Für einen Werkvertrag i.S.d. § 631
spricht, dass K und V die Aufstellung der Kaffeemaschine durch
einen Mitarbeiter des V vereinbart haben. Jedoch waren Lieferung
und Montage kostenfrei. Die Hauptleistungspflicht besteht daher in
der Übergabe bzw. Eigentumsverschaffung, die Montageverpflich-
tung ist lediglich eine andersartige Nebenleistungspflicht im
Rahmen des von den Parteien geschlossenen Kaufvertrages (arg.
§ 434 II). Wirksamkeitshindernisse sind nicht ersichtlich. Mithin
besteht zwischen K und V ein wirksamer Kaufvertrag i.S.d. § 433.

II. Sachmangel gem. § 434 II 1

Anmerkung: Ist die Kaufsache mangelhaft, so ist gleichzeitig das
Merkmal der Pflichtverletzung aus § 280 I erfüllt, denn bei Lieferung einer
mangelhaften Sache hat der Schuldner stets auch seine aus dem
Kaufvertrag resultierende Pflicht zur Lieferung einer mangelfreien Sache
(vgl. § 433 I 2) verletzt.

1. Der Kaffeevollautomat selbst weist die vereinbarte Beschaffenheit auf, ein Sachmangel bei Gefahrübergang i.S.d. § 434 I 1
kommt daher nicht in Betracht.

2. Indes könnte sich ein Sachmangel aus der mangelhaften
Montage des Kaffeevollautomaten ergeben, vgl. § 434 II 1.

a) Unsachgemäße Montage

Ein Sachmangel i.S.d. § 434 II 1 liegt vor, wenn die vertraglich
vereinbarte Montage durch den Verkäufer oder dessen
Erfüllungsgehilfen unsachgemäß durchgeführt worden ist. Die
Montage ist unsachgemäß, wenn sie entweder nicht der
Vereinbarung entspricht oder dazu führt, dass die Kaufsache sich

nicht für die nach dem Vertrag vorausgesetzte oder aber für die gewöhnliche Verwendung eignet.[186]

Bei der Montage wurde die vom Hersteller vorgesehene zusätzliche Schelle nicht angebracht. Dadurch wurde die Maschine zwar selbst nicht beschädigt, jedoch war ein ordnungsgemäßer Betrieb ohne Beschädigung anderer Rechtsgüter nicht möglich. Die Montage war daher unsachgemäß und somit fehlerhaft i.S.d. § 434 II 1. Ein Sachmangel liegt demnach vor.

b) Durchführung der Montage

Des Weiteren müsste die Montage gem. § 434 II 1 von dem Verkäufer oder dessen Erfüllungsgehilfen durchgeführt worden sein. Hier hat V die Montage nicht selbst vorgenommen, so dass fraglich ist, ob M als Erfüllungsgehilfe des V i.S.d. § 278 gehandelt hat. Erfüllungsgehilfe ist, wer bei der Erfüllung einer bestehenden Verbindlichkeit mit dem Willen des Schuldners tätig wird.[187]

> **Merke**: Die Art der zwischen dem Schuldner und der Hilfsperson bestehenden rechtlichen Beziehung ist gleichgültig; Erfüllungsgehilfe kann auch derjenige sein, der keinem Weisungsrecht des Schuldners unterliegt (BGH, NJW 1996, 451).

V hat sich hier des M zur Erfüllung seiner mit K vertraglich vereinbarten Verpflichtung zur Montage des Kaffeeautomaten als Hilfsperson bedient. Mithin war M Erfüllungsgehilfe i.S.d. § 278 I.

c) Zwischenergebnis: Folglich liegt ein Sachmangel gem. § 434 II 2 vor; die Pflichtverletzung i.S.d. § 280 I 1 ist somit indiziert.

III. Vertretenmüssen des V, § 280 I 2

Außerdem ist für einen Schadensersatzanspruch gem. § 280 I 1 erforderlich, dass der Schuldner die Pflichtverletzung zu vertreten hat. Das Vertretenmüssen des Schuldners wird nach § 280 I 2 widerlegbar vermutet.

> **Anmerkung**: Aus der negativen Formulierung des § 280 I 2 ergibt sich (ebenso wie bei § 311a II 2), dass der Schuldner die Beweislast

---

[186] Palandt/WEIDENKAFF, 67. A. 2008, § 434 Rn. 44.

[187] Vgl. nur Palandt/HEINRICHS, 67. A. 2008, § 278 Rn. 7. Beachte: Diese Definition des Erfüllungsgehilfen findet auch im Rahmen des § 434 II 1 Anwendung.

hinsichtlich des Vertretenmüssens trägt. Es handelt sich hierbei um eine Ausnahme zu dem Grundsatz, wonach vor Gericht grundsätzlich der Kläger (Gläubiger) sämtliche den Anspruch begründenden, d.h. für ihn günstigen Tatsachen vorzutragen und zu beweisen hat.

Fraglich ist daher, ob es V gelingen kann, die Vermutung des § 280 I 2 zu widerlegen. Grundsätzlich hat der Schuldner gemäß § 276 I 1 Vorsatz und Fahrlässigkeit zu vertreten. Zwar handelte V nicht selbst, so dass eine Haftung gem. § 276 I 1 nicht in Betracht kommt. Möglicherweise wird ihm jedoch ein etwaiges Verschulden des M nach § 278 zugerechnet. M war Erfüllungsgehilfe des V (vgl. o.). Laut Sachverhalt handelte er „unachtsam", d.h. fahrlässig i.S.d. § 276 II. V hat daher die durch M begangene Pflichtverletzung gem. §§ 278 S. 1, 276 II, 280 I 2 zu vertreten. Die Möglichkeit, sich zu exkulpieren steht ihm nicht offen.

IV. Ausschluss der Gewährleistung infolge wirksamen Haftungsausschlusses?

Die Gewährleistung könnte im vorliegenden Fall jedoch ausgeschlossen sein. In Betracht kommt insofern die Klausel aus dem mit K geschlossenen Vertrag (§ 5 der AGB), wonach V für Schäden aus der Montage keinerlei Haftung übernimmt.

1. Gewährleistungsausschluss möglich, § 475 I 1?

Fraglich ist zunächst, ob V die Gewährleistung überhaupt ausschließen kann. Dem könnte § 475 I 1 entgegenstehen, der jede für den Verbraucher ungünstige Abweichung von den Gewährleistungsvorschriften als unwirksam deklariert. Voraussetzung dafür wäre allerdings das Vorliegen eines Verbrauchsgüterkaufs. V verkauft die Kaffeemaschine in Ausübung seiner gewerblichen Tätigkeit; K kauft sie für die Anwaltskanzlei, d.h. ebenfalls im Rahmen seiner selbstständigen beruflichen Tätigkeit. Demnach sind beide Unternehmer i.S.d. § 14. Ein Verbrauchsgüterkauf, an dem auch ein Verbraucher i.S.d. § 13 beteiligt sein muss, liegt daher nicht vor.

Anmerkung: Dies wäre allerdings anders, wenn K den Kaffeeautomaten für private Zwecke gekauft hätte!

2. Verstoß gegen §§ 305ff.?

Des Weiteren könnte der Haftungsausschluss durch V an den Vorschriften der §§ 305ff. scheitern. Voraussetzung hierfür ist zunächst, dass es sich bei den Bestimmungen auf dem Schild, unter die auch der Haftungsausschluss in § 5 fällt, um Allgemeine Geschäftsbedingungen (AGB) i.s.d. §§ 305ff. handelt.

a) AGB i.S.d. § 305 I 1

Die auf dem Schild befindlichen Regelungen sind vorformuliert i.s.d. § 305 I 1 und durch den Aushang für eine Vielzahl von Verträgen aufgestellt.[188] Zudem hat V die Klausel einseitig vorgegeben und ließ K keinerlei Verhandlungsspielraum, so dass V sie i.s.d. § 305 I auch gestellt hat.[189] Dieser Einordnung als allgemeine Geschäftsbedingungen i.s.d. §§ 305ff. steht die Unternehmereigenschaft von V sowie K (s.o.) nicht entgegen, wie sich aus dem Umkehrschluss zu § 310 I 1 ergibt.

b) Einbeziehung der AGB in den Vertrag

Darüber hinaus müsste § 5 der AGB des V in den Vertrag einbezogen worden sein, um die Wirkung des Gewährleistungsausschlusses zu entfalten. Dies ergibt sich hier wegen § 310 I 1 nicht aus § 305 II. Vielmehr sind alle AGB einbezogen, die nach allgemeinen Regeln Vertragsbestandteil geworden sind, d.h. wenn sich die vertragliche Einigung auf die Einbeziehung erstreckt.[190] V hat K auf das deutlich sichtbare Schild, das unter anderem § 5 der AGB enthielt, mit der Bitte um Kenntnisnahme hingewiesen und so die AGB zum Bestandteil seiner Willenserklärung gemacht. K schloss daraufhin den Vertrag mit V und nahm folglich das Angebot des V unverändert – d.h. unter Einbeziehung der AGB – an. Mithin sind die AGB des V Vertragsbestandteil geworden.

c) Keine vorrangige individuelle Vertragsabrede, § 305b

Eine vorrangige individuelle Vertragsabrede i.s.d. § 305b ist nicht ersichtlich.

d) Keine überraschende Klausel, § 305c I

Der Haftungsausschluss des V könnte jedoch gem. § 305c I unwirksam sein. Dazu müsste es sich um eine überraschende

---

[188] Beachte hierbei, dass im Rahmen eines Verbrauchervertrages gem. § 310 III Nr. 2 auch eine Bestimmung zur einmaligen Verwendung ausreichen kann.

[189] Dies wird für Verbraucherverträge gem. § 310 III Nr. 1 vermutet.

[190] Palandt/HEINRICHS, 67. A. 2008, § 305 Rn. 50.

Klausel i.S.d. § 305c I handeln. Haftungsbeschränkungen sind im Verkehr zwischen Unternehmern allerdings üblich und daher nicht überraschend. Mithin ist § 5 der AGB nicht gem. § 305c I unwirksam.

e) Inhaltliche Wirksamkeit der Klausel

Darüber hinaus müsste § 5 AGB inhaltlich wirksam sein, um den Haftungsausschluss zu gewährleisten. Die Wirksamkeit von AGB bemisst sich grundsätzlich anhand der §§ 307-309. Hier werden die AGB zwischen zwei Unternehmern verwendet, so dass gem. § 310 I 1 allein § 307 heranzuziehen ist. In dessen Rahmen müssen jedoch gem. § 310 I 2 die Wertungen der §§ 308, 309 (gesetzliches Leitbild!) berücksichtigt werden.[191]

Der Verstoß gegen § 309 stellt hierbei regelmäßig ein Indiz für die Unwirksamkeit der Klausel gemäß § 307 dar.[192] § 5 der AGB des V verstößt gegen § 309 Nr. 7 lit. a, § 309 Nr. 8 lit. a und lit. b aa. Im Verkehr zwischen Unternehmern bedeutet Freizeichnung auch für Vorsatz eine unangemessene Benachteiligung, so dass die Indizwirkung des Verstoßes gegen § 309 Nr. 7 lit. a, § 309 Nr. 8 lit. a und lit. b aa nicht widerlegt werden kann. Die Klausel § 5 ist daher gem. § 307 unwirksam.

f) Zwischenergebnis: Der Haftungsausschluss nach § 5 der AGB ist unwirksam. An seine Stelle treten nach § 306 II die gesetzlichen Vorschriften über die Sachmängelhaftung (§§ 437ff.).

3. Zwischenergebnis zu IV.

Der Anspruch des K auf Schadensersatz wegen Sachmängelgewährleistung ist nicht durch § 5 AGB ausgeschlossen.

V. Ergebnis zu A.

K hat gem. §§ 437 Nr. 3, 434, 280 I 1 gegen V einen Anspruch auf Ersatz der Restaurierungskosten i.h.v. 2.000 €.

B. § 823 I

Erforderlich ist zunächst die Verletzung eines in § 823 I genannten Rechtsguts durch eine dem V zurechenbare Handlung. Das

---

[191] Palandt/GRÜNEBERG, 67. A. 2008, § 307 Rn. 41.

[192] Palandt/GRÜNEBERG, 67. A. 2008, § 307 Rn. 41.

Eigentum des K ist verletzt worden. Die Rechtsgutsverletzung erfolgte indes nicht durch eine dem V zurechenbare Handlung. Ein Schadensersatzanspruch des K gegen V gem. § 823 I scheidet daher aus.

C. § 831 I 1

Vorbemerkung: Bei § 831 handelt es sich um eine eigenständige deliktische Anspruchsgrundlage, die kein bestehendes Schuldverhältnis voraussetzt. Dabei wird ein Auswahlverschulden seitens des Geschäftsherrn vermutet, wenn sein Verrichtungsgehilfe rechtswidrig handelt und einen Dritten schädigt. Der Geschäftsherr kann sich erfolgreich exkulpieren, wenn er entweder beweisen kann, dass er seinen Verrichtungsgehilfen gewissenhaft ausgewählt hat oder dass sein Auswahlverschulden nicht kausal für die rechtswidrige Schädigung war. Der Geschäftsherr haftet also für eigenes Verschulden.

Im Gegensatz dazu ist § 278 keine Anspruchs-, sondern eine **Zurechnungsnorm**, bei der die Haftung des Geschäftsherrn in einem bestehenden Schuldverhältnis für fremdes Verschulden seitens seines Erfüllungsgehilfen oder gesetzlichen Vertreters erstreckt wird. Ihm selbst muss keinerlei Verschuldensvorwurf gemacht werden können, er haftet ausschließlich für fremdes Verschulden. Die Vorschrift ist im rahmen des „Vertretenmüssens" zu prüfen. Vertiefend zur Abgrenzung von § 831 und § 278 MEDICUS, Bürgerliches Recht, 21. A. 2007, Rn. 780, 782.

Verrichtungsgehilfe i.S.d. § 831: Zu einer Verrichtung bestellt ist, wem von einem anderen, in dessen Einflussbereich er allgemein oder im konkreten Fall und zu dem er in einer gewissen Abhängigkeit steht, eine Tätigkeit übertragen worden ist (BGH WM 1998, 257). Für das Weisungsrecht ist ausreichend, dass der Geschäftsherr die Tätigkeit des Handelnden jederzeit beschränken, untersagen oder nach Zeit und Umfang bestimmen kann (BGHZ 45, 313). Die Tätigkeit kann tatsächlicher oder rechtlicher Natur sein, entgeltlich oder unentgeltlich, ausdrücklich oder stillschweigend übertragen, mit Vertretungsmacht verbunden oder nicht (Palandt/Sprau, 67. A. 2008, § 831 Rn. 5). Der Bestellte muss bei Ausführung der Verrichtung vom Willen des Bestellenden abhängig sein (OLG Frankfurt/Main, NJW-RR 2000, 351), was auch für leitende Angestellte oder den Leiter einer gewerblichen Niederlassung gelten kann. Nicht von Bedeutung ist, ob der Bestellte im Übrigen selbstständig ist (BGH NJW 1956, 1715).

Erfüllungsgehilfe i.S.d. § 278 ist hingegen, wer bei der Erfüllung einer bestehenden Verbindlichkeit mit dem Willen des Schuldners tätig ist (vgl. dazu bereits o. Fall 6).

V haftet für widerrechtliche Rechtsgutverletzungen seines Verrichtungsgehilfen auch ohne dessen[193] Verschulden.

Anmerkung: Der Verrichtungsgehilfe muss nur widerrechtlich gehandelt haben, nicht aber schuldhaft, vgl. § 831 I 1. Der Geschäftsherr haftet im Übrigen für eigenes Verschulden bei Auswahl oder Leitung, wie aus § 831 I 2 hervorgeht; ebenfalls aus § 831 I 2 (Exkulpationsmöglichkeit!) ergibt sich, dass ein Verschulden des Geschäftsherrn vermutet wird.

Hier hat M als Verrichtungsgehilfe des V das Eigentum des K widerrechtlich verletzt. M war jedoch seit über zehn Jahren als Verrichtungsgehilfe fehlerlos für V tätig, so dass diesen kein Auswahlverschulden trifft. Er kann sich daher gem. § 831 I 2 exkulpieren, so dass er nicht gem. § 831 I 1 haftet.

***

Fall 12

▶ **Thema:** Abnahmeverpflichtung als überraschende Klausel im Rahmen eines Kaufvertrages

Der Kaffeevollautomat (vgl.o. Fall 11) ist frei von Sachmängeln. In den AGB des V heißt es:

„§ 7. Der Käufer verpflichtet sich, auf die Dauer von 3 Jahren monatlich 10 kg Spezialkaffee der Marke „avvocato del diavolo" zum Preis von 100 € abzunehmen."

Muss K den Kaffee abnehmen bzw. kann er von V die Rückzahlung des Kaufpreises gegen Rückgabe des Kaffeevollautomaten verlangen?

Lösung

I. Eine Abnahmeverpflichtung ist im Rahmen eines Kaufvertrages eine ungewöhnliche und überraschende Zusatzverpflichtung, die dem Kaufvertrag als solchem grundsätzlich fremd ist.[194] Die Klausel ist daher nach § 305c I nicht Vertragsbestandteil

---

[193] Die Verrichtungsgehilfen müssen nur widerrechtlich gehandelt haben, nicht aber schuldhaft, vgl. § 831 I 1. Der Geschäftsherr haftet im Übrigen für eigenes Verschulden bei Auswahl oder Leitung, wie aus § 831 I 2 hervorgeht; ebenfalls aus § 831 I 2 (Exkulpationsmöglichkeit!), dass ein Verschulden des Geschäftsherrn vermutet wird.

[194] MüKo/BASEDOW, 5. A. 2007, § 305c Rn. 11.

geworden. K ist demnach auch nicht nach § 433 II zur Abnahme des Kaffees verpflichtet.

> **Merke:** Überraschende Klauseln, d.h. Bedingungen, die aus empirischer Sicht nicht geschäftsüblich sind und mit denen der Vertragspartner nicht zu rechnen braucht und die daher einen Überrumpelungs- oder Überraschungseffekt haben, werden nach § 305 c I nicht Vertragsbestandteil.

II. Der Anspruch auf Rückzahlung des Kaufpreises gegen Rückgabe des Kaffeevollautomaten ergibt sich aus § 812 I 1 Alt. 1, wenn der Kaufvertrag unwirksam ist. Die Unwirksamkeit einzelner AGB führt aber nicht zur Unwirksamkeit des ganzen Vertrages; § 139 findet keine Anwendung. § 306 I bestimmt vielmehr, dass der Vertrag im Übrigen wirksam bleibt; an die Stelle der unwirksamen Klausel tritt nach § 306 II das dispositive Gesetzesrecht. Die Härtefallregelung des § 306 III ist nicht einschlägig. Der Kaufvertrag ist somit wirksam; die Leistung erfolgte nicht rechtsgrundlos. Ein bereicherungsrechtlicher Anspruch des K gegen V besteht daher nicht.

***

Fall 13

▶ **Themen:** Schadensersatz statt der Leistung, §§ 280 I 1, III, 283 S. 1; „Geschäft für den, den es angeht"; Fixgeschäft; Konkretisierung der Gattungsschuld; Annahmeverzug, Drittschadensliquidation

Dr. K und Dr. S, der eine Wissenschaftlicher Assistent, der andere Akademischer Rat an der schönen Universität Passau, sind Kollegen und verstehen sich auch sonst recht gut. Das für den Abend des 4.7.2006, 20:00 Uhr, angesetzte Spiel der Deutschen Nationalmannschaft gegen die Squadra Azzurra im Halbfinale der FIFA WM 2006™ gedenkt K auf dem Balkon seiner schön gelegenen Wohnung mit S, einigen weiteren Kollegen und einigen Fläschchen Bier zu erleben.

Den S bittet er daher, für sein kleines Fußballfest fünf Kisten Bier zu besorgen. S hat die Möglichkeit, das Bier bei der L-Brauerei Passau AG zu Großhandelspreisen zu beziehen, weil er dort in fernen Studientagen als Aushilfsfahrer gejobbt hat.

Er bestellt deshalb bei der L fünf Kästen Bier zu insgesamt 35 € mit der Maßgabe, dass diese an besagtem Dienstag (4.7.2006) um 17.00 Uhr frei Haus an der Wohnung des K abgegeben werden sollen, und bezahlt sofort. S erklärt der L gegenüber nicht, dass das Bier für K bestimmt ist. Anschließend unterrichtet S den K von der Bestellung und erhält von K 35 €.

Der Fahrer der L fährt um 17.00 Uhr an der Wohnung des K vor, trifft jedoch niemanden an und fährt nach einer Viertelstunde zurück zur Brauerei. Dabei fährt er sehenden Auges über eine rote Ampel (Verstoß gegen § 37 II Nr. 1 S. 7 StVO: Rot ordnet an: „Halt vor der Kreuzung"). Bei dem dadurch verursachten Unfall geht die gesamte Bierladung, darunter die für K bestimmten Kästen, zu Bruch. K muss nun für den Abend fünf Kästen Bier im Einzelhandel zum Preis von insgesamt 55 € erstehen.

Kann S von L Schadensersatz i.H.v. 55 € aus §§ 280 I 1, III, 283 S. 1 verlangen?

Lösung

Anspruch S gegen L auf Schadensersatz statt der Leistung i.H.v. 55 € aus §§ 280 I, III, 283 S. 1

S könnte gegen L wegen der Zerstörung der Bierflaschen einen Anspruch auf Schadensersatz statt der Leistung i.h.v. 55 € aus §§ 280 I, III, 283 S. 1 haben.

I. Schuldverhältnis

Ein Schuldverhältnis könnte in Form eines Kaufvertrages gem. § 433 begründet worden sein. Voraussetzung dafür sind zwei korrespondierende Willenserklärungen gem. §§ 145ff. Antrag und Annahme.

1. Antrag und Annahme, §§ 145ff.

Der Antrag ist in der Aufforderung des S zu sehen, 5 Kästen Bier zum Preis von 35 € um 17.00 Uhr in der Wohnung des K frei Haus abzuliefern. Die Annahme der L liegt unabhängig vom Verlauf der Verkaufsverhandlungen spätestens in der Entgegennahme des Geldes.

2. Wirksame Stellvertretung?

Möglicherweise hat S jedoch als Stellvertreter des K gehandelt. Die Willenserklärung des S würde dann nach § 164 I 1 für und gegen den K wirken, so dass der Vertrag zwischen K und L zustande gekommen wäre. Voraussetzung hierfür ist, dass S eine eigene Willenserklärung im Namen des K im Rahmen seiner Vertretungsmacht abgegeben hat.

a) S konnte die Einzelheiten des Preises und der Auslieferung festlegen, so dass er eine **eigene Willenserklärung** abgegeben hat.

b) Fraglich ist, ob er sie auch im Namen des K abgegeben hat. S erklärt der L gegenüber weder ausdrücklich, dass das Bier für K bestimmt ist, noch lässt sich dies aus den Umständen (§ 164 I 2) entnehmen. Es könnte sich jedoch um ein sog. „**Geschäft für den, den es angeht**" handeln. Dann wäre eine Offenkundigkeit der Stellvertretung ausnahmsweise entbehrlich.

Anmerkung: Bei Bargeschäften des täglichen Lebens ist es für die Vertragschließenden in der Regel ohne Bedeutung, ob der andere Teil im eigenen oder im fremden Namen handelt. Hier ist die Offenlegung des Vertreterwillens nach der *ratio* des Offenkundigkeitsgrundsatzes nicht erforderlich, da er die Gegenpartei schützen soll, diese aber nicht schutzbedürftig ist. Der Vertrag kommt daher, ohne dass der Vertreterwille erkennbar gemacht zu werden braucht, mit dem zustande, den es angeht, hier wäre das K (sog. **Geschäft für den, den es angeht,** vgl. dazu Palandt/Heinrichs, 67. A. 2008, § 164, Rn. 8). Dies setzt jedoch voraus, dass der Vertreter für den Vertretenen handeln will (OLG Düsseldorf NJW 1992, 1707) – hier zu bejahen – und der Gegenpartei die Person des Kontrahenten gleichgültig ist (vgl. nur BGH NJW 1991, 2283, 2285).

Ein „Geschäft für den, den es angeht" setzt jedoch voraus, dass der Vertreter für den Vertretenen handeln will und der Gegenpartei die Person des Kontrahenten gleichgültig ist. Zwar will S für K handeln, jedoch sind Großmarktpreise nur für verdiente (ehemalige) Mitarbeiter vorgesehen, so dass es L gerade auf S als Vertragspartei ankommt. Demnach liegt hier kein „Geschäft für den, den es angeht" vor, so dass S seine Willenserklärung nicht im fremden Namen abgegeben hat.

c) Zwischenergebnis: Eine Stellvertretung des K durch S kommt bereits angesichts mangelnder Offenkundigkeit nicht in Betracht. S handelte vielmehr als „mittelbarer Stellvertreter", d.h. in eigenem Namen, allerdings im Auftrag und für Rechnung eines anderen.

> **Anmerkung:** Der „mittelbare Stellvertreter" handelt gerade nicht als Stellvertreter i.S.d. §§ 164ff. im Namen eines Dritten, sondern im eigenen Namen, aber im Auftrag und für Rechnung des anderen. Die Rechtswirkungen treffen nur den mittelbaren Stellvertreter; der Geschäftsherr aber trägt die wirtschaftlichen Folgen (z.b. wegen §§ 667, 670 falls zwischen dem Vertragspartner und dem Dritten ein Auftragsverhältnis gegeben ist).

3. Zwischenergebnis zu I.

Ein wirksamer Kaufvertrag zwischen S und L und damit ein Schuldverhältnis i.s.v. § 280 I 1 liegt vor.

II. Befreiung von der Leistungspflicht nach § 275 I–III

Des Weiteren müsste L von seiner Pflicht zur Leistung gem. § 275 I–III freigeworden sein.

1. Absolutes Fixgeschäft

L hat das Bier nicht Punkt 17 Uhr an K übergeben, so dass sich schon daraus die Unmöglichkeit der Leistung des L ergeben könnte. Dazu müsste es sich bei dem Vertrag um ein absolutes Fixgeschäft handeln. Ein absolutes Fixgeschäft liegt vor, wenn die Einhaltung der Leistungszeit nach dem Vertragszweck und der gegebenen Interessenlage derart wesentlich ist, dass eine verspätete Leistung keine Erfüllung mehr darstellt.[195] Hier ist bereits fraglich, ob S das Bier unter Hinweis auf das um 20:00 Uhr beginnende Fußballspiel bestellt hat. Nur dann und wenn S andernfalls keine Verwendung für das Bier hätte (sehr fraglich!), käme die rechtzeitige Lieferung als Vertragszweck in Betracht.[196] Im Übrigen könnte selbst ein eventuell anzunehmender derartiger Vertragszweck durch Lieferung des Bieres vor Beginn des Spiels noch erreicht werden, so dass die Lieferung insoweit jedenfalls nicht verspätet wäre.

> **Anmerkung:** Anders das relative Fixgeschäft: Hier soll das Geschäft zwar auch mit Einhaltung einer bestimmten Zeit „stehen und fallen" – die vereinbarte Leistung ist ohne Beeinträchtigung des Geschäftszwecks zwar nachholbar, aber aus Vereinbarung und sonstigen Umständen ergibt sich die Wesentlichkeit der vereinbarten Zeit für den Gläubiger. Dann liegt nicht Unmöglichkeit der Leistung i.s.v. § 275 I vor, sondern das Leistungsinteresse i.s.v. §§ 281 II und 323 II Nr. 2 besteht nicht fort.

---

[195] Palandt/HEINRICHS, 67. A. 2008, § 271 Rn. 17.

[196] Vgl. OLG Düsseldorf, NJW-RR 2002, 633,

2. Untergang des Bieres beim Unfall

Das Bier ist bei dem Unfall untergegangen, so dass die Leistungspflicht des L gem. § 275 I ausgeschlossen sein könnte.

a) Gattungsschuld

Gegenstand des Kaufvertrages ist Bier der L-Brauerei. Dabei handelt es sich ursprünglich um eine Gattungsschuld i.S.v. § 243 I. Grundsätzlich trifft L als Gattungsschuldner im Falle des Untergangs der zur Erfüllung vorgesehenen Sache eine Wiederbeschaffungspflicht.

b) Konkretisierung

Diese könnte mit der Konkretisierung jedoch erloschen und damit die Leistungsgefahr gem. § 243 II auf S übergegangen sein. Voraussetzung dafür ist, dass L seinerseits alles zur Leistung Erforderliche getan hat. Was im Einzelfall erforderlich ist, ergibt sich aus der vertraglichen Vereinbarung. S und L haben eine Lieferung frei Haus vereinbart. Dabei handelt es sich um eine Bringschuld gem. § 269. L musste folglich fünf Kästen Bier mittlerer Art und Güte auswählen (§ 243 I), aussondern und dem S am vereinbarten Erfüllungsort (Wohnung des K) in einer den Annahmeverzug begründenden Weise tatsächlich anbieten.

Dieser Verpflichtung ist L nachgekommen, eine Konkretisierung (§ 243 II) der Gattungsschuld auf die ausgewählten Bierkästen ist somit erfolgt. Folglich ist die von L geschuldete Leistung untergegangen.

3. Zwischenergebnis

Die Leistung ist daher unmöglich, die Leistungspflicht ist demnach gem. § 275 I entfallen.

III. Pflichtverletzung, § 280 I 1

Weiterhin ist nach § 280 I 1 eine Pflichtverletzung erforderlich. In den Fällen der §§ 280 I, III, 283 S. 1 genügt zur Bejahung der Pflichtverletzung der Nichterhalt der Leistung infolge des Verlusts des Erfüllungsanspruchs, der mit der Unmöglichkeit einhergeht.[197]

---

[197] Vgl. CANARIS, Die Reform des Rechts der Leistungsstörung, JZ 2001, 499, 512; MüKo/ERNST, 5. A. 2007, § 283 Rn. 4; (str.), vgl.o. Fall 6, Anm. zu B.III.

Eine hiervon zu unterscheidende Pflichtverletzung ist nicht mehr festzustellen.

IV. Vertretenmüssen, § 280 I 2

In der Regel wird das Vertretenmüssen des Schuldners, hier der L, gem. § 280 I 2 vermutet. Fraglich ist, ob die L diese Vermutung widerlegen kann. Zunächst ist der Umfang des Haftungsmaß-stabes zu klären. Dieser bestimmt sich nach § 276 I 1 und sieht grundsätzlich vor, dass der Schuldner Vorsatz sowie grobe und leichte Fahrlässigkeit zu vertreten hat, wenn eine strengere oder mildere Haftung weder bestimmt noch aus dem sonstigen Inhalt des Schuldverhältnisses zu entnehmen ist, vgl. § 276 I 1 a.E.

1. Haftungsmilderung gem. § 300 I

Hier kommt eine Beschränkung des Haftungsmaßstabs auf Vorsatz und grobe Fahrlässigkeit gem. §§ 276 I 1 Hs. 2, 300 I in Betracht. Dafür müsste S sich im Annahmeverzug gem. §§ 293ff. befunden haben. Fraglich ist, ob die Voraussetzungen für den Annahmeverzug vorliegen.

a) Leistungsangebot

L müsste die Leistung gem. § 294 tatsächlich angeboten haben. Dies setzt voraus, dass der Gläubiger nichts weiter tun muss als zugreifen und die Leistung annehmen. Das Bier befand sich auf dem Laster vor der Haustür; S hätte es nur noch in die Wohnung hinein bringen (lassen) müssen. Folglich liegt darin ein tatsächliches Angebot i.S.d. § 294.

b) Möglichkeit der Leistung

Zu diesem Zeitpunkt war die geschuldete Leistung noch möglich. Der Fahrer der L wäre hier vor der Wohnung des K noch in der Lage gewesen, die Kästen zu übergeben und Eigentum an ihnen zu verschaffen.

c) Leistungsberechtigung

Darüber hinaus müsste L zur Leistung in der angebotenen Weise berechtigt gewesen sein.[198] Dies bedeutet, dass L die Leistung am rechten Ort (§§ 269 f.) und zur rechten Zeit (§ 271) in der rechten Art und Weise anbieten muss.

---

[198] Dies ergibt sich aus dem Wortlaut des § 294 („wie sie zu bewirken ist").

Der Leistungsort ergibt sich aus der Art der Schuld, die die Parteien vereinbart haben. Hier hat sich L zur Lieferung des Bieres verpflichtet, so dass eine Bringschuld vereinbart wurde. Der Leistungsort liegt daher an der Wohnung des K. Hier hat L die Leistung auch angeboten.

Die Leistungszeit (§ 271) ergibt sich aus der Parteivereinbarung. Hier haben L und S die Lieferung am 4.7.2006 um 17.00 Uhr vereinbart. Zu diesem Zeitpunkt befand sich der Fahrer der L vor der Wohnung des K.

Darüber hinaus handelte es sich um ein Bier mittlerer Art und Güte (§ 243 I), so dass L auch hinsichtlich des Gegenstands der Leistung wie geschuldet angeboten hat.

d) Nichtannahme durch den Gläubiger

Schließlich darf der Gläubiger die Leistung nicht angenommen haben. S war zur vereinbarten Leistungszeit nicht am vereinbarten Leistungsort und konnte die Leistung deshalb nicht entgegennehmen.

e) Zwischenergebnis

Mithin sind im vorliegenden Fall alle Voraussetzungen des Annahmeverzugs erfüllt. Der Haftungsmaßstab des § 276 I 1 ist daher gem. § 300 I auf Vorsatz und grobe Fahrlässigkeit beschränkt.

2. Ausfüllung des Haftungsmaßstabs

L hätte daher nicht schuldhaft gehandelt und könnte folglich die Verschuldensvermutung des § 280 I 2 widerlegen, wenn sein Tun lediglich als leicht fahrlässig einzustufen ist. Zwar ist L nicht selbst tätig geworden. Jedoch könnte ihr das Verhalten ihres Fahrer gem. § 278 zuzurechnen sein. Der beschränkte Haftungsmaßstab (§ 300 I) ist hierbei auf den Erfüllungsgehilfen zu übertragen.

a) Erfüllungsgehilfe

Dafür müsste der Fahrer Erfüllungsgehilfe der L i.S.d. § 278 gewesen sein. Erfüllungsgehilfe ist, wer bei der Erfüllung einer bestehenden Verbindlichkeit mit dem Willen des Schuldners tätig wird.[199] Der Fahrer hat auf Anweisung der L die Lieferung des Bieres zur Wohnung des K übernommen, zu der L nach dem

---

[199] Vgl. nur Palandt/HEINRICHS, 67. A. 2008, § 278 Rn. 7.

Kaufvertrag verpflichtet war. Demnach handelte er als Erfüllungsgehilfe der L. Folglich müsste sich L ein schuldhaftes Verhalten des Fahrers gem. § 278 S. 1 zurechnen lassen.

b) Leichte Fahrlässigkeit des Erfüllungsgehilfen

Fraglich ist demnach, ob der Fahrer der L lediglich leicht fahrlässig gehandelt hat. Fahrlässig handelt, wer die im Verkehr erforderliche Sorgfalt außer Acht lässt, § 276 II. Grobe Fahrlässigkeit unterscheidet sich von der leichten Fahrlässigkeit dadurch, dass die im Verkehr erforderliche Sorgfalt in besonderem Maße außer Acht gelassen wird.[200] Im Bereich des Straßenverkehrs ist grobe Fahrlässigkeit zu bejahen, wenn das Verhalten des Verkehrsteilnehmers objektiv grob verkehrswidrig und subjektiv schlechthin unentschuldbar ist. Ein Überfahren der Kreuzung bei Rotlicht ist wegen der großen Gefährlichkeit für den Straßenverkehr objektiv grob fahrlässig und ein Indiz für grobe Fahrlässigkeit in subjektiver Hinsicht.[201] Hier hat der Fahrer der L eine rote Ampel im regulären Straßenverkehr sehenden Auges überfahren. Er handelte also grob verkehrswidrig und subjektiv schlechthin unentschuldbar.

Der Fahrer der L hat folglich durch grobe Fahrlässigkeit den Unfall herbeigeführt, bei dem die Bierkästen untergegangen sind, auf die sich die Leistungspflicht der L infolge der Konkretisierung beschränkte. Somit kann L die Vermutung des Vertretenmüssens nicht widerlegen.

3. Zwischenergebnis zu IV.

L hat die Pflichtverletzung gem. §§ 276, 278 zu vertreten.

Anmerkung: Es wäre verfehlt, die Voraussetzungen des Annahmeverzugs bereits bei der Konkretisierung zu prüfen und eine „Quasikonkretisierung" gem. § 300 II zu bejahen. Dies würde zwar mit weniger Aufwand zum selben Ergebnis führen, da bei der Haftungsmilderung nach oben verwiesen werden könnte, aber zugleich das Verhältnis zwischen § 243 II und § 300 II verkennen. Wendet man den Gesetzeswortlaut streng an, so hat § 300 II allenfalls dann einen Anwendungsbereich neben § 243 II, wenn § 243 II von den Parteien abbedungen wurde.

Dies kann am Fall gut verdeutlicht werden: Indem der Fahrer der L das Bier zur richtigen Zeit am richtigen Ort bereit hielt, hatte L als Schuldnerin das ihrerseits Erforderliche i.S.d. § 243 II getan. Die Konkretisierung trat

---

[200] MüKo/GRUNDMANN, 5. A. 2007, § 276 Rn. 94.

[201] OLG Köln NVersZ 2001, 466.

somit in dem Moment ein, in dem der Fahrer an der Wohnung des K eintraf. In Annahmeverzug geriet S hingegen erst, als der Fahrer der L nach einer Viertelstunde unverrichteter Dinge die Rückfahrt antrat. Regelmäßig liegt also die Konkretisierung nach § 243 II zeitlich vor der Begründung des Annahmeverzuges, so dass der Rückgriff auf § 300 II für die Begründung des Übergangs der Leistungsgefahr unnötig ist (dazu MüKo/ERNST, 5. A. 2007, § 300 Rn. 4).

V. Schaden

Schließlich müsste S einen Schaden geltend machen können.

1. Schaden des S

Fraglich ist, ob S überhaupt einen Schaden erlitten hat. Der Begriff des Schadens ist definiert als unfreiwillige Einbuße an rechtlich geschützten Gütern. Zur Schadensermittlung wird die sog. „Differenzhypothese" herangezogen, wonach ein Vergleich des Vermögens nach dem schädigenden Ereignis mit der (hypothetischen) Vermögenslage ohne schädigendes Ereignis durchzuführen ist, vgl. § 249 I.

Hiernach hat S selbst keinen Schaden erlitten, da sein Vermögen auch bei Lieferung des Bieres unverändert wäre: S war gegenüber K in einem Auftragsverhältnis lediglich dazu verpflichtet, das Bier zu bestellen. Diesen Auftrag hat S ordnungsgemäß durchgeführt, so dass er keinem Schadensersatzanspruch nach §§ 280ff, 662ff. ausgesetzt ist. Auch eine Kondiktion der 35 € nach § 812 I 1 Alt. 1 durch K gegen S kommt nicht in Frage, da § 670 einen Rechtsgrund bietet.

2. Schaden des K

Wendet man die Differenzhypothese auf K an, so ergibt sich, dass das Vermögen des K nach dem schädigenden Ereignis im Vergleich mit der (hypothetischen) Vermögenslage ohne schädigendes Ereignis mit zusätzlichen Ausgaben von 55 € belastet ist.

Fraglich ist, wie sich die Gegenleistung (35 €) auf die Höhe des Schadensersatzes auswirkt. Zum Schicksal der Gegenleistung in Fällen des § 275 enthält § 326 Regelungen: Gem. § 326 I 1 entfällt der Anspruch des Schuldners auf Gegenleistung und gem. § 326 IV kann der Gläubiger eine dann nicht geschuldete Gegenleistung nach den §§ 346 bis 348 zurückfordern.

Damit ergibt sich der Schaden des K aus der Differenz zwischen den 55 € für das Ersatzbier und den (rückforderbaren, vgl. §§ 326 I 1, IV, 346 bis 348 sowie im Verhältnis K–S § 667) und dem Kaufpreis i.h.v. 35 €, d.h. der Schaden des K beträgt 20 €. Dieses Ergebnis entspricht der Konzeption des Gesetzgebers, der sog. **„Differenztheorie"** zur Schadensersatzberechnung: Hierbei erbringt der Gläubiger seine Leistung nicht (oder er fordert sie zurück) und es wird der Schaden des Gläubigers abzüglich des Wertes seiner (nicht mehr zu erbringenden) Gegenleistung berücksichtigt. Die ersparte Gegenleistung und auch weitere Schäden (z.B. entgangener Gewinn i.s.v. § 252 oder Kosten einer Ersatzbeschaffung) sind dabei als Rechnungsposten zu berücksichtigen.

Nach allgemeiner Ansicht steht dem Gläubiger aber auch eine andere Berechnungsmethode zur Verfügung (grds. nach dessen Wahl!): Nach der **„Austausch- oder Surrogationstheorie"** tritt der Schadensersatzanspruch an die Stelle des Anspruches auf die (unmögliche) Leistung. Der Gläubiger darf seine Leistung weiterhin erbringen und den unverminderten Schadensersatz vom Schuldner verlangen.[202] Demnach beliefe sich der Schaden des K auf 55 €.

Problematisch ist in diesem Zusammenhang jedoch, dass K keinen eigenen vertraglichen Anspruch gegen L hat, da nicht er, sondern S Vertragspartner der L geworden ist (vgl.o.).

Literaturhinweis: Zu Austausch-/Surrogationstheorie und Differenztheorie vgl. MANTHE, Der Schatten, oder: Die Differenztheorie, in: Heinrich (Hrsg.), Festschrift für Hans-Joachim Musielak, 2004, 337ff.; SUTSCHET, Austausch- und Differenztheorie nach der Schuldrechtsreform, JURA 2006, 586ff.

---

3. Drittschadensliquidation

Über diesen Umstand helfen die Grundsätze von der Drittschadensliquidation hinweg:[203] Hat S demnach einen vertraglichen Anspruch gegen L, jedoch keinen Schaden, K dagegen einen Schaden, aber keinen eigenen vertraglichen Anspruch gegen L, so

---

[202] Dies war bis zur Schuldrechtsreform umstritten, vgl. die übersichtliche Darstellung des historischen Streitstands bei SUTSCHET, Austausch- und Differenztheorie nach der Schuldrechtsreform, JURA 2006, 586, 587ff.

[203] Ausführlich dazu bereits o. Fall 7, Anmerkungen zu Frage 1, III,1,a,cc.

ist das Auseinanderfallen von Anspruch und Schaden durch die Grundsätze von der Drittschadensliquidation auszugleichen. Bei einer mittelbaren Stellvertretung kann der im eigenen Namen Handelnde den Schaden des Geschäftsherrn, den dieser durch das vertragswidrige Verhalten des Schädigers erlitten hat, geltend machen,[204] d.h. der Schaden wird zum Anspruch gezogen.

> **Anmerkung:** Im Gegensatz dazu wird beim Vertrag mit Schutzwirkung zugunsten Dritter der „Anspruch zum Schaden gezogen", d.h. der Geschädigte erhält, obwohl nicht selbst Vertragspartner, einen vertraglichen Anspruch gegen den Schädiger.

Der „mittelbare Stellvertreter" ist dem Geschäftsherrn sodann zur Herausgabe gem. § 667 verpflichtet.

> **Anmerkung:** „Die Befugnis zur Liquidation des Drittschadens wird dem Gläubiger nur im Interesse des Geschädigten gewährt. Sie ist daher auch bei mittelbarer Stellvertretung ausgeschlossen, wenn der Geschädigte von dem liquidierenden Gläubiger keinen Ersatz verlangen will", vgl. BGH NJW 1998, 1864, 1865; MüKo/OETKER, 5. A. 2007, § 249 Rn. 285.

In Abhängigkeit davon, ob der Kaufpreis i.H.v. 35 € zurückgefordert wird, beträgt der von S zu liquidierende Schaden des K 20 € oder 55 € (vgl.o.). Die gewünschten 55 € können nur gefordert werden, wenn der Kaufpreis nicht über § 326 IV zurückverlangt wird.

4. Zwischenergebnis zu V.

S hat zwar keinen eigenen Schaden erlitten, er kann jedoch den Schaden des K i.H.v. 55 € liquidieren, wenn der Kaufpreis nicht über § 326 IV zurückgefordert wird.

VI. Ergebnis

S kann von L Schadensersatz statt der Leistung i.H.v. 55 € gem. §§ 280 I, III, 283 S.1 verlangen.

***

---

[204] Vgl. BGH NJW 1998, 1864, 1865; MüKo/OETKER, 5. A. 2007, § 249 Rn. 284ff.

§ 6. Erläuterungen

> **Vorbemerkung**: Die nachfolgenden Ausführungen dienen ledig-
> lich dazu, einen *kurzen* Überblick über die Begrifflichkeiten zu
> vermitteln. Bitte lesen Sie zu den jeweiligen Stichworten/Begriffen
> ergänzend in Ihrem Lieblingslehrbuch nach!

I. Rechtsgeschäft, geschäftsähnliche Handlung und Realakt

1. Ein **Rechtsgeschäft** besteht aus einer oder mehreren Willenserklärungen, die alleine oder in Verbindung mit weiteren Tatbe-
standsmerkmalen (Beispiel: Einigung und Übergabe i.s.v. § 929
S. 1 bewirken die Übertragung des Eigentums) eine Rechtsfolge
herbeiführen, weil sie von den Parteien gewollt ist und von der
Rechtsordnung gebilligt wird.[205]

> **Merke**: Willenserklärung und Rechtsgeschäft dürfen nicht verwechselt
> werden! Auch wenn unter Umständen bereits eine einzige
> Willenserklärung für ein (einseitiges, vgl.u.) Rechtsgeschäft ausreicht,
> sind die Begrifflichkeiten sauber zu trennen.[206]

2. Zu unterscheiden sind einseitige und mehrseitige Rechtsgeschäfte:

a) Ein **einseitiges Rechtsgeschäft** liegt vor, wenn bereits die
Willenserklärung einer Person ausreicht, um eine bestimmte
Rechtswirkung herbeizuführen. Beispiele: Gestaltungsrechte wie
Rücktritt (§ 349), Anfechtung (§ 142 I), Kündigung (z.B. nach
§§ 568ff.), Auslobung (§ 657), Testament (§§ 1937, 2247). Je
nachdem, ob es für die Wirksamkeit der betreffenden Willenserklärung darauf ankommt, dass ein anderer von der Erklärung
Kenntnis erlangt oder nicht, spricht man einerseits von einer
empfangsbedürftigen Willenserklärung (z.B. Bevollmächtigung
nach § 167, Anfechtung, Rücktritt) oder einer **nicht empfangsbedürftigen Willenserklärung** (z.B. Auslobung, Testament).

---

[205] Palandt/HEINRICHS/ELLENBERGER, 67. A. 2008, Überbl. vor § 104 Rn. 2.

[206] Anders insofern noch die Motive zum BGB (I, S. 126 = MUGDAN 1, S. 421):
„Rechtsgeschäft im Sinne des Entw. ist eine Privatwillenserklärung, gerichtet auf
die Hervorbringung eines rechtlichen Erfolges, der nach der Rechtsordnung
deswegen eintritt, weil er gewollt ist. (...) Die Ausdrücke Willenserklärung und
Rechtsgeschäft sind der Regel nach als gleichbedeutend gebraucht.“

b) Für ein **mehrseitiges Rechtsgeschäft** müssen mindestens zwei Personen wechselseitige (korrespondierende, d.h. mit Bezug aufeinander abgegebene) Willenserklärungen abgeben. Zu den wichtigsten mehrseitigen Rechtsgeschäften zählen die Verträge; durch einen Vertrag wird ein rechtsgeschäftliches Schuldverhältnis begründet, § 311 I.

3. Begrifflich abzugrenzen ist das Rechtsgeschäft von ...

a) geschäftsähnlichen Handlungen: Hierbei handelt es sich um auf einen tatsächlichen Erfolg gerichtete Erklärungen, deren Rechtsfolgen kraft Gesetzes eintreten (z.B. Mahnung gem. § 286 I 1; Fristsetzung gem. § 323 I; Androhung gem. § 303 S. 2; Weigerung nach § 179 I; Aufforderung gem. § 177 II);

b) Realakten: Anders als bei geschäftsähnlichen Handlungen handelt es sich hierbei nicht um Erklärungen, sondern um sonstige, auf einen tatsächlichen Erfolg gerichtete Akte des Handelnden, die kraft Gesetzes eine Rechtsfolge hervorbringen, ohne dass sein Wille irgendwie berücksichtigt wird; z.B. Körperverletzung (führt zum Schadensersatz, § 823 I), Übergabe i.S.v. § 929 S. 1 (führt zum Besitzerwerb, § 854 I), Zeugung (führt zur Unterhaltspflicht, § 1601). Auf Realakte sind die §§ 104–118 und §§ 119–124 nicht anwendbar.

II. Willenserklärung

Die **Willenserklärung** besteht in der Kundgabe eines Rechtsfolgewillens, d.h. des Willens, kraft der Erklärung eine bestimmte Rechtsfolge (Rechtswirkung) herbeizuführen.[207] Ihrer Grundstruktur nach besteht die Willenserklärung demnach aus ...

* dem **Rechtsfolgewillen** als psychischer Tatsache (=innerer, subjektiver Erklärungstatbestand) und

* der **Kundgabe** (Äußerung, Verlautbarung) dieses Willens (=äußerer, objektiver Erklärungstatbestand).[208]

---

[207] BGHZ 149, 129, 134; vgl. auch BGHZ 91, 324, 327, 329, 330; 97, 372, 377: „Eine Willenserklärung liegt vor, wenn der Erklärende das Bewusstsein hat, eine verbindliche rechtsgeschäftliche Erklärung abzugeben, oder wenn die Erklärung nach Treu und Glauben und der Verkehrssitte als eine mit rechtlichem Bindungswillen abgegebene Äußerung aufgefasst werden durfte."

[208] Vgl. SCHWAB/LÖHNIG, Einführung in das Zivilrecht, 17. A. 2007, Rn. 462.

> **Anmerkung:** Aus den beiden Wortbestandteilen („Willen", „Erklärung")
> ergibt sich bereits, dass die Willenserklärung nichts anderes ist als der
> nach außen bekundete innere Wille. Insoweit besteht Übereinkunft, dass
> eine Willenserklärung grundsätzlich aus dem **objektiven Tatbestand** der
> „Erklärung" (das Erklärte) und dem **subjektiven Tatbestand** des „Willens"
> (das Gewollte) besteht: Der innerlich gebildete Wille wird nach außen
> erklärt (SCHMIDT, BGB AT, 5. A. 2008, 228).

1. Subjektiver Tatbestand

Der subjektive Tatbestand (Rechtsfolgewille) wird in drei psy-
chische Schichten unterteilt:[209]

a) Handlungswille

Hierbei handelt es sich um die Minimalvoraussetzung einer jeden
Willenserklärung, wie sich aus § 105 II ergibt. Handlungswille liegt
vor, wenn das betreffende Verhalten einer Person von ihr
überhaupt gewollt ist. Es handelt sich also um den Willen, überhaupt etwas zu tun oder bewusst zu unterlassen. Er fehlt z.B. bei
unbewussten Handbewegungen, bei Schlafenden oder Hypno-
tisierten, aber auch bei Handlungen unter Einwirkung unmittelbaren körperlichen Zwanges *(vis absoluta)*. Fehlt bereits der
Handlungswille, so kann grundsätzlich keine Willenserklärung
vorliegen.[210]

b) Erklärungsbewusstsein (Erklärungswille)

Das Erklärungsbewusstsein ist das Bewusstsein, eine rechtlich
relevante Erklärung abzugeben (am Rechtsverkehr teilzunehmen),
mithin eine Rechtsfolge und nicht nur einen tatsächlichen Erfolg
herbeizuführen. Das Erklärungsbewusstsein fehlt z.B. wenn man
vermeintlich eine Glückwunschkarte unterschreibt, es sich
tatsächlich aber um ein Bestellformular handelt. Nach h.M. genügt
es, dass der Erklärende bei pflichtgemäßer Sorgfalt hätte erkennen können, dass er den objektiven Erklärungstatbestand
einer Willenserklärung setzt, sog. „potentielles Erklärungsbewusstsein".[211] **(vgl. dazu Fall 2.1)**

---

[209] Vorsicht: Die Terminologie ist uneinheitlich! Vgl. nur SCHWAB/LÖHNIG,
Einführung in das Zivilrecht, 17. A. 2007, Rn. 461ff. oder MüKo/KRAMER, 5. A.
2006, Vorbem. § 116 Rn. 9, 13.

[210] Vgl. nur MüKo/KRAMER, 5. A. 2006, Vorbem. § 116 Rn. 7a; Palandt/HEINRICHS/
ELLENBERGER, 67. A. 2008, Einf. vor § 116 Rn. 1, 16; SCHMIDT, BGB AT, 5. A.
2008, 248.

[211] BGHZ 91, 324 für *ausdrückliche* Willenserklärung: „Trotz fehlenden
Erklärungsbewusstseins (Rechtsbindungswillens, Geschäftswillens) liegt eine

c) Geschäftswille

Der Geschäftswille wiederum meint den auf die Herbeiführung *einer ganz bestimmten Rechtsfolge* gerichteten Willen, also die Absicht, ein konkretes Geschäft abzuschließen. Er fehlt etwa, wenn durch Versprechen / Verschreiben die Erklärung einen Inhalt bekommt, den der Erklärende so nicht beabsichtigt. Da das BGB für derartige Fälle Anfechtungsregeln enthält (vor allem § 119 I), geht es davon aus, dass die abgegebene Willenserklärung zunächst wirksam ist; es handelt sich demnach *nicht* um ein konstitutives Element einer Willenserklärung **(vgl. insoweit Übersicht 1).**

2. Objektiver (äußerer) Tatbestand

Der objektive (äußere) Tatbestand der Willenserklärung ist gegeben, wenn sich das Verhalten des Erklärenden aus der Sicht eines objektiven Beobachters in der Rolle des Erklärungsempfängers als Äußerung eines auf die Herbeiführung einer bestimmten Rechtsfolge gerichteten Willens (Rechtsfolgewillen) darstellt („Äußeres Abbild des inneren Erklärungstatbestandes", **vgl. dazu Übersicht 1).**

Anmerkung: In der Literatur wird die Definition des objektiven Tatbestandes in der Regel derart verkürzt wiedergeben (vgl. z.B. MUSIELAK, Grundkurs BGB, 10. A. 2007, Rn. 42). Dies ist keineswegs falsch und für die Lösung einer Klausur durchaus angezeigt, da sich die Probleme regelmäßig im Bereich des subjektiven Erklärungstatbestandes abspielen werden. Man sollte darüber aber nicht vergessen, dass die „Kundgabe des Rechtsfolgewillens" nichts anderes meint, als die äußere Manifestation der drei psychischen Schichten desselben.[212]

Der innere Wille (subjektiver Tatbestand) muss sich also in einem nach außen erkennbaren Kundgabeakt manifestiert haben, d.h.

Willenserklärung vor, wenn der Erklärende bei Anwendung der im Verkehr erforderlichen Sorgfalt hätte erkennen und vermeiden können, dass seine Äußerung nach Treu und Glauben und der Verkehrssitte als Willenserklärung aufgefasst werden durfte, und wenn der Empfänger sie auch tatsächlich so verstanden hat. Sie kann gem. §§ 119, 121, 143 BGB angefochten werden." (Leitsatz); BGHZ 109, 171 = NJW 1990, 454 für *konkludente* Willenserklärung (Leitsatz: „Schlüssiges Verhalten ohne Erklärungsbewusstsein ist auch im Falle der Zustimmung nach § 362 II BGB unter den in BGHZ 91, 324 dargelegten Voraussetzungen als wirksame Willenserklärung zu werten.").

[212] So auch, wenngleich terminologisch abweichend, SCHWAB/LÖHNIG, Einführung in das Zivilrecht, 17. A. 2007, Rn. 462f.

die drei psychischen Schichten des Rechtsfolgewillens müssen –
aus **Sicht des objektiven Beobachters** – in dem Verhalten des
Erklärenden zum Ausdruck kommen.

Der objektive Beobachter orientiert sich bei seiner Bewertung an
der üblichen Bedeutung des Verhaltens (z.b. des gesprochenen
Wortes), an Sitten und Gebräuchen, aber auch an den
Besonderheiten des Einzelfalls, z.b. an Absprachen der Beteiligten.[213] Es kommt also darauf an, ob ein bestimmtes Verhalten
nach den Umständen, unter denen es vorgenommen wird, als
Kundgabe eines Rechtsbindungswillens aufzufassen ist.[214]

III. Wirksamwerden der Willenserklärung

Merke: Das Vorliegen des (nach außen kundgegebenen) Rechts-
bindungswillens genügt noch nicht für eine *wirksame* Willenserklärung;
Voraussetzung für das Wirksamwerden einer Willenserklärung ist darüber
hinaus die *Abgabe* und – soweit es sich um eine empfangsbedürftige
Willenserklärung handelt – der *Zugang* der Willenserklärung **(vgl. dazu
Übersicht 2!)**. Die im BGB enthaltenen Regelungen über Abgabe und
Zugang sind unvollständig; Definitionen fehlen im Gesetz, hier hilft der
BGH!

Zu unterscheiden ist zwischen empfangsbedürftigen und nicht
empfangsbedürftigen Willenserklärungen.

1. Bei **nicht empfangsbedürftigen Willenserklärungen** (Auslobung, § 657; Testament, §§ 1937, 2247) genügt für das Wirksamwerden die Abgabe, d.h. die Äußerung des rechtsgeschäftlichen
Willens in einer solchen Weise, dass an der Endgültigkeit des
Willens kein Zweifel mehr sein kann.

2. Bei **empfangsbedürftigen Willenserklärungen** ist neben der
Abgabe auch der Zugang erforderlich.

a) Abgabe

Abgabe ist hier die willentliche Entäußerung der Erklärung in den
Rechtsverkehr in Richtung auf den Empfänger, d.h. der Erklärende
muss alles Erforderliche getan haben, damit die Erklärung bei

---

[213] MUSIELAK, Grundkurs BGB, 10. A. 2007, Rn. 42.

[214] BGHZ 97, 372, 377f.

gewöhnlichem Verlauf der Dinge beim Empfänger ankommt.[215] Ähnlich wie beim Erklärungsbewusstsein genügt aber, dass der Erklärende fahrlässig veranlasst, dass die Erklärung in den Verkehr gelangt (str.). **(vgl. dazu Fälle 2.2, 2.3)**

b) Zugang

aa) Zugang i.S.v. § 130 I liegt bei Erklärungen unter Abwesenden in dem Moment vor, in dem die Erklärung derart in den Machtbereich des Empfängers gelangt ist, dass der Empfänger bei Annahme gewöhnlicher Verhältnisse von ihrem Inhalt ohne weiteres Kenntnis nehmen kann.[216] Zum Bereich des Empfängers gehören auch die zur Entgegennahme von rechtsgeschäftlichen Erklärungen bereit gehaltenen Einrichtungen. **(vgl. dazu Fälle 2.4, 2.5)**

bb) Bei **Erklärungen unter Anwesenden** wird unterschieden:

(1) Für **verkörperte Willenserklärungen,** also solche Erklärungen, die in einem Schriftstück oder sonst reproduzierbar festgehalten sind (z.B. Brief, E-Mail, Telefax), gilt § 130 I analog. Es kommt demnach auf den Zugang, mithin auf die Übergabe an.[217]

(2) Bei **nicht verkörperten Erklärungen** verlangen die Vertreter der sog. Vernehmungstheorie für den Zugang, dass der Empfänger die Erklärung richtig verstanden hat. In dieser Form wird jedoch lediglich den Interessen des Empfängers Rechnung getragen. Daher schränkt die überwiegende Meinung die Vernehmungstheorie insofern ein, als es genügt, dass der Erklärende sich klar und deutlich ausgedrückt hat und nach Lage des Falles davon ausgehen konnte, dass der Empfänger die Erklärung richtig verstanden hat (sog. „eingeschränkte Vernehmungstheorie") **(vgl. dazu Fall 2.7).**

IV. Vertragsschluss nach §§ 145ff.; Trennungs- und Abstraktionsprinzip

Vorbemerkung: Das Wesen des Vertrages besteht darin, dass mehrere Personen im Zusammenwirken miteinander übereinstimmend gewollte Rechtsfolgen herbeirufen. Der Vertragsschluss besteht daher aus zwei oder mehreren Willenserklärungen, wobei von jedem, der Vertragspartei

---

[215] Vgl. nur BGHZ 65, 13, 14; 137, 205, 208.

[216] Vgl. nur BGH NJW 2004, 1320f.

[217] BGH NJW 1998, 2244; allg. Meinung.

sein will, eine Erklärung gefordert wird (SCHWAB/LÖHNIG, Einführung in das Zivilrecht, 17. A. 2007, Rn. 458).

1. Vertragsschluss

Der Vertragsschluss ist in §§ 145ff. geregelt. Ein Vertrag setzt eine Einigung über die Rechtsfolgen voraus. Diese Einigung und damit der Vertrag kommen zustande durch einen **Antrag** i.S.v. § 145 (Angebot) und dessen **Annahme**, vgl. § 151 S. 1.

2. Trennungsprinzip

Gemeint ist damit die für das BGB grundlegende Unterscheidung zwischen Verpflichtungsverträgen, d.h. Verträgen, die ein Schuldverhältnis begründen (§ 311 I) und Verfügungsverträgen, d.h. solchen Verträgen, die die dingliche Rechtslage ändern, also ein Recht aufheben, übertragen, begründen oder belasten (z.B. die Einigung i.S.v. § 929 S. 1, bzw. bei Grundstücken die Auflassung i.S.v. §§ 873 I, 925).

> **Wichtige Konsequenz des Trennungsprinzips**: Bei Schuldverträgen ist zu unterscheiden zwischen Verpflichtungsvertrag und ggf. erforderlichen Verträgen für die Erfüllung! Etwa werden beim Kauf *drei* Verträge geschlossen:
>
> (1.) Verpflichtungsvertrag = Kaufvertrag i.S.v. § 433 I
>
> (2.) Übereignung der Kaufsache = dinglicher Vertrag, § 929 S. 1
>
> (3.) Übereignung des Bargelds = dinglicher Vertrag, § 929 S. 1

3. Abstraktionsprinzip

Das Abstraktionsprinzip baut auf dem Trennungsprinzip auf. Es besagt, dass die Unwirksamkeit des Verpflichtungsvertrages grundsätzlich keine Auswirkungen auf die Wirksamkeit des Verfügungsvertrages hat.

> **Wichtig für die Klausurbearbeitung**: Fehlerhafte Geschäfte können daher auf zweierlei Weise rückabgewickelt werden: Ist nur der Verpflichtungsvertrag unwirksam, so kann das Geleistete gem. §§ 812 I 1 Alt. 1, 818f. zurückverlangt werden. Ist neben dem Verpflichtungsvertrag auch der dingliche Verfügungsvertrag unwirksam, kommt zusätzlich noch ein Anspruch aus § 985 in Betracht. Daher sind z.B. in **Fall 2.8** beide Anspruchsgrundlagen zu prüfen.

V. Gegenstand des Schuldverhältnisses / der Leistung

1. Stückschuld

Eine Stückschuld (Speziesschuld) liegt vor, wenn die geschuldete Sache nach individuellen Merkmalen konkret bestimmt ist.[218]

Die Verbindlichkeit des Schuldners bezieht sich nur auf den von den Parteien bereits bei Vertragsschluss ausgesuchten oder in sonstiger Weise individualisierten Gegenstand.

Merke: Unmöglichkeit nach § 275 I tritt mit dem Untergang des konkreten Gegenstandes ein.

Beispiele: Haustier, Originalgemälde, individualisierter Neuwagen (zur besonderen Problematik der Nachlieferung beim Neuwagenkauf vgl. die nächste Anmerkung!).

Beachte: In Bezug auf die Nachlieferung (§§ 437 Nr. 1, 439 I Alt. 1) ist zu beachten, dass nach neuerer Rechtsprechung[219] und nach der mittlerweile wohl h.M. in der Literatur[220] auch beim Stückkauf die Nacherfüllung durch Lieferung einer anderen mangelfreien Sache nicht von vornherein wegen Unmöglichkeit ausgeschlossen ist, vgl. nur **BGH Urteil vom 7.6.2006, VIII ZR 209/05, NJW 2006, 2839, 2842:** „Die Nacherfüllung durch Lieferung eines anderen mangelfreien Sache ist auch beim Stückkauf nicht von vornherein wegen Unmöglichkeit ausgeschlossen. Möglich ist die Ersatzlieferung nach der Vorstellung der Parteien dann, wenn die Kaufsache im Falle ihrer Mangelhaftigkeit durch eine gleichartige und gleichwertige ersetzt werden kann. Beim Kauf eines Gebrauchtwagens liegt es i.d.R. nahe, dies zu verneinen, wenn dem Kaufentschluss eine persönliche Besichtigung des Fahrzeugs vorausgegangen ist."

---

2. Gattungsschuld

Eine Gattungsschuld liegt vor, wenn die geschuldete Leistung nur nach generellen, d.h. allgemeinen Merkmalen (Typ, Sorte, Gewicht, Farbe, Herkunft, Jahrgang) bestimmt ist.

---

[218] Zur Abgrenzung von Stück- und Gattungsschuld vgl. MUSIELAK, Grundkurs BGB, 10. A. 2007, Rn. 184ff.

[219] Vgl. nur BGH NJW 2006, 2839, 2842, JZ 2007, 98, 100; OLG Braunschweig NJW 2003, 1053; LG Ellwangen NJW 2003, 517; kritisch zum Urteil des BGH FAUST, Anmerkung zu BGH, Urteil vom 7.6.2006, JZ 2007, 101, 103 f.

[220] Palandt/WEIDENKAFF, 67. A. 2008, § 439 Rn. 15; MüKo/WESTERMANN, 5. A. 2006, § 439 Rn. 11 f.; jetzt auch MüKo/SCHMITT, 5. A., 2006, § 474 Rn. 17: „sofern der betreffende Gegenstand ersetzbar ist; grundlegend CANARIS, Die Nacherfüllung durch Lieferung einer mangelfreien Sache beim Stückkauf, JZ 2003, 831ff.

Die Gattung bilden alle Gegenstände, die durch die vereinbarten Merkmale gekennzeichnet sind und sich von den Gegenständen anderer Arten unterscheiden. Die Parteiabrede bestimmt darüber, aus welcher Gattung im konkreten Schuldverhältnis zu leisten ist.

Entscheidend für die Qualifikation als Gattungsschuld ist, dass von dem im Vertrag bezeichneten Gegenstand mehrere existieren, so dass eine Auswahl durch den Schuldner erforderlich ist.

Merke: Unmöglichkeit nach § 275 I tritt nur mit dem Untergang der gesamten Gattung ein.

Beispiele: Fabrikneuer, nicht individualisierter Pkw (Bestellung nach Liste, Serienausstattung); eine Flasche Chablis Premier Cru, beliebiger Jahrgang; Kunstdruck (ohne Nummerierung, Signatur).

3. Vorratsschuld

Eine Vorratsschuld (beschränkte Gattungsschuld) liegt vor, wenn nach dem Parteiwillen der Umfang der Gattung, aus der der Schuldner zu leisten hat, auf eine bestimmte Teilmenge beschränkt ist.[221]

Sinn der Vereinbarung einer Vorratsschuld ist, dass der Schuldner nicht verpflichtet sein soll, die geschuldete Ware ggf. am Markt zu beschaffen.

Merke: Unmöglichkeit nach § 275 I tritt bereits mit dem Untergang des gesamten Vorrats ein.

Beispiele: Zehn Flaschen Weißwein aus den Beständen des Schuldners; zwei MP3-Player aus der nächsten Lieferung

VI. Konkretisierung der Gattungsschuld

Die anfängliche Gattungsschuld wandelt sich in dem Moment, in dem der Schuldner das zur Leistung seinerseits Erforderliche getan hat, in eine Stückschuld (sog. Konkretisierung), § 243 II. (vgl. Fälle 7, 8)

1. Feststellung der Beschaffenheit des zu leistenden Gegenstandes

a) Vorrangig sind Parteivereinbarungen zu berücksichtigen.

---

[221] MüKo/EMMERICH, 5. A. 2006, § 243 Rn. 11.

b) Falls solche nicht getroffen wurden, ist eine Sache mittlerer Art und Güte zu liefern (§ 243 I).

2. Das zur Leistung einer *solchen* Sache Erforderliche

a) Auswahl und Aussonderung einer Sache mittlerer Art und Güte

Aussonderung ist gegeben, wenn der Schuldner die Ware von anderen Sachen derselben Gattung trennt und sie als für den Gläubiger bestimmte Sache kennzeichnet.[222]

b) Je nach der Art der Schuld:

aa) Holschuld: Der Schuldner muss die ausgewählte und ausgesonderte Sache mittlerer Art und Güte an seinem Wohnsitz bereitstellen und den Gläubiger davon benachrichtigen und zur Abholung auffordern.

bb) Bringschuld: Der Schuldner muss die ausgewählte und ausgesonderte Sache mittlerer Art und Güte dem Gläubiger an dessen Wohnsitz in einer den Annahmeverzug begründenden Weise (§ 294) tatsächlich anbieten; d.h. er muss die Sache mit sich führen, um sie dem Gläubiger an dessen Wohnsitz zu übergeben. Weigert sich der Gläubiger, die Sache anzunehmen, so ist die Mitteilung des Schuldners über Auswahl und Aussonderung ausreichend, d.h. ein wörtliches Angebot anstelle des tatsächlichen genügt, § 295.[223]

cc) Schickschuld: Der Schuldner muss die ausgewählte und ausgesonderte Sache mittlerer Art und Güte ordnungsgemäß (sicher verpackt, richtig adressiert, ggf. ausreichend frankiert) an eine geeignete Transportperson übergeben.

3. Rechtsfolgen der Konkretisierung

Mit der Konkretisierung geht nach § 243 II die Leistungsgefahr auf den Gläubiger über, d.h. dieser kann im Falle des Untergangs oder der Verschlechterung der Sache keine erneute Lieferung verlangen. Davon zu unterscheiden ist die Gegenleistungsgefahr (Preisgefahr), d.h. die Gefahr, trotz Untergangs der Ware die Gegenleistung erbringen zu müssen (hier gilt im Grundsatz

---

[222] Palandt/HEINRICHS, 67. A. 2008, § 243 Rn. 4f.

[223] Vgl. dazu LOOSCHELDERS, Schuldrecht AT, 6. A. 2008, Rn. 293.

§ 326 I; Ausnahmen ergeben sich z.B. aus § 326 II 1 oder § 447 I).
(vgl. **Fälle 6, 7, 8)**

***

§ 7. Übersichten

Ü 1: Tatbestandsmerkmale einer Willenserklärung

1. Objektiver (äußerer) Tatbestand

Der objektive (äußere) Tatbestand der Willenserklärung ist gegeben, wenn sich das Verhalten des Erklärenden *aus der Sicht eines objektiven Beobachters in der Rolle des Erklärungsempfängers* als Äußerung eines auf die Herbeiführung einer bestimmten Rechtsfolge gerichteten Willens (Rechtsfolgewillen) darstellt[224], d.h. als **„Äußeres Abbild des inneren Erklärungstatbestandes"**, bestehend aus:

obj. erkennbarer **Handlungswille (-bewusstsein)**	*obj. erkennbarer* **Erklärungswille (-bewusstsein)**	*obj. erkennbarer* **Geschäftswille (Rechtsfolgewille)**
= das betreffende Verhalten einer Person ist von ihr gewollt; der Erklärende weiß, dass er handelt, spricht, schreibt oder sich in Gesten äußert	= Wille / Bewusstsein, (irgend-) eine rechtlich relevante Erklärung abzugeben, am Rechtsverkehr teilzunehmen (zu ermitteln durch Auslegung)	= Wille, eine Erklärung mit einem *bestimmten* Inhalt abzugeben, eine bestimmte Rechtsfolge herbeizuführen (ggf. Auslegung!)
nicht erkennbar bei: • unbewussten Handbewegungen • Schlaf, Hypnose • Bewusstlosigkeit (vgl. aber § 105 II bei schweren Bewusstseins*trübungen* (z.B. Vollrausch) • *vis absoluta*	*nicht* erkennbar bei: • Aufforderung, ein Angebot abzugeben *(invitatio ad offerendum)* • Vorverhandlungen • reiner Gefälligkeit • Scheingeschäft • Hilferuf • politischen, wissenschaftlichen, persönlichen Erklärungen	

2. Subjektiver (innerer) Erklärungstatbestand (= psychische Tatsache)

Handlungswille	**Erklärungswille**	**Geschäftswille**
wenn unerkannt tatsächlich fehlend: keine Willenserklärung	wenn zwar erkennbar, aber tatsächlich fehlend: Rechtsfolge umstritten **(vgl. Fall 2.2)**	wenn tatsächlich anders als erkennbar: Willenserklärung wirksam, aber anfechtbar, §§ 119ff.

---

[224] Vgl. nur BGHZ 149, 129, 134.

Ü 2: Wirksamwerden einer Willenserklärung

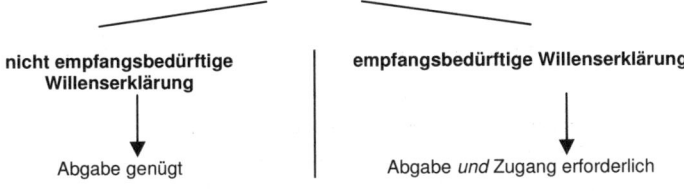

nicht empfangsbedürftige Willenserklärung	**empfangsbedürftige Willenserklärung**
↓	↓
Abgabe genügt	Abgabe *und* Zugang erforderlich

Abgabe

(+) bei endgültiger **willentlicher** Entäußerung, d.h., wenn die Willenserklärung formuliert ist (bei schriftlicher Willenserklärung: zu Papier gebracht)	(+) bei endgültiger **willentlicher** Entäußerung in Richtung auf den Empfänger in der Weise, dass o. w. Zutun Zugang eintreten kann, z.b.:

- Aussprechen mündlicher Erklärung ggü. Anwesenden
- Übergabe eines Schriftstücks an Erklärungsboten
- Einwurf in Postbriefkasten („gelbe Box")

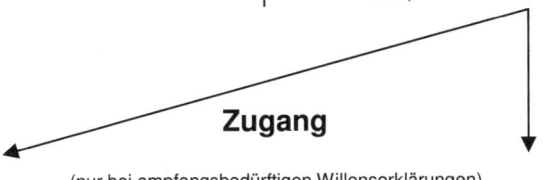

Zugang

(nur bei empfangsbedürftigen Willenserklärungen)

unter Anwesenden: nicht geregelt   unter Abwesenden: §130 BGB

unverkörperte Willenserklärung (mündliche Erklärung, auch telefonisch, § 147 I 2)	**verkörperte Willenserklärung** (Schriftstück)	verkörperte und unverkörperte Willenserklärung
i.d.R. (+), wenn Empfänger Erklärung **vernommen** hat; auch bei nicht oder falsch vernommener Erklärung (+), falls Erklärender nach den für ihn erkennbaren Umständen vernünftigerweise davon ausgehen durfte, dass Empfänger die Erklärung richtig und vollständig verstanden hat (h.M.: **eingeschränkte Vernehmungstheorie**)	(+) mit **Übergabe**	(+), wenn die Erklärung derart in den Machtbereich des Empfängers gelangt ist, dass **unter gewöhnlichen Umständen die Möglichkeit der Kenntnisnahme** besteht (oder tatsächliche Kenntnisnahme); z.B. Übergabe an einen Empfangsboten, Einwurf in den Hausbriefkasten; entscheidend ist der unter gewöhnlichen Umständen zu erwartende Zeitpunkt der Kenntnisnahme bzw. Weiterleitung

Ü 3: Zugang bei Einschaltung von Mittelspersonen

	Stellvertreter		Bote	
	Erklärungs-vertreter	**Erklärungsbote**	**Empfangsver-treter**	**Empfangsbote**
§§	§ 164 I (Aktivvertretung)	keine	§164 III (Passivvertrg.)	keine
Voraus-setzung	Vertretungs-macht (evtl. aus Ansscheins-vollmacht) und eigene Willenserklärung in fremdem Namen	wer *vom Erklärenden* zur Übermittlung be-stellt/beauftragt ist	Vollmacht (evtl. Anscheinsvoll-macht) Bevollmächti-gung als Empfangsver-treter i.d.R. konkludent bei Bestellung eines Erklärungsboten	wer *vom Adressaten* zur Entgegen-nahme von Erklärungen bestellt ist oder nach der Verkehrsan-schauung als bestellt und geeignet anzusehen ist
Zugang	Zugang beim Erklärungs-gegner nach allgemeinen Regeln (mit Stellvertreter als Bezugspunkt)	Zugang beim Erklärungsgegn er bei richtiger Übermittlung	Zugang an Vertretenen zur Zeit des Zugangs beim Vertreter; auf die tatsäch-liche Weitergabe durch den Vertreter kommt es nicht an	Zugang, wenn mit Weiterleitung an Adressaten zu rechnen ist; ob sie tat-sächlich und richtig erfolgt, ist nicht relevant ("menschlicher Briefkasten")
Risiko der Fehlüber-mittlung	Erklärender	Erklärender	Erklärungsemp-fänger/Adressat	Erklärungs-empfänger/Adressat

Ü 4: Besonderheiten bei der Annahme

Wirksamwerden grundsätzlich durch Abgabe und Zugang | Wirksamwerden ausnahmsweise ohne Zugang

| innerhalb der bestimmten Annahmefrist, § 148 | verspätete Annahme unbeachtlich, wenn rechtzeitig abgesendet und nicht widersprochen, § 149 | wenn Voraussetzungen des §151 S. 1 (+), dann **ausnahmsweise Zugang entbehrlich** |

wenn keine Frist bestimmt:

* unter **Anwesenden** sofort, § 147 I

* unter **Abwesenden** übliche Zeit, § 147 II

sonst oder bei abgeänderter Annahme = **neues Angebot**, § 150 I, II

Ü 5: Trennungs- und Abstraktionsprinzip

A. Unterscheide!

I. Verpflichtungsgeschäft („Kausalgeschäft")

Rechtsgeschäft, durch das ein **Recht auf eine Leistung** begründet wird, z.b. Kaufvertrag verleiht Recht auf eine Sache.

II. Verfügungsgeschäft

Rechtsgeschäft, durch das auf ein bereits bestehendes Recht unmittelbar eingewirkt wird (das Recht wird übertragen, belastet, inhaltlich verändert oder aufgehoben), z.b. Eigentumsübertragung verleiht **Recht an einer Sache**.

> **Anmerkung:** Die Verfügung hat regelmäßig einen rechtlichen Grund *(causa)*; dieser besteht zumeist in einer Verpflichtung (Verpflichtungsgeschäft) oder ergibt sich direkt aus dem Gesetz.

B. Beachte!

I. Trennungsprinzip

Das schuldrechtliche Verpflichtungs- und das dingliche (sachenrechtliche) Verfügungsgeschäft sind im Entstehen voneinander getrennt, d.h. sie werden nicht einheitlich beurteilt.

II. Abstraktionsprinzip

Das Verfügungsgeschäft ist in seiner Wirksamkeit unabhängig („abstrakt") von der Wirksamkeit des Verpflichtungsgeschäfts.

> **Vorteil:** Größere Klarheit über die Gültigkeit von Verfügungen, Eigentumslage kann relativ einfach geprüft werden (wichtig für die Verkehrsfähigkeit von Sachen!)
>
> **Nachteil:** Der Verfügende erleidet den Rechtsverlust auch dann, wenn dafür kein rechtlicher Grund besteht. Der Erwerber erlangt eine Rechtsposition, die ihm nicht zusteht.
>
> **Lösung:** Bereicherungsrecht (§ 812 I 1 Alt. 1); bietet jedoch keinen optimalen Schutz, ggf. §§ 818, 819.

Ü 6: Wirksamkeit von Rechtsgeschäften beschränkt Geschäftsfähiger

Beachte: Auf die von einem beschränkt Geschäftsfähigen (§ 2) vorgenommenen Rechtsgeschäfte finden gemäß § 106 die §§ 107 bis 113 Anwendung.

A. Partiell unbeschränkte Geschäftsfähigkeit nach §§ 112, 113

I. Ermächtigung zum Betrieb eines Erwerbsgeschäfts, § 112

II. Ermächtigung in Dienst oder Arbeit zu treten, § 113

B. Wirksamkeit der Erklärung des Minderjährigen von vornherein:

I. § 107 Fall 1: lediglich rechtlich vorteilhaftes Rechtsgeschäft
unmittelbare *rechtliche*; <u>nicht</u> wirtschaftliche Folgen
Rechtliche Nachteile = *Begründung persönlicher Pflichten, Aufhebung oder Minderung vorhandener Rechte*

II. § 107 Fall 2: Rechtsgeschäft mit Einwilligung des gesetzlichen Vertreters, § 183 S. 1

C. Nachträgliches Wirksamwerden, §§ 110, 108

I. § 110, sog. „Taschengeldparagraph", Sonderfall des § 107 Fall 2
1. Bewirkung der vertragsgemäßen Leistung (§ 362 I)
vollständige Befriedigung des Vertragspartners
2. Mit Mitteln, die unter Beteiligung des gesetzlichen Vertreters zu diesem Zweck oder zu freier Verfügung überlassen sind.

II. § 108: Genehmigung des gesetzlichen Vertreters oder des inzwischen Volljährigen
1. Genehmigungsfähigkeit des Vertrages
(-) bei Verweigerung der Genehmigung / Fiktion der Verweigerung nach § 108 II 2 Hs. 2
2. Erteilung der Genehmigung, §§ 184 I, 182 I
   a.   gegenüber dem Geschäftspartner
   b.   gegenüber dem Minderjährigen selbst
3. Unwirksamwerden der Genehmigung nach § 108 II 1

Ü 7: Skizze zu Fall 7

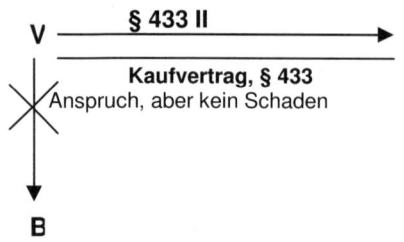

V hat als Eigentümer der Sache einen Anspruch gem. § 823 I bzw. § 7 I StVG gegen B, aber keinen Schaden. Er erhält wegen § 447 I den Kaufpreis, ohne abermals leisten zu müssen.

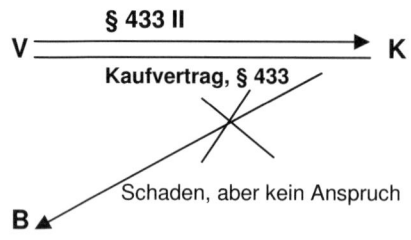

K hat einen Schaden, aber keinen Anspruch. Die Sache stand noch nicht in seinem Eigentum, er hatte nur einen schuldrechtlichen Anspruch auf Übereignung (§ 433 I 1). § 823 I ist nicht einschlägig.

Diese **zufällige Schadensverlagerung** durch ein Auseinanderfallen von Rechtsposition (Eigentum des Verkäufers) und Risikotragung (Gefahrübergang auf den Verkäufer) darf jedoch für den Schädiger keine Entlastung bringen. § 447 soll nur den Verkäufer, nicht Dritte privilegieren.

Lösung über die Drittschadensliquidation:
Der Schaden des K wird zum Anspruch des V gezogen, V kann den Schaden des K gegenüber B geltend machen („liquidieren").

K hat wiederum einen Anspruch gegen V auf das „stellvertretende commodum", d.h. V muss seinen Anspruch gegen B an K abtreten oder dessen Erlös herausgeben.

▶ **Unsere** 📖 **Skripten** 🗂 **Karteikarten** 🎧 **Hörbücher (Audio-CDs)**

Zivilrecht

- 📖 Standardfälle für Anfänger 📖 Standardfälle Fortg. (7,9 €)
- 📖 Grundlagen und Fälle BGB für 1. und 2. Sem. (9,90 €)
- 📖 🎧 Standardfälle BGB AT (7,90 €)
- 📖 🎧 Standardfälle Schuldrecht (7,90 €)
- 📖 Standardfälle Ges. Schuldverh., 📖 §§ 677, 812,823 (7,90 €)
- 📖 🎧 Standardfälle Sachenrecht (7,90 €)
- 📖 Standardfälle Familien- und Erbrecht (7,90 €)
- 📖 Originalklausuren Übung für Fortgeschrittene (7,90 €)
- 📖 🎧 Basiswissen BGB (AT) (Frage-Antwort) (7 €)
- 📖 🎧 Basiswissen SchuldR (AT) 📖 🎧 SchuldR (BT) (7 €)
- 📖 🎧 Basiswissen Sachenrecht, 📖 🎧 FamR, 📖 🎧 ErbR
- 📖 Einführung in das Bürgerliche Recht (7,90 €)
- 📖 Studienbuch BGB (AT) (9,90 €)
- 📖 Studienbuch Schuldrecht (AT) (9,90 €)
- 📖 Schuldrecht (BT) 1 - §§ 437, 536, 634, 670 ff. (7,90 €)
- 📖 Schuldrecht (BT) 2 - §§ 812, 823, 765 ff. (7,90 €)
- 📖 SachenR 1 – Bewegl. S., 📖 SachenR 2 – Unb. S. (7,9 €)
- 📖 Familienrecht und 📖 Erbrecht (Einführungen) (7,90 €)
- 📖 Streitfragen Schuldrecht (7 €)
- 📖 🎧 Definitionen für die Zivilrechtsklausur (9,90 €)

Strafrecht

- 📖 🎧 Standardfälle für Anfänger Band 1 (9,90 €)
- 📖 Standardfälle für Anfänger Band 2 (7,90 €)
- 📖 Standardfälle für Fortgeschrittene (9,90 €)
- 📖 🎧 Basiswissen Strafrecht (AT) (Frage-Antwort)
- 📖 🎧 Basiswissen Strafrecht BT 1 und 📖 🎧 BT 2 (7 €)
- 📖 Strafrecht (AT) (7,90 €)
- 📖 Strafrecht (BT) 1 – Vermögensdelikte (7,90 €)
- 📖 Strafrecht (BT) 2 – Nichtvermögensdelikte (7,90 €)
- 📖 Jugendstrafrecht/Strafvollzug/Kriminologie (7 €)
- 📖 🎧 Definitionen für die Strafrechtsklausur (7,90 €)

Öffentliches Recht

- 📖 Standardfälle Staatsrecht I – StaatsorgaR (9,90 €)
- 📖 Standardfälle Staatsrecht II – Grundrechte (9,90 €)
- 📖 🎧 Standardfälle f. Anfänger (StaatsorgaR u. GRe) (7,9 €)
- 📖 Standardfälle Verwaltungsrecht (AT) (9,90 €)
- 📖 Standardfälle Verwaltungsrecht für Fortg. (7,90 €)
- 📖 Standardfälle Baurecht (9,90 €)
- 📖 Standardfälle Europarecht (9,90 €)
- 📖 Standardfälle Kommunalrecht (7,90 €)
- 📖 🎧 Basiswissen StaatsR I –StaatsorgaR (Fr-Antw.) (7 €)
- 📖 🎧 Basiswissen StaatsR II –GrundR (Frage-Antw.) (7 €)
- 📖 Basiswissen VerwaltungsR AT– (Frage-Antwort) (7 €)
- 📖 Studienbuch Staatsorganisationsrecht (9,90 €)
- 📖 Studienbuch Grundrechte (9,90 €)
- 📖 Studienbuch Europarecht (12 €) u. 🎧 Basiswissen EuR
- 📖 Staatshaftungsrecht (7,90 €)
- 📖 VerwaltungsR AT 1 – VwVfG u. 📖 AT 2–VwGO (7,90 €)
- 📖 VerwaltungsR BT 1 – POR (7,90 €)
- 📖 VerwaltungsR BT 2 – BauR 📖 BT 3 – UmweltR (7,90 €)
- 📖 🎧 Definitionen Öffentliches Recht (9,90 €)

Steuerrecht

- 📖 Abgabenordnung (AO) (8,90 €)
- 📖 Einkommensteuerrecht (EStG) (9,90 €)
- 📖 Umsatzsteuerrecht (UStG) (7,90 €)
- 📖 Erbschaftsteuerrecht (7,90 €)
- 📖 Steuerstrafrecht/Verfahren/Steuerhaftung (7,90 €)

Sozialrecht

- 📖 Kinder- und Jugendhilferecht (ab Oktober 2009)
- 📖 Sozpäd. Diagn.: SPFH & ambul. Hilfen d. KJH
- 📖 Sozialrecht (7,90 €)

Nebengebiete

- 📖 Standardfälle Handels- & GesellschaftsR (7,90 €)
- 📖 Standardfälle Arbeitsrecht (7,90 €)
- 📖 🎧 Basiswissen HandelsR (Frage-Antwort) (7 €)
- 📖 🎧 Basiswissen Gesellschaftsrecht (Fra.-Antwort)
- 📖 🎧 Basiswissen ZPO (Frage-Antwort) (7,90 €)
- 📖 🎧 Basiswissen StPO (Frage-Antwort) (7 €)
- 📖 Handelsrecht (7,90 €)
- 📖 Gesellschaftsrecht (7,90 €)
- 📖 Arbeitsrecht (7,90 €)
- 📖 Kollektives Arbeitsrecht (9,90 €)
- 📖 ZPO I – Erkenntnisverfahren (7,90 €)
- 📖 ZPO II – Zwangsvollstreckung (7,90 €)
- 📖 Strafprozessordnung – StPO (7,90 €)
- 📖 Internationales Privatrecht - IPR (9,90 €)
- 📖 Standardfälle mit Frage-Antw.-Teil IPR (12 €)
- 📖 Insolvenzrecht (8,90 €)
- 📖 Gewerbl. Rechtsschutz/Urheberrecht (7,90 €)
- 📖 Wettbewerbsrecht (7,90 €)
- 📖 Ratgeber 500 Spezial-Tipps für Juristen (12 €)
- 📖 Mediation (7,90 €)

Karteikarten (je 8,90 €)

- 🗂 Zivilrecht: BGB AT/Grundlagen/ 🎧 Schemata
- 🗂 Strafrecht: AT/BT-1/BT-2/Streitfragen
- 🗂 Öffentliches Recht: StaatsorgaR/GrundR/VerwR

Assessorexamen

- 📖 Die Relationstechnik (7 €)
- 📖 Der Aktenvortrag im Strafrecht (7,90 €)
- 📖 Der Aktenvortrag im Wahlfach Strafrecht
- 📖 Der Aktenvortrag im Zivilrecht (7,90 €)
- 📖 Der Aktenvortrag im Öffentlichen Recht (7,90 €)
- 📖 Urteilsklausuren Zivilrecht (7,90 €)
- 📖 Anwaltsklausuren Zivilrecht (7,00 €)
- 📖 Staatsanwalt. Sitzungsdienst & Plädoyer (7,90 €)
- 📖 Die strafrechtliche Assessorklausur (7,90 €)
- 📖 Die öff.-rechtl. Assessorklausur Bd.1 (7,90 €)
- 📖 Die öff.-rechtl. Assessorklausur Bd.2 (7,90 €)
- 📖 Zwangsvollstreckungsklausuren (7,90 €)
- 📖 Vertragsgestaltung in der Anwaltsstation (7 €)

BWL & VWL

- 📖 Einführung i. die Betriebswirtschaftslehre (7,90 €)
- 📖 Einführung in die Volkswirtschaftslehre (7,90 €)
- 📖 Ratg. „500 Spezial-Tipps für BWLer"
- 📖 Rechnungswesen (7,90 €)
- 📖 Marketing (7 €)
- 📖 Organisationsgestaltung & -entwickl. (7,90 €)
- 📖 Internationales Management (7 €)
- 📖 Unternehmensführung (7 €)
- 📖 Wie gelingt meine wiss. Abschlussarbeit? (7 €)
- 📖 Ratgeber Assessment Center (7,90 €)

Schemata

- 📖 Die wichtigsten Schemata-ZivR,StrafR,ÖR (12 €)
- 📖 Die wichtigsten Schemata–Nebengebiete (9,90 €)

Irrtümer und Änderungen vorbehalten!

🎧 bedeutet: auch als **Hörbuch** (Audio-CD) lieferbar (7,90 €)

Im **niederle-shop.de** bestellte Artikel treffen idR *nach 1-2 Werktagen* ein!